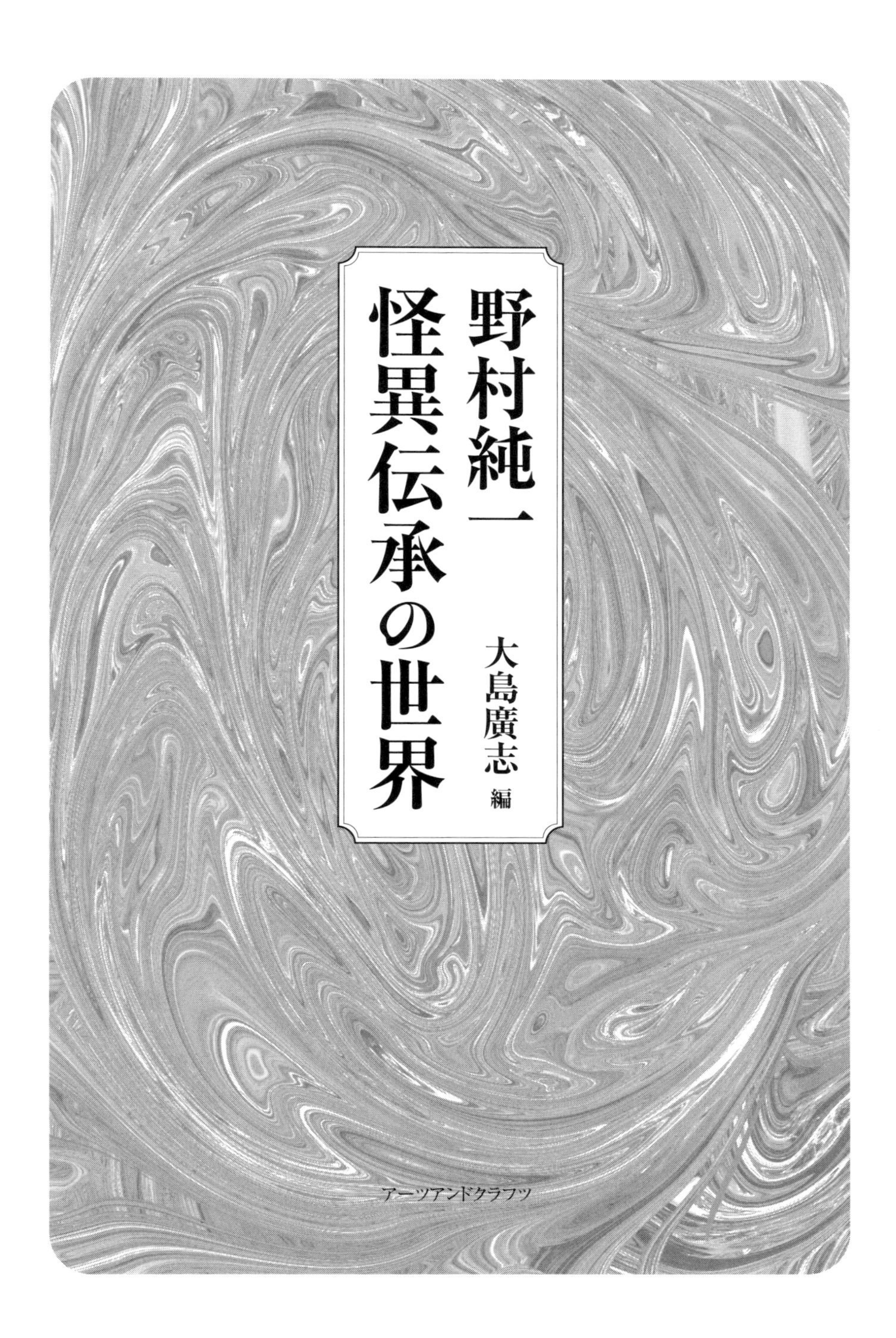
野村純一
怪異伝承の世界
大島廣志 編
アーツアンドクラフツ

目次

【怪異伝承と都市伝説】

【怪異を語る昔話】

【怪異伝承と民俗】

怪異伝承と都市伝説

「一寸怪」の素姓

一

柳田國男の『遠野物語』は、明治四十三（一九一〇）年六月に刊行された。三百五十部の発行である。出版部数からみても、一般に汎く読まれることは予期していなかったと思われる。事実、当初それは日頃親交のあった仲間裡に配られたものであった。しかして、この作品を手にしたひとたちの評価は必ずしも好意的ではなく、また高いわけでもなかった。当時最も親しかった筈の田山花袋でさえ、そこではすこぶる直截に「粗野を気取った贅沢が到る処にある。私はその物語については更に心を動かさないが」と評して、立場を鮮明にしていた。

ただし、そうした中にあって、別途例外的な姿勢を見せたのは泉鏡花であった。刊行後、時を移さず鏡花は直ちにこれを取り上げて「近ごろおもしろき書を読みたり。柳田國男氏の著、遠野物語なり。再読三読、尚ほ飽くことを知らず。此の書は、陸中国上閉伊郡に遠野郷とて、山深き幽僻地の、伝説異聞怪談を、土地の人の談話したるを、氏が筆にて活かし描けるなり。あえて活かし描けるものと言う。しからざれば、妖怪変化豈得てかくのごとく活躍せんや」(「遠野の奇聞」『新小説』明治四十三年九月)と称賛した。もっとも、田山花袋『東京の三十年』(大正六〈一九一七〉年六月)には、然り気なく「柳田君が泉君贔屓で」(「若い人達の群」)とする一条がある。それからして二人は「文学界」同人にあっても、格別心を許し合う仲であったのは判る。理由の一斑はもちろん、両者には共通して、異郷、異界へのなみなみならぬ関心があったからであろう。お互い、話題に事欠かなかったのである。その際、わけても鏡花の「妖怪変化」に寄せる嗜好には著しい傾きがあったようで、右にいう「再読三読、尚ほ飽くことを知らず」は、まさしくその間の心情を吐露したものであった。

一方、柳田はとなると、はたしてどこまで鏡花の作品をきちんと読んでいたのか、これは保証の限りでない。何故ならば、以下、ここに採り上げる一篇の「怪異譚」に限ってすれば、遡って、両者間には大きな認識の隔たりがあり、かつ興味と関心に決定的な差異のあった様子が、近頃になってようやく明らかになってきたからである。参考までに具体的な例を提示する。まず、泉鏡花の側からいえば、明治四十二(一九〇九)年十月、彼は作品「一寸怪(ちょいとあやし)」に「怪談の種類も色々あるのを、理由のある怪談と、理由のない怪談とに別けてみよう」とした上で「理由のあるといふのは、例へば、因縁談、怨霊など丶いふ方で。後のは、天狗、魔の仕業で、殆ど端倪すべからざるものを云ふ。これは北国辺に多くて、関東には少ないやうに思はれる」とし、次に北陸は金沢の町に行われる「膝摩り」を紹介していた。すなわち、

「膝摩り(ひざさすり)」というのは、丑三(うしみつ)頃、人が四人で、床の間なしの八畳の座敷の四隅から、各一人づ丶同時に中央(まんなか)

へ出て来て、中央で四人出会つたところで、皆がひつたり坐る。勿論室の内は燈をつけず暗黒にして置く。其処で先づ四人の内の一人が次の人の名を呼んで、自分の手を、呼んだ人の膝へ置く、呼ばれた人は必ず返事をして、又同じ方法で、次の人の膝へ手を置く。といふ風にして、段々順を廻すと、丁度其の内に一人返事をしないで坐つて居る人が一人増えるさうで。

とするものであった。思うにつけても、これはいったい何事であろうか。事もあろうに真夜中、分別のある大人たちが互いに誘い合って一ヵ処に会し、その上で妙に格式張った習いを踏んで、しかもあらかじめ承知した順序をもってひと続きの所為に移る。これからして、まこと意味あり気に運ばれるそこでの有様は、どうみてもある意図のもとに進められる積極的な営みであり、そしてまた、特定の儀礼に参加した特別な在りようとしか、理解の仕様はないのではなかろうか。一場の雰囲気としては、それはほとんどある種の入信儀礼を映しているとみて、一向に差し支えあるまいと思われる。もしもそうだとすれば、振り返って、鏡花は何処からこれをもってきたのであろうか。彼自身の創案であったとはとても考え難い。そこで改めて同じような所為を探るに、実はその後、かなりな時を経て、柳田國男の手元にもこれとほぼ同様な例の届いていた事実が明らかになった。資料は今般『柳田國男未採択昔話聚稿』（平成十四〈二〇〇二〉年二月）に収めた。次にそれを紹介する。報告者は題して「ニョキニョキ」といっている。

十畳の座敷の四角から、ニョキ〳〵といふて集まると何でも、化物が出るといふことぢゃがやらんかと、村の若い者同志がある処のあつまりの席で其の中の一人が言った、物好きの一人二人が、うんよかろをと言って相槌を打った、そんなら今夜にしやうや、んよからふ。

其処で時刻は夜の十二時過に、四人が示し合はした或る空家の一室に集った、勿論其は十畳の座敷であった。え丶か初めるぞ、よし、と合図よろしく、ハァ、ニョキ〳〵、ハァ、ニョキ〳〵と四人が一様に唱へて四角から一足づ丶前え前えと進んで来た、そをして数歩四人の頭が座敷の真ん中で大方行き合ふ様になると、天井裏が、思はず、バリ〳〵、ガタ〳〵〳〵、ドサーッと大きな音がすると、同時に、ワァーッといふ声諸共、其の中の三人が我知らず戸外に飛び出して終った。後に残された、一人の男、この男とても度肝の大きい男なので、ジイッとしゃがんで扨て何事が起るか知らんと、辺の様子に眼くばりをして居た。トタンに、天井からツラ〳〵〳〵と、一つのサカイ重が下ってきた、（塗物の箱）ハハア、扨て何が入って居るか知らんと、件の男は好奇心にかられて、其の蓋をポッと取って見ると、此は又思ひ懸(がけ)もない、中には十数玉の蕎麦切が今出来たばかりといふ様に湯気がボー〴〵立って居る。男は喜ぶまい事か、大喜びで、然も其の端に添えてあった醤油に浸しては食ひ、浸しては食ひたらふく食ふた。然し此を喰ふて終ふてもと考えた此の男、三つだけ残して、此をあれ共（外の三人の男のこと）にも一つづ丶食はしてやらふと、残りの三つを屋外に持ち出して、おーいお前共、馬鹿ばかりじゃのを、逃げるちゅうがあるものか、おれやあれからこの蕎麦が天井から下りて来たんで、今迄喰ふたんぞ、喰ひきれんけ、お前共に食はしょをとおもをて、持って来たけ、早ふ喰え、

「何、蕎麦か」「ん、蕎麦よ」「しもをた（しまった）おしい事をした、おりゃあよかった（おればよかった）。この美味いこたあ（こ

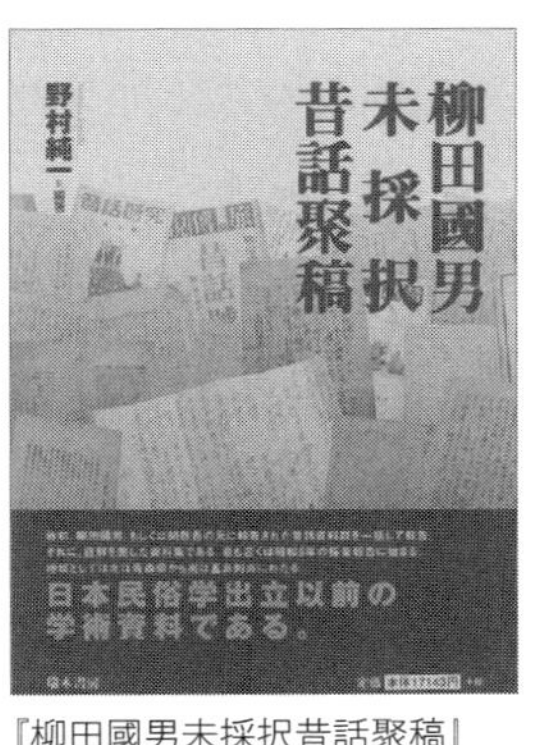

『柳田國男未採択昔話聚稿』
（瑞木書房刊）

とは）どおか。そんなら（それじゃあ）又明日の晩又やる事にしょを、その時は、お前だけ此度は外に出え、此度はおれ（自分）共三人が残って御馳走にならふ。」

「ん、そをせえ」其処で又其翌晩同じ時刻に例の座敷に四人の者が集った、そをして例の様に、又四角から、ニョキ〳〵、ニョキ〳〵と唱え乍ら一歩一歩前によってきた。すると又四人の頭がすりつきさうになった時、又も天井裏が、バリ〳〵、ガタ〳〵ッと異様の音をたてた。其処で此度は前夜の約束通りに、ゆうべ残った一人が、外に出て行った。後に残った三人は、恐る恐る、でも今夜こそ、ゆっくり、たらふく蕎麦を喰はふと思って、欲と二つで恐れながら待って居た、すると又、天井から例のサカイ重（塗箱）が、ツラ〳〵と下りて来た。ヨシ来たといふ調子で其の中の一人が、ポッと其の蓋を取ると、思はず、大きな毛ムクジャラの手がニューッと出て、「ゆんべの蕎麦切の代をやれッー」といふ声に、思はず、ビックリ、ワーッと我知らず屋外に飛び出して終った、といふ事じゃ。

長くなった。いままで知られなかった資料故、あえて全容を示した。柳田の手元にこの一話が届けられたのは、昭和五（一九三〇）年の頃である。報告者は「豊前昔話　岸本俊治」と記すだけで、それ以外は何も判らない。その折、これが「未採択」のまま終ったのはおそらく、話の運びが途中からやや趣きを変えて、果ては真似した者たちの失敗譚に終るといった仕様になっている。ほとんど笑話化している。これがため、滑稽化した化物語として退けられたに違いない。しかし内容的にみて、明らかにこれは「膝摩り」と同列の話である。先刻鏡花の文章に接した際「柳田はとなると、はたしてどこまで鏡花の作品をきちんと読んでいたのか、これは保証の限りでない」としたのは、この「ニョキニョキ」に向けて、柳田はコメント一つせず、あまつさえそのまま放棄していたからである。柳田は「一寸怪」を読み過ごしていたのではないかと忖度(そんたく)したのは、こうした事実経過があったからにほかならない。ただし、ここはそれを詮索するのが目的でない。したがって、この事に関しては最早これ以上言わない。その上で標題に向けても少し同種の事例を提示してみる。

二

手続き上、それにさきがけて、資料比較照合の条件というか、そこでの基準としてはおおよそ次の事項を心掛けておきたいと思う。

まず、この種の話の場面設定の時機は「丑三頃」、要は「深更」に至り、あらかじめその場に参集する者は「四人」。そして「座敷の四隅から各一人づゝ同時に」その「中央」に躙(にじ)り寄る。さて、その上で「四人の内の一人が次の人の名を呼んで、自分の手を」相手の「人の膝へ置く」。「呼ばれた人は」ついで「又同じ方法で、次の人の膝へ」と、こういった具合に「暗黒」の中で、同じような所作を順繰りに繰り返して行く。すると不思議や不思議。そのうち、いつかそこには「一人返事をしないで坐って居る人が一人増える」といった事態が生じるとする按配であった。まこと奇妙奇天烈な話であり、かつ奇怪な試みだが、状況説明としては右のような次第が、ここに認められる仕掛けとも装置ともいえる在りようであった。これに間違いはない。とりあえずはここを確認した上で、次に移りたい。材料は旧いところから順に示して行く。

最初は『童子百物かたり』所収「隅のばゞ様といふ事」。テキストは『米沢地方説話集』(伝承文学資料集第九輯）に拠った。次のようである。

夜中、静かなる寺江行て、四人して、座敷の四隅にかゞまり居て、燈を消し、四隅より各座敷の真中江這出て、一人、面々の天窓を捜り、一ト隅のば様、二すまのば様、三すまのば様、四隅のば様と、あたまを撫（ナデ）てミれハ、我天窓共ニ五ツ也。幾たび撫ても、五ツ有り。又元のことくに四隅に居直りて、別人か、以前の如く、ば様〳〵と、一トあたまツヽ撫てミれハ、自分かあたま共に五ツ有り。是むかしより、若イ衆打寄の戯れ遊びたる事也。予も十三四の頃、友立に打連（ツレ）て常慶院江行て、此業して遊ひしに、幾度も出直し〳〵て、天窓をなで廻しけるに、四ツの天窓ありて、自分のあたま共ニハ五ツ也。牌寺と云、常々近所なれハ、遊ひ行たる寺なれとも、何となく小淋うなりて、心迷ふ物なり。怪異の事共、有れハ有物なり。若イ殿原達、隅のは様して遊ふへし。

この書物には「天保十二年の春　如月十五日の　蝦蟆亭　八十六耄翁　糠山戯書」とある。「天保十二年」（一八四一年）に「八十六歳」といえば、宝暦五（一七五五）年生になる。数えていまから二百年余前である。城下町米沢藩下には、その頃すでにこの種の「遊び」があり、巷間かつそうした話の伝えられていたのが、これによって判る。ところで、その後、こうした習いについて記していたのは一代の碩学南方熊楠であった。彼は次のように報じている。

田辺辺の俗伝に四畳半の座敷の四隅に各一人居り、燈無しに室の真中に這行くと、真中に必ず別に一人立ち居るを触れ覚る、乃ち一人増して五人成ると。

雑誌『郷土研究』第一巻第八号所収「紀州俗伝（五）」である。熊楠は『童子百物かたり』を知っていたか、どうか。いずれにしても同じ所作をいっている。残念なのはこの営みの呼称に言及していなかった点にある。それでも、南紀にも同じ風の認められたのは間違いない。ただし熊楠以後は「隅のばゝ様」といった怪異、あるいはこれに伴う所為と、やがてそこにもたらされる特異な現象に関しては、しばらく消息は途絶えていた。その間、わずかに大島建彦が触れたに過ぎない。大島は「スマタラこい」（朝日新聞「研究ノート」昭和四十八〈一九七三〉年九月一日）に、南会津は田島町下にこの習いのあるのを指摘して注意を喚起した。次いで、石川純一郎『会津舘岩村民俗誌』（昭和五十一〈一九七六〉年）に「四隅探し」が載った。

夜真暗な部屋で、四隅に一人ずつ坐って目隠しし、中央に向かって静かに這って行き、頭を撫でると、自分以外に三つしかないはずなのに四つある。不思議な遊びであるが、これを面白がる。ただし、邪念があるとだめであるという。

資料の追加である。しかもこれによって前記「スマタラこい」の「スマタラ」は、どうやら「隅から」の転化、あるいは訛語であったのが判る。参考までに他に例を付せば、千葉幹夫「県別妖怪案内」（別冊太陽『日本の妖怪』）「岩手県」に「スマボウズ　隅坊主。家のすみにいるという。北上市」の記述がある。もひとつ加えよう。随筆家杉浦日向子『大江戸観光』所収「お江戸珍寄」には次のような文章がある。彼女はこれを

「お部屋さま」といっている。

方法は簡単なのです。家具も何もない四角の部屋の角に一人ずつ立ちます。四人のゲームです。部屋をまッ暗にして、火をつけた線香を一本用意します。最初の一の角の人が壁づたいに二の角まで歩いて線香を渡し、二の角の人は三の角へ、三の角は四の角へ、とリレーするのですが、ここで四の角の人が一の角へ行くと、一の角の人は二の角へ居るから誰もいない筈なのに、受け取る人がいて、線香のポッチリした赤い点はいつまでも部屋の四隅を回りつづけるのだそうです。ゾォー……「聖人怪を語らず」とか申します。成程然り。コワイから遊ばないで下さいねッ。

難をいえば、杉浦はこれを何に拠ったのか明記していない点にあった。ただしそこでの「遊び」の内容は、これまでの一連の事例に重なってくるのは間違いない。こうしてみると、最初に挙げた鏡花の金沢の例といい、豊前の岸本の報告、そして米沢、さては江戸の「お部屋さま」といった具合に経辿ってくると、これには案外城内での宿直の晩の「遊び」に端を発し、やがて城外の町方へと流出して行ったような経緯があったのかも知れない。もっともそれは逆であって、村々の習俗が町方に入り、ついで宿直のお役の膝元に届いたのかも知れない。しかして、何事もよらず有為転変の生ずるのは世の常、もしもこの手の「遊び」にも時と処によって相応の変容、変化が認められるのなら、それはそれで止むを得ない。そうした変遷の在りようを追うのも一つの方便かと考える。そこで杉浦の「お部屋さま」を契機に、ここではさらにきょう現在の事例にまで話題を移してみたいと思う。

三

ところで、いま引いた杉浦の「お部屋さま」は、そこでの典拠というか出拠不明であるがため、ひとたびは「難をいえば」とした。しかし実をいえば、それよりはむしろこの「遊び」に対するひとびとの心持ちというか、試みに向けての心情が、それ以前の報告例に比較して著しく相異を来たしているところに大きな特色が認められる。たとえば、それが最も端的に示されているのは、これを紹介する際の彼女の扱い方、具体的にはそこでの言辞にあった。すなわち、杉浦は開口一番「方法は簡単なのです」と前置きし、ついで「四角の部屋の角に一人ずつ立ちます。四人のゲームです」と言い放っている。これまでの習いはすべからく「皆がひつたり坐る」「かゞまり居」「這行く」「静かに這って行く」、また、よしんばそれが立っている場合にしても「一足づつ前え」おもむろに進み、その上でいかにも深長に「中央」に「躙寄(にじり)」っていた。漆黒の闇の中での縹渺(ひょうびょう)たる趣きは常に備っていたのである。対するにこちらは最早、今日的な「ゲーム」感覚そのものであって「二の角の人は三の角へ、三の角は四の角へ」と、まこと敏速にしかも果てしなく走り続ける。文字通りの「リレー」方式である。それからして、ここに見られる状況は、従前の「入信儀礼」といった雰囲気や気分には程遠く、すでに団体競技風の「遊び」への果敢な挑戦といった在りように変化していたとして差し支えない。

しかるに情況は、いかに「競技風」の「感覚」に移行していても、結果としてそこにはやはり「誰もいない筈なのに」やがて「受け取る人が」現出し、「線香のポッチリした赤い点はいつまでも部屋の四隅を回りつづける」といった不可解な現象が生じていた。装置や仕掛け、あるいは雰囲気や気分に変わりはあっても、もたらされる妖異には何一つ変更は無かった。つまりはここにもまた「必ず別に一人立ち居るを触れ覚る」仕儀を相来たしていたのである。そこでこれを受けて、情況や雰囲気、さては装置や心持ちに変化は認められつつも、それでもなお同じ結果を招来する、現今の課題について少々記してみよう。たとえば、かつて本学（編者註・國學院大學）に在籍していた立野千晶君は、それを次のように記していた。

私が小学生の頃、こんな遊びがはやっていた。体育館など広い室内を真っ暗にして、部屋の四隅にそれぞれ一人ずつが立つ。Aが走って行ってBの肩を叩き、Bはその後Cの所まで走ってCの肩を叩き、Cも同じようにしてDの肩を叩く。DはもとAがいた場所へ走っていくのだが、誰もいないはずのAがいた地点には「誰か」がいて、Dはその「誰か」の肩を叩くことができ、なおかつAも「誰か」から肩を叩かれるので、四人は延々室内を廻わり続ける、というものである。

無論、深いいわれなど知らなかった当時の私達は、まるきり遊び半分で、実際に室内をぐるぐる廻わり続ける「成功例」はなかった。しかしこの遊びはただのオカルト的なものではなく、子供と子供以外の異なるものとの、お互い承知の上での共存を示すものだったのであろう。

ちなみに同君は都内西葛西の出身で、ここにいう小学生の頃とは江戸川区立西葛西小学校である。区内では新たに開発、都市化した地域になる。このように、都市在住の少女、殊に同世代の彼女たちにとって、この種の世界への関心、もしくは好奇心には予想以上の傾きがあって、少女たちはしばしばこれを試みていたとみえる。次は「不思議な世界を考える会」会報五十号記念号、ならびに十八号に載った資料である。続けて掲げる。

四角い部屋で四人の人が手にろうそくを持ち四隅に立つ。ろうそくを消し、(1)の人から順に右隣(2)の人の肩をたたく。肩をたたかれた人はまた右隣の人の肩をたたく。また肩をたたかれた人は……とくり返す。そして(4)も右隣の人の肩をたたこうとする。しかし(1)は(2)に移動したため、もとの(1)には誰もいないはずなのだが……なんと誰かいるそうだ。

ある女の子六人が放課後、教室でおしゃべりをしていました。すると一人が霊を呼ぼうと言い出しました。方法は、(下図参照)走っていってかたをたたくのです。二人の子は、恐いからと外に出ていきました。二人の子が待っていても中から誰も出てきません。心配になり入ってみると、誰もいません。そこは窓から外に出ることはできない高さです。扉からも出て来なかったのに。二人は恐くなり逃げ出しました。次の日も四人は学校に来ませんでした。二人が家に行ってみると、青白い顔で寝ていました。家の人の話によれば、気がついたら家にいて、意識がないそうです。四人は一週間後、元気に通学したそうです。

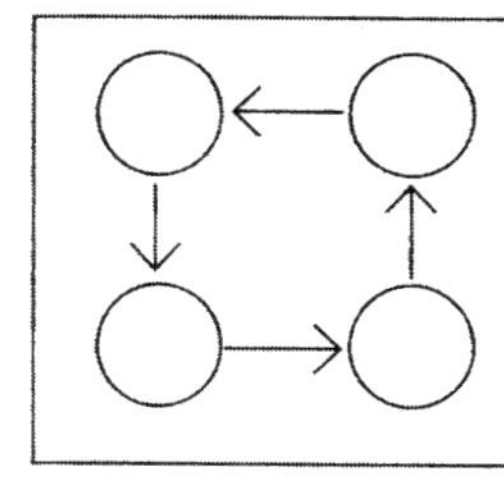

「コワイから遊ばないでくださいねッ」とは、さきの杉浦の一言であった。右の報告を見ると、そのときの

杉浦は案外身近かな者からこの種の情報を得ていたような気がしてくる。

このように辿り辿ってくると、察するにこうした習い、あるいは「遊び」が根底にあって、それではじめて成立したであろうと思われる話群に次のような例があった。次も同じく「不思議な世界を考える会」会報、二十二、二十三、二十八号収載の資料に拠った。続けて紹介する。

ある山おくで、男の人が四人道に迷っていました。すると山小屋が一けんありました。四人の男の人は、山小屋にとまることにしました。でも、その中はとても寒く、まっ暗でした。四人の人は、ねてしまうとこごえ死んでしまうと考え、部屋の四つ角に一人ずつすわってねないようにしました。でもねそうなので一人ずつ角から角へ行って、次の人のかたをたたいてねないようにしました。次の朝、四人の人は無事にすごすことができました。けれど一人の人が、後で気づきました。四つ角の部屋で四人の人が次の人のかたをたたいていくと、どこか一つの角にだれもいなくなり、かたをたたけないはずなのに、なぜたたけたのか。小学校の理科室で、先生に聞きました。

私が小学校の頃、友達から聞いた話です。ある男の人たちのグループ五人がキャンプに行ったが、山でそうなんして、一人が死んだ。残りの四人は夜があけるまで、凍死しないようにお互いおこしあおうと話した。四人が部屋の四すみにそれぞれすわり、死んだ一人をまん中においた。AがBをおこし、AはもとBのいた場所にすわる。そしてBがCをおこしに行き、BはCのもといた場所にすわる。それをくりかえして、凍死しないようにするという考えだ。そしてそれは成功し、四人は無事だった。しかし、よく考えてみると、これは四人ではできないことなのだ。図をかいてよく考えてみればわかると思う。Dがおこすべき A は、いないのだ。だってBの位置にすわっているからだ。四人は考えた。きっと死んだ男のおかげだと。

四つ角の話――ある日、山おくで四人山でまよった人がいました。その四人は、ちかくの山小屋で泊まることにしました。とても寒かったので、ねてしまうと、こごえ死にそうです。四人は考えて、あるいいことを思いつきました。それは一人一人部屋のすみにたって、ある人から走り出し、タッチしながら、ずうっと夜あけまでそうしてようとするのです。そのようにやっていたら、無事四人ともねないで夜あけをむかえました。後から気づいた四人はぞっとしました。それは……。

それにつけても、はてさてかくしてとすべきであろうか、それとも、相も変わらず懲りずにまあとでも評すべきであろうか。揃いも揃って「山おく」で「道に迷った」上、「山小屋に泊ま」った。次に彼等は何か「部屋の四つ角に一人ずつすわる」。のみならず、ときには「四人が部屋の四すみにそれぞれすわり」、あろうことか「死んだ一人をまん中においた」とするのだからこれは最早、普通でない。鏡花の「膝摩り」以下、今までに挙げてきた事例の中では、これが最も凄まじい。なまなか「入信儀礼」などという域を遙かに超えた情況設定になっていた。しかも最後の例に至ってはまた「一人一人部屋のすみにたって、ある人から走り出し、タッチしながら」遂には「ずうっと夜あけまでそうしてよう」というのでは、かの杉浦日向子ならずとても、思わずも「ゾォー……」とせざるを得ない話であったのである。思えば、「山おく」「山小屋」

「キャンプ」といった場面構成自体が、はやばやとこれの非日常の時空にこだわる言辞であったと理解されよう。これにしても、事例はなべて〝学校の世間話〟、要は都市伝説の一端として今に生き延びていることに注意されなければならない。

さて、ここまで来て、話はいったん前出「ニョキニョキ」の処に帰る。その折「岸本俊治」の報告に向けて、当時の柳田はこれの内容が「途中からやや趣きを変えて」「笑話化している」「これがため、滑稽化した化物話として退け」たに違いないと、記した。私のこの考えは、この場に至ってもまったく変わらない。しかして、こうした著しい「笑話化」の例は他にもいくつかあって、しかもそれらはいずれも「ニョキニョキ」の後手部が別条独立し、その上で一篇の「笑い話」として伝承されているのであった。ただしその間の在りように関しては、すでに雑誌『遠野物語研究』創刊号（平成八〈一九九六〉年八月）所収「柳田國男の昔話研究――スクラップ・ブック『村の話』を巡って――」に記した。ここでの重複は避けておく。

四

以上、具体的な例を示すにかまけて、ここまでは、これら資料の拠って来たった事由、いうなればそれの背景や基盤については何一つ述べてこなかった。これではいささか具合が悪い。思い改めて、次に少々その事に向けて記してみる。ひとつの見通しとして、右に掲げた習わしには、背後に家屋の新築もしくは改築時の儀礼、いうなれば「屋移り」の際の慣行習俗が存するものと考えている。理由は、次に掲げるような諸事例と、前記資料群とは何処かで必ずや重なって来るであろうと推察するからである。もっともこの事に関しては、以前に「四人の座敷わらしたち」と題して、『日本伝説大系』第二巻「解説」（昭和六十〈一九八五〉年十月）で触れた経緯がある。しかし、その時の目的と今回とでは趣旨を異にする。材料を補いつつ改めて紹介してみる。

東北の地から報告のあった「隅のば丶様」や「四隅探し」、あるいは「スマタラこい」の動向に注意を払っているうちに、岩手県上閉伊郡宮守村（現・遠野市）の上関智鼎氏（大正八〈一九一九〉年六月二十一日生）から面白い習いを伝えられた。同氏出生の地、隣接する旧鱒沢村には次のような事があったそうである。

鱒沢村では、家々の屋根の葺き替え作業は村内の人々が寄って行われた。三日も四日もかかった。それにさきがけて「座敷わらしの供養」と称する習いがあった。具体的には、茅を剝ぐ寸前に隣近所の男の子を四人呼んできた。そしてその子たちを座敷の四隅に一人ずつ坐わらせて、粥を喰べさせた。これを「スマッコ粥」といった。二尺五寸から三尺もある特別に長い箸を用意し、それを用いて粥の熱い中に喰べさせる。もちろん子供だからそう思い通りには運ばない。そこで周囲の大人たちはしきりにこれを促しては「早く食えば座敷わらしのように賢くなるぞ。立身出世するぞ」と言って励ました。囃し立てた。そして、やがて無事にこの役を終えた子供には、その家の主人から礼に銭が与えられた。

右の如くである。上関氏の記憶によると、礼には三十銭貰ったそうである。その頃、子供の小遣銭は普通一銭五厘であった。米一升は二十五銭。三十銭は農民一日の分に相当した。それからしてもここでの礼は子供にとっては大金であった。氏は幼い日に「おい、来いよ。座敷わらしさせっから」という具合に招かれて何回もこの役を経験した。なお、その折の「スマッコ粥」の中味には菜が入っており、出しは魚、粥自体は味噌あじで大層うまかったものだという。もっとも、これには少々わけがあった。何故かというに、その頃の村の常食は米・麦・稗の混じったもので、通常土地ではこれを〝三穀めし〟といっていた。ところが「スマッコ粥」の場合は純然たる〝米の粥〟に限っていた。それがまた子供心にも格別嬉しかったというのである。

旧鱒沢村でのこの事例を補うものとしては、早く雑誌『旅と伝説』通巻百二十四号（昭和十三〈一九三八〉年四月）「住制民俗」（二）所収「啜り粥」（スマコ粥）の項に、次のような記事があった。報告者は守随一、山口貞夫の併記である。

陸中土淵村では（鈴木重男氏）、スマコガエと云ふ。こゝでも煮立った粥を家の四隅に捧げ、同時にこれを啜らねばならぬ。其の四人と他に粥を煮る役と箸を納める役の六人は、其家又は手伝ひ人の中から選ぶが、惣領で而も両親の現存して居るものでなければならぬ。六人ない時は五人でも良い。此時は四人の中で食べ遅れた者が箸納めをする。粥は数時間前から煮出しておくから非常に熱い。それを家の中央に鍋のまゝで持出し新しいヘラでかき廻す。長い二尺二三寸の箸で家の四隅に捧げ、大椀に一杯もった粥を立膝の姿勢で大急ぎで食べる。こゝで条件となって居るのは両親揃った男児である。上閉伊郡でも同じ行事が見られる。粥を盛る箆は片方を欠いたもので。箸は藁である。矢張り熱い中に食べる。済んだ箸と箆はちがへ結びにして屋根裏へさしておき、次の屋根葺替まで手を附けないと。前の土淵村でも用済みの箸はヘラと共に縄でたばねて棟木につけておく。紫波郡のスマッコカエコでは二親揃った男女二人づゝ十歳位の子を選ぶ。家の四隅に向って歩きながら粥を食ひ、早く食ひ終った者は他の者の箸を奪ひ之を名誉として居る。

右に続けて「ヤガイの粥」（ワタマシの粥）の項もあるが、いまは省いた。次に『森口多里論集　民俗篇』（昭和六十一〈一九八六〉年三月）「年中行事点描」から引く。

稗貫郡の大迫町地方ではヤドコのときスマコガユと称する式を行なうことにしている。旧南部藩領では屋根の葺換えをやることをヤドコとよんでいる。このヤドコのとき、両親の揃っている男の子四人を集め、茶の間の四つのスマコ（隅）に背中向きに坐らせ、茅のモトを箸にして粥を食べさせるのが、スマコガユの儀式である。このときの箸は新調のヘラ（飯杓子）とともに火棚の吊綱に編みこむことにしている。

続けて、遠野出身の菊池照雄が『まつり通信』三三一（昭和六十三〈一九八八〉年八月）に載せた「遠野郷土淵村の新築儀礼」の「引越慣行」から紹介する。

新しい家へ引越する場合の儀礼は一風かわっていた。

一つはマスコ粥という。

両親がそろっている男たちを六人ほどえらび、大鍋で粥をたく者、家の四隅で粥をたべる四人と役割の分担を決める。

粥ができあがると粥鍋を常居の中央に持ち出し、新しい片ヘラでかきまわし、長い箸（二尺三寸）で大椀にもり、四人が四隅で立てひざの姿勢で競争でくう。

食べおわるのが一番おくれた者が、箸納めをする。

この箸納めというのは、大箸を正方形になるように接合部分を細ひもで結び、へらを中央にそえて棟木にゆわえた。

二つめは、臼・粉下し・ヲサ・スリ木・裸馬・シャクシ・ヘラ・穀物等を一人一品ずつ持ちこみ、この間に一人は、太鼓をたたいて家を二廻りする。

この次に、先にはこんでいた臼に穀物を入れ、杵で二三回つき馬に食べさせる。

ここまでが儀礼で、これがおわると、最初に家や土蔵や、長持ちやらの鍵束を家の内部に持ちこみ、あとは家財道具を順序に関係なく運びこんだ。

ここにみる例は「スマッコ粥」「スマコガエ」「スマッコカエコ」「スマコガユ」といっている。別に一つ「マゝスコ粥」があるが、これは「スマコ」の誤謬ではなかったか。いずれも「男の子四人」が「家の四隅」に在って、「立てひざ」で「熱い粥」を「啜る」儀礼をいった。しかもこのときに用いる箸は、普段のとは違って「二尺三寸」の格別長大な物であった。子どもたちにあえて「立てひざ」を求めたのは、いうまでもなく大人の儀礼を移した姿である。こうした習いが何処から来たのかについては、今日までほとんど言及されていない。ただ、こうしてみるとなにがなし、この風は東北の一隅に集中して認められるような印象を覚えるが、決してそうではない。事実、先般繁原幸子は『女性と経験』26（平成十三〈二〇〇一〉年十月）に「屋移り粥の事」を発表して、静岡県下をはじめ、全国にわたる多くの資料を示した。中に「ヤガエススリ」というように、直截に「屋移り」を訴えているのもある。これからしてなお注意を払えば、大勢この習いは今後多くの報告を得るのかが予想されよう。そうした中で次に一つ、古い報告ながら最近ようやく公になった材料を提示する。長崎県南松浦郡福江町下ノ町（現・福江市）在住、江頭源次（明治十九〈一八八六〉年七月十四日生、昭和四十五〈一九七〇〉年二月十三日没）の「採集日記」所収「年中行事」の一節である。江頭は五島の久賀島出身であった。したがってこれは久賀村の例かも知れない。前出『柳田國男未採択昔話聚稿』から引く。

家を新築すると吉日を選みて新築の家に移る、その夕方近所の男児数人に今夜ヤガエススリに来てくれと案内する、子供は集り来たりてワラにて、下図（省略）の如き物を拵へ之にカユ御飯を少しづゝ盛りて四人の子供天井に持って登る、而して東の方の隅に一人、西に一人、北に一人、◎印（大黒柱）に一人座を占めると、下に居る子供がタロッドン、タロッドン、ナンドンスルカノと声を揃へて呼びかけると、大黒柱の方の子供、四六間のエ（家）ドンツクロキノと答へる。次に又、マ一軒造ってと呼ぶと東の方よりコメーグラと答へる。又下よりマ一軒造ってと呼ぶと、シホーグラ（西の方）と答へると、又下よりマイッケン造ってと呼ぶと、北の方よりミソーグラと答へる、すると上下一斉にツクレバワクルナオーセバシと呼び、ワラにて入れて登りしカユは各自戻りし所に供へて下り来たり、一同家人より出されしカユを馳走になって帰宅す。

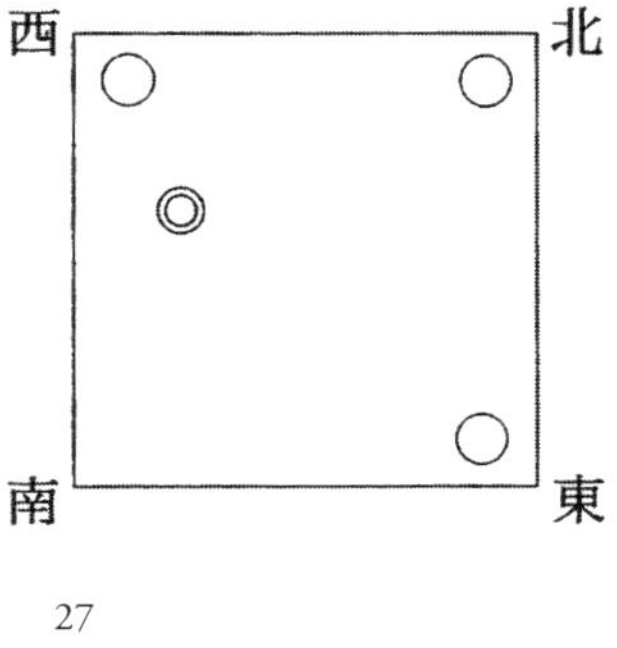

西　北
南　東

行き届いた資料である。これ程の内容は他に例がない。西海の涯、五島列島にもこの種の習いの行われていたのが、ここに確認し得た。その意味でも欠かせない記述である。これにつけても文中「下に居る」子供たちが声を揃えて「タロッドン、タロッドン、ナンドンスルカノ」の呼び掛けが面白い。「太郎どん、太郎どん」の意で、「どん」は「殿」であろう。改った物言いをしている。しかも問答形式を取っているのが珍しい。古くは、こうであったのだろうか。「どうなさるか」と問うているのであろう。その上で「もう一軒造れ」という。東の方に「米蔵」、西の方に「塩蔵」、北の方に「味噌蔵」というように大層な言寿ぎようである。前述繁原論文はこの手の「室寿ぎ」にも言及している。これらはおそらく、建築儀礼の過程における、欠かせない営みであったものと見倣される。それからして、こうした儀礼間に認められる呪的行為と、そしてそこから伸展、生成された〝話の世界〟への転生こそが、今後話題の焦点になろうかと考えられる。

（『伝統と創造の人文科学』平成十四〈二〇〇二〉年三月）

未来を予言する「件」

未来を予言する怪物

夏目漱石門下でも、内田百閒(ひゃっけん)はひとり特異な存在であった。若いころから漱石に師事していたものの、終始付かず離れずの関係にあった。それは、作風からもいえる。

彼の短編集『冥途(めいど)』は、どこか『夢十夜』に似ていて、またそれとも違う、いかにも不思議な雰囲気の作品で、殊に「件(くだん)」は、筆者自身が「件」という奇態な動物になってしまった、妙な物語だ。百閒はそれを次のように述べていた。

私は見果てもない広い原の真中に立っている。軀がびっしょりぬれて、尻尾の先からぽたぽたと雫が垂れている。件(くだん)の話は子供の折に聞いた事はあるけれども、自分がその件になろうとは思いもよらなかった。〈からだが牛で顔丈(だけ)人間の浅間しい化物〉に生まれて、こんな所にぼんやり立っている。何の影もない広野の中で、どうしていいか解らない。何故こんなところに置かれたのだか、私を生んだ牛はどこへ行ったのだか、そんな事は丸でわからない。

そして、自分の運命に向けては、

ただそこいらを無闇に歩き廻ったり、ぼんやり立ったりしている内に夜が更けた。月が西の空に傾いて、夜明けが近くなると、西の方から大浪の様な風が吹いて来た。私は風の運んで来る砂のにおいを嗅ぎながら、これから件に生まれて初めての日が来るのだなと思った。すると、今迄うっかりして思い出さなかった恐ろしい事を、ふと考えついた。〈件は生まれて三日にして死し、その間に人間の言葉で、未来の凶福を予言するものだ〉と云う話を聞いている。

とした。

「からだが牛で顔丈人間」という説明からは、古く中国の神話に出てくる人面胴牛の〝白沢（はくたく）〟が思い出される。白沢は神獣で、人の言葉を使いこなし、有徳の帝王の治世に出現したとされる瑞兆だった。このため、わが国では、祭礼時の水引幕などの絵柄に用いられた。

以前は「件」にもこうした性質が期待されたようだ。たとえば、一八三六年（天保七年）、丹波国に「件」が現れたと伝える瓦版（かわら）は「大豊作を志（し）らす件という獣なり」としたうえで、「此絵図を張置バ、家内はんしやうして厄病をうけず、一切の禍をまぬがれ大豊作となり誠にめで度（たい）獣なり」と、わざわざ断っている。

また随筆集『道聴塗説』（三田村鳶魚『鼠璞十種』中巻　一九七八年　中央公論社）にも、

越中国立山に、採薬を生業とする男あり。一日山深く入て尋ね覓（もとめ）しに、下に図せし如くなる山精顕れ出て、我は年久しく此山に住めるクダベといふ者なり、今年よりして三五年の間、名もなきえしれぬ病流行して、草根木皮も其効なく、扁鵲（へんじやく）、倉公も其術を失ふべし、されど我が肖像を図写して、一度これを見ん輩（やから）は、必（かならず）其災難を免るべしと告畢（つげおわり）て、かき消すやうに失（うせ）にけりといふ。近年流行せし神社姫の類にて、好事者の申出せし戯作、一笑すべし。

との記載がある。どうやら「件」の異種らしい。

ところでこの風変わりな動物の生息圏を追跡すると、もともとは九州並びに中国地方が本場だったようである。民俗学者桜田勝徳の報告にそれがある。一九三二年（昭和七年）、九州の漁村では次のように伝えられていた。「件のいう事は決して間違いはない。それで昔から件の如しという事をいうのである」と。

これをみると、九州の「件」は書式に通じていて、よほど洒脱だったようである。

これと比べてみると、東都にはじめて紹介された百間の「件」は、ローカル・カラーがかなり強かったというべきであろうか。

第二次大戦末期に現れた「件」

内田百閒は、岡山市の出身であった。「件の話は子供の折に聞いた事はある」と記すのを見ても、「件」の話は、その地方では早くから取り沙汰されていたのが判る。そしてこのことは豊島与志雄の文章からも裏付けるのが叶えられる。豊島は随筆『「沈黙」の話』の中で次のようにいう。

関西方面の伝説に、「くだん」というものがある。百年に一度くらいしか生れないもので、その形は人頭牛身、ギリシャ神話のミノトールの丁度逆であって、また、ミノトール（牛頭人身）やサンドール（人頭馬身）が兇猛な怪物であるに反し、「くだん」は一種の神性を帯びている。生れて三年間、飲まず食わず、殊に一言も言葉を発せず、神秘な生存を続けて、そしてその三年の終りに、世の変異を予言して死ぬ。形が人頭牛身であるところから、漢字に綴っては件（くだん）となし、未来に対する予言が必定なところから、世俗もこれにならって、証文などに「依如件」と書くのである。

と。それにつけても、奇怪なこの「件」は、いったい何処から来たのだろうか。国内にあって、ある日突然発想された怪異であるとは、とても考えられない。「人面胴牛」の「白沢」は、中国古代の聖獣であった。しかるにそれは「物を言う」とか「吉凶を予言する」とは伝えていない。ただし、同じく中国の『捜神記』には「牛がものを言えば」とする例がある。『東洋文庫　10』（一九六四年　平凡社）の口訳を引けば、そこには次のようにある。

太安年間に、江夏郡（湖北省）の書記をしていた張騁（へい）の車を曳いていた牛が、とつぜんしゃべり出した。

「天下は今にも乱れようとしておりますぞ。私にはだいじな仕事があるのに、私に乗ってどこへ行くのです？」

そのあと、騁の牛はまた口をきいて、

「なんだってこんなに早く帰ったのです？」

と、主人を戒めている。『捜神記』は「故事」を引いて、

「牛がものを言えば、その言葉の内容通りに吉凶を占うことができる」

と説いている。どこか「件」に通じる話ではあるまいか。

さて、西から東上してきた「からだが牛で顔丈（だけ）人間」のこの「浅間しい化物」の「件」は、その後、第二次世界大戦末期の都内に、しばしば〝出現〟した。

当時、この「噂」に手を焼いた旧内務省警保局保安課は時局柄、取り締まりを強化した。警保局発行の「思

想旬報」所収の一文、「最近に於ける流言蜚語の傾向」は、「戦争の終局近しとする流言も本年（昭和十九年）に入り著しく増加の傾向を示し」とし、さらに、場所を伏せ字にしたまま、「〇〇で四脚の牛の様な人が生れ此の戦争は本年中に終るが戦争が終れば悪病が流行するから梅干しと薤（にら）を食べれば病気に罹らないと云って死んだ」と紹介している。

そのうえで、わざわざ「治安上相当注意を要するところなり」と付け加えていた。この一文は、紛れもなく「件」の消息を伝えている。

ところで、「戦争が終れば悪病が流行する」との予言に続く「梅干しと薤」はいったいどこからきたのだろうか。思い当たるのは、戦前、民俗学徒の桜田勝徳による九州からの報告である。

そこには「その件の伝授した方法が何処からともなく、はやって来て、軒毎に藁苞を吊したり、特殊な食物を拵（こしら）えたりする」（『桜田勝徳著作集』第六巻）と記されていた。「特殊な食物」の具体的な内容は不明だが、これが民間信仰にもとづく呪的行為なのは、間違いない。

こうしたことからすると、逼迫した状況の中、東都の人々が講じた予防策は、九州の地とほとんど同じ趣だったことが判る。

うち続く空爆の下、過酷な現実に直面しつつ、庶民は、自分の身を自分で守るより仕方ない。その時、彼ら庶民が、窮極の場面で選択したのは、俗信ともいえる伝統的な慣行習俗であった。

つまり、わが身を脅かす危難を退散させる方法は、ネギやニラ、ニンニク、ラッキョウ、あるいはセリといった強いにおいを持つ食物で、それを相手にかがすことであった。これで、外から襲ってくる厄難や悪疾を辟易させ、閉口させせて駆逐する。

もとはといえば、この種の仕掛けは、「嗅(か)がし」からきているともいわれる「案山子(かがし)」と同じである。人々は、こうした呪的な力にすがった。この点、梅干しも例外ではない。

理不尽な戦争の災禍から逃れるには、弱い者は結局、古い記憶の底にあった民俗に判断をゆだねるしかなかった。

「件」はそれを示唆したのであろう。こうしてみると、一見怪異な存在のようでいて、「件」こそは、乱世の知者であったような気がしてくる。

鎌倉時代の「牛の如き者」

「四脚の牛の様な人」とは、旧内務省警保局保安課の公的な報告であった。しかし、振り返ってみると、この記述自体、すでに過去の記憶の文脈をなぞった上での表現だったような気がしてならない。

というのも、古い文献になるが、鎌倉幕府の史書『吾妻鏡』には、これと重なるような記述が見られるからである。

時代を溯って約七百五十年前、一二五一年（建長三年）三月、浅草寺に前例のない事件が起きた。その部分を次に記そう。

六日　丙寅　武蔵国浅草寺に牛の如の者忽然として出現し、寺に奔走す。時に寺僧五十口(く)ばかり、食堂(じきどう)の間に集会(しゅうえ)するなり。件の怪異を見て、廿四人立所(たちどころ)に病痾を受け、起居進退ならず。居風と云々。七人即座に死すと云々。

いったい何事であろうか。いかに公の記録とはいえ、あまりに奇態な内容である。第一、「件の怪異を見て」二十四人の僧たちがそのまま病に倒れ、あまつさえ七人の者が即死したとは、容易なことではない。一寺の異変としては、事が大き過ぎはしないだろうか。

今さら勘ぐっても仕方ないが、それでもこの時、実際に浅草寺に起きた変事は、はたして「食堂」での集団食中毒か、それとも意図的な謀略がらみの毒物混入事件だったのか、単なる不慮の事件とはとても考えられない。事の顛末はともかく、ここで問題なのは、こうした事態の原因を「忽然として出現」した「牛の如の者」のせいにし、また、そうした記述だけで説得しようという姿勢にあると思う。いうなれば、「牛の如の者」がその後、どうなったのか知らなければ、異変が解決したとは納得できない。いったいだれが「牛の如の者」を見たのか。この時も、結局、「過去の記憶の文脈」にしかなかった。

もっともそれをいえば、四国の地に生まれ育った人は、この場合、すぐさま南予地方の「牛鬼」を思い起こすかもしれない。実際、その地の「牛鬼」は「ウシオニ」「ウショーニン」、あるいは「オショウニン」などと呼ばれ、南予地方一帯の祭礼に登場してくる。顔は牛とも鬼ともつかぬ形状で、胴は牛を、尻尾は剣をかたどった練物の一種であって、神輿渡御の先導をつとめる。悪魔祓いをして回る巨大な怪獣である。ほか

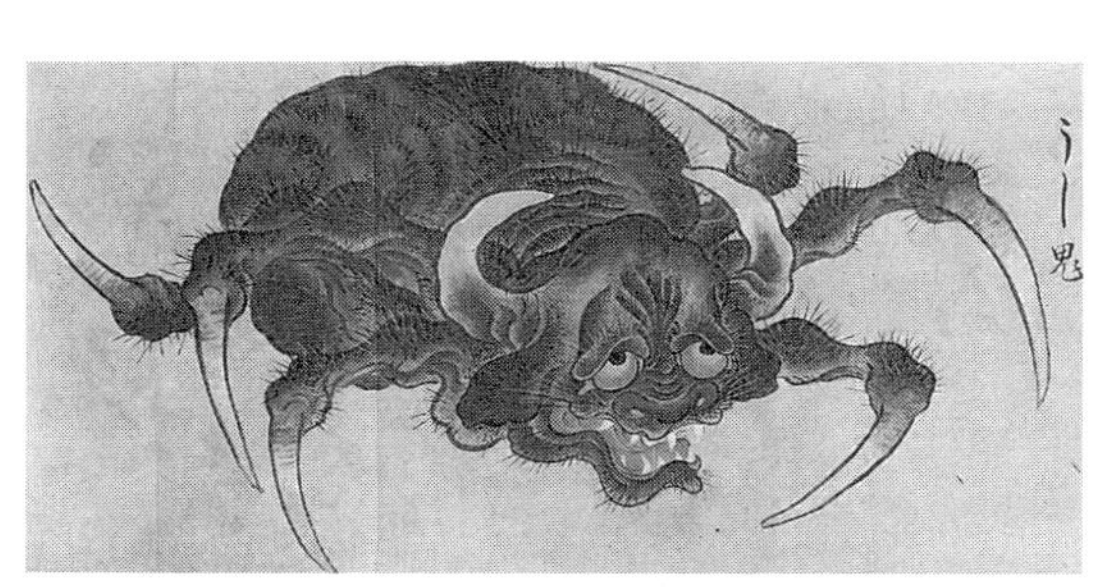

「うし鬼」（佐脇嵩之『百怪図鑑』1737年）

に山陰の海岸部にも一部にこの「牛鬼」の伝説があるが、それ以外はちょっと思い当たらない。素姓不詳の異様な怪物であった。

ところが、時空を超えて、それは突然よみがえってきた。たとえば、近ごろもその種の報告はあった。渡辺節子、岩倉千春『夢で田中にふりむくな』（一九九六年　ジャパンタイムズ）に収められている「牛女」がそうである。なお、これの類話は木原浩勝『都市の穴』（二〇〇一年九月　双葉社）第七章「六甲の牛女・件を追う」にも報告がある。

話の舞台は、兵庫県西宮市の甲山（かぶとやま）である。

「頭が牛、体は女、の牛女が出るといううわさ」を冷やかそうと、男の子たちがバイクで出かける。悪態をついた後、「気がつくと、後ろから何かが追いかけてくる」「四つ這（ば）いの、獣のような女」に迫られて、バイクは転倒、「みんな死んでしまった、と伝えられている」という。

現代の「牛女」の終息

「頭が牛、体は女」の「牛女」に追いかけられた少年たちは、「先頭のバイクが転倒した」ため、後続の者も含めて「みんな死んでしまった」。

せっかく新しい話題を提供したにもかかわらず、兵庫県西宮市の「牛女」は、はなはだ残念な結果に終わった。「はなしの民俗学（フォークロア）」の観点からすると、非生産的な終わり方だったとしか言いようはない。なぜかというと、これでは、少年たちの死とともに、「牛女」の話はほかに類型を派生するいとまもなく、また、話そのものも成長、発展する機会もないまま、その場で一方的に閉ざされてしまったからである。

この場合、従来からの約束事からすると、「四つ這いの、獣のような女がすごい速さで走ってくる」。それを見て仰天した「男の子たちは全速力で逃げた」が、瞬く間に追いつかれてしまう。その際、オートバイの少年たちは咄嗟に持っていたある物を相手に向けて投げつける。「牛女」が品物に気を取られている間に男の子たちは走り去るが、女は再び追ってくる。やむなく再度物を投げて時間を稼ぐが、妖怪はまた追いすがる――。

追いつ追われつ、おおよそこういった場面を三回繰り返し、そのうえで主人公たちはやっと逃げおおせる。これが古くから行われてきた「話の方程式」であった。伝承文学の専門用語で、「逃竄譚」、もしくは「逃走譚」という。わが国では『古事記』の「黄泉国」のくだりで、イザナミから追跡されたイザナギが呪物を三回投げ、その挙げ句、無事生還した話が著名である。

また、子ども向けの昔話の世界では、鬼婆に追われた小僧が、和尚から授かった「三枚の護符」をその都度投げて、ようやく寺に帰り着く話に人気がある。

最近では、「口裂け女」の話で、「ポマード、ポマード」と唱えたり、べっこう飴を投げつけて逃げたりしていた。

こうしてみると、この種の話の魅力は、妖怪からのスリリングな逃走といった場面構成にあった。繰り返し訪れる緊張感を楽しんでいたのである。

ところが、「牛女」の話では、面妖な相手との出会いを紹介した後、少年たちが「みんな死んでしまった」ため、こうした後日談を派生するゆとりがなかった。後刻、さらに物語化する余地に欠けていたのである。

たとえば、そのような事例としては、他に「アマビコ」とか「アマビエ」と呼ばれる妖怪がいて、これの場合がそうであった。「アマビコ」は「件」と同様に、吉凶を予言、予告する不思議な妖怪としていっとき話題を呼び大いに取り沙汰された。事実「瓦版」そのほかに幾通りもの絵姿を残している。それからして、当時の人気の程は窺い知れるものの、ひとたび衰退するや、今日に至るまで再度姿をみせる機会に恵まれることなく、すっかり忘れられてしまった。ただし、これについては最近湯本豪一に「予言する幻獣――アマビコを中心に――」(『日本妖怪学大全』所収　二〇〇三年四月　小学館）という好論がある。

しかし、その意味では、かの「口裂け女」の伸展ぶりはまことに見事であった。「話」としては出色である。次に、その「物語化」の経緯について触れてみたい。

（『江戸東京の噂話――「こんな晩」から「口裂け女」まで』平成十六〈二〇〇五〉年二月）

都市型妖怪「口裂け女」

都市型妖怪「口裂け女」の誕生

成城大学大学院に在籍するアメリカ人留学学生、マイケル・フォスターさんは、二〇〇〇年十一月、信州大学松本キャンパスで開催された日本民俗学会第五十二回年会の席上、〝口裂け女〟について発表した。題名は「もう一つの『口裂け女』――変身の力をめぐって」であった。来日中の外国人研究生が、日本の噂話に関心を寄せるのは、必ずしも珍しいことではない。しかし〝口裂け女〟に関してはこれがはじめてではなかろうか。

フォスターさんの発表の趣旨は、話の主人公の大きく裂けた口に、日本における女性の社会的地位の変化、具体的には、発言力の進展ぶりを読みとろうというものであった。一つの解釈である。観点を変えて、読み直しを図ろうとする姿勢は評価してもよい。

この種の分析と解釈がそのまま受け入れられるかどうかは別として、かの〝口裂け女〟に向けて、当時の社会的な背景を勘案しながら、改めてこの話の持つ意味を考えてみよう。

発表を聞きながら、私は、そうか、彼女〝口裂け女〟はテキストとしてもはや読み変えの対象に据えられるほど、古典的な存在になってしまったのかと、うたた感慨にたえなかった。

思えば、一九七九年（昭和五十四年）の初夏のころ、デビュー当時の彼女はまことに颯爽としていた。みどりの黒髪を風になびかせ、赤い服に赤いマントを羽織る、長身の色白の美女であった。しかるに、何事であろうか、ピンクのマスクをして、道ですれ違う人ごとに「あたし、きれい？」と尋ねる。「きれい」と答えると、おもむろにマスクを外し、耳まで裂けた口を見せる。相手は驚いて声が出ない、すると、突然、隠し持った鎌で切りつけてくる、というのであった。

ひとたび、この「噂」が発生するや、子どもたちは一斉に恐れおののいた。なぜなら、〝口裂け女〟は、主に下校時の児童生徒の前に立ちはだかり、しかも、いったん襲いかかると、彼女は異常な速足で追いかけてくる。「百メートルを十一秒台」、いや「六秒で走るから絶対に助からない」などと、取り沙汰されたからであった。その速さに関しては、ほかに白バイよりも速く駆け抜け、ただし新幹線には追い付けなかったという話もあった。

噂は噂を呼んだ。こうして、神奈川県平塚市では、「パトカーが近所を巡回して〝口裂け女が現れます。早く家に帰りましょう〟と注意を訴えた」し、北海道釧路市では「東京に出現してから二、三日すると札幌に着いた。その後、釧路に現れた。そのため帰宅する生徒には注意を求められた」（『日本の世間話』拙著。一九九五年　東京書籍）といった具合に、瞬く間に日本中を席捲した。

けれどもなぜか、姿を見せたのは、いずれも都市部に限られていた。

たとえば、突如南下し彼女は、やがて沖縄は那覇市の国際通りにある三越デパート前に姿をみせた。しかしさらに南漸して八重山に至ったとは聞いていない。つまり、それは、まぎれもなく、都市型新妖怪の誕生であったのである。

昼間の都市に現れる妖怪

これまでに私たちが久しく承知してきた日本の妖怪は、おしなべて陰湿であった。彼らの多くは夜陰にまぎれ、おどろおどろしい姿で、墓地や古寺、古屋敷、あるいは村はずれの四辻（よつじ）、橋のたもとといった場所によく出現した。なかには、深山幽谷の地を住みかにして、たまたま遭遇した里人を威嚇したり、動転させたりもした。いずれも、暗い情念をたぎらせた、異界からの使者であった。

しかし、子どもたちの話題をさらった〝口裂け女〟は、伝統的な妖怪に関するこうした通念を否定する形で、ある日、突然、街角に登壇してきた。鮮烈かつ、画期的なイメージのもとに現出した、革新派の妖怪である。

彼女はまず、足元の明るいころから都市の人込みの中に出没した。若く健康的な態度をまるで誇示するように現れ、そのうえで、いったん相手を脅かすと、自慢の脚力を駆使して下校時の児童生徒を追い回した。まことに派手な行動力を持っていたのである。

もっとも、こうなると、子どもも負けてはいない。目には目を、歯には歯をとばかりに応戦し始め、だれが言うともなく〝口裂け女〟の弱点を探し出すと、やがて次のような情報を交換し合った。

〝口裂け女〟は「ポマードが大きらいで、つかまっても〝ポマード〟と叫ぶだけで逃げていく」「ベッコウ飴が好物で三個やるとニコニコして立ち去る」「キャンディーの〝小梅ちゃん〟も大好物」「ポマードを売っている化粧品店ばかりでなく、レコード店に逃げ込んでもセーフ」「〝三〟という数字が好きで、東京の三鷹、三軒茶屋に出没。ツイストの『燃えろいい女!』を六回歌うと出てくる」(『なぞなぞ大爆発』一九七九年八月二見書房)という具合に、臨戦態勢をしっかりとっていたのである。

こうした材料をみると、「化粧品店ばかりでなく、レコード店に逃げ込んでもセーフ」といったゲーム感覚を経て、やがて「ツイストの『燃えろいい女!』を六回歌うと出てくる」の段になると、こと、〝口裂け女〟に関しては、時間の経過とともに、話の主導権はすっかり子どもの側に移っていったと判断することができる。つまり、彼女はいつでも、好きな所に自分たちで呼び出せる——といった案配である。

もっとも、そうはいうものの一方でその間、子どもたちの側にも知識不足に伴う思いがけぬ失態と誤解もあった。〝口裂け女〟は「隠し持った鎌で突然切りつけてくる」とはいうものの、都会の子どもたちにとっては、この「鎌」が判らない。生まれてこの方、一度も手にしたことはおろか、見たこともない「鎌」がどうして理解し得ようか。これがため「カマ」はしばしば「釜」に取り違えられ、〝口裂け女〟は「釜を持って追いかけてくる」といった奇妙な受け止め方をした処も、実はあった。

しかしそれはともかく、かくしていったん捕捉した妖怪に、容赦はしない。捕らわれの〝口裂け女〟に向けて、子どもたらは大胆にも次々と変容を迫っていった。

三人姉妹の末っ子という役割

各地からの情報にもとづいて、いったん搦め取った〝口裂け女〟に、子どもたちのその後の仕打ちはいかにも手厳しかった。

噂の発生から二年を経るころになると、彼女の象徴であり、かつ特性である〝裂けた口〟について、その形状から推して凶器は鎌と断定され、それでなければ「整形予術の失敗」、ときには熱いコーヒーを飲んだ際の火傷と決めつけられた。

ただ、その経緯は決して単純ではない。そこには個々に言うに言われぬ事情が秘められている。そのいくつかを紹介すると、次のようになる。

彼女は「三人姉妹の末っ子。末っ子があまり可愛いので、上の姉二人がそれをねたんで鎌で口を裂いた。年齢は二十歳。常に鎌を持ち、赤いセリカに乗っている」（山口県下松市）、「三人姉妹で長女は整形手術の失敗で口が裂ける。次女は交通事故でこれも口が裂ける。末娘は長女から鎌で口を裂かれる。それからよその人を襲うようになる」（川崎市）。

さらには、「三人姉妹がいる。一番上の姉は整形手術をして失敗して口が裂ける。二番目の姉は交通事故で口が裂ける。そのため末娘は気が狂って自分で口を裂いて病院に入っていた。そこを抜け出して町に現れる」（神奈川県横須賀市）、「三人姉妹で、三人とも美人だった。もっと美しくなりたい。そこで整形手術をしたが、三人とも失敗して口が裂けたようになった。口だけ裂けて、そのほかは大変美しい」（福岡県鞍手郡）（いずれも拙著『日本の世間話』）――。

こうしてみると、噂の発生時に比較して、〝口裂け女〟はすいぶんと変容を迫られ、しかも明らかに一つの方向を目指して伝達されていったのが判る。つまり、彼女には二人の姉が与えられ、その上であえて話の主人公を「末娘」に設定している。それればかりか、その間、話の進展に絡めて女性の「ねたみ」や「願望」をスパイスに取り入れ、これを事件への引き金に用いるなど、どうしてどうして、これは一種の謀略だと認めなければならないような筋立てになっていた。

現代の情報社会では、いかに〝口裂け女〟であっても、ちょっと気を許すと、予想外の結末を押しつけられる羽目に陥ってしまう。

それではなぜ、彼女は「三人姉妹の末っ子」という役回りを引き受けなければならなかったのか、その点に触れてみる。

口頭伝承における「三」の意味

〝口裂け女〟が「三人姉妹の末っ子」であったとは、噂の発生時にはだれ一人として予期しない成り行きであった。

ところが、時を経るにつれて、話は思わぬ方向に走り出し、瞬く間に「三人姉妹の末っ子」へと進展した。一人や二人の力でなせる業ではない。当然、ここには、こうした話の展開を許容しよう、これに同調して、一層促そうとする多数の意思が強く働いていたと考えるのが、自然であろう。

その時、ヒントになるのはさきに彼女は「〝三〟という数字が好きで、東京の三鷹、三軒茶屋に出没」といったくだりがあったことである。那覇市からは、「国際通りの三越デパートの前」という自信に満ちた報告もあった。

ここで、彼女が「〝三〟という数字が好きで」、ひどくこれにこだわっているのは、この手の話に興味を寄せている人たちの本音であって、おそらくそれは、話の発信者や受信者と思われる人々が、直接話の主人公〝口裂け女〟の心情を代弁した結果だと思われる。

振り返って考えても、実際、話の成長と、物語化への過程には、これまでにもしばしばそうした傾向のあることが指摘されていた。事実、そこに至るまでかなりの揺らぎのあった内容が、物語化して一定の形を保つためには、この種の形式や形態、つまりは〝三〟を機軸とする構想を選択する場合が多かった。とりわけ、それが口頭伝承の時には、昔話「三枚の護符」で触れたように、〝三〟の構成にもとづいて、丁寧に同じ場面で同じ事を三度繰り返す手法が顕著であった。

〝口裂け女〟の話も例外ではない。長女、二女、そして主人公の三女という具合に、事件の顚末を一つずつ述べるのが筋である。この話で〝口裂け女〟を「三人姉妹」のしかも「末っ子」と設定したのは、お手柄であった。なぜなら、古今東西、神話や物語、もしくは昔話の世界にあっても、三人兄弟、三人姉妹の末っ子は、いつも物語や話の決定的なかぎを握る存在だったからである。こうした〝三〟の構造にもとづく物語原理は、基本的には一回目、二回目の挑戦や試みはことごとく失敗に帰する。しかし三回目に、目的は必ず達成された。たとえば、大洪水の後、ノアは方舟から鳩を放つ。最初は何処にも降りられずに戻ってくる。二回目は、オリーブの葉を銜えてくる。そして三回目、鳩は戻って来ず、水の引いたことを知る。また白雪姫の話では、彼女は最初は毒の櫛を髪にさされる。二回目は、胸紐で締められて倒れるが小人たちに助けられる。三回目は毒リンゴで死ぬ。ほかにも身近な例を数え立ててみよう。わが国の昔話「猿聟入り」「山梨取り」に始まって、外国の「三匹の子豚」や「長靴をはいた猫」など、子どもたちもよく知っている。「リア王」のクォーデリア姫もそうであった。その意味で〝口裂け女〟は、広く世間に開かれた本格派であったといえよう。

鎌を持って走る女

さて、その上で一つ補っておきたい。そうかといって、別段彼女に入れ込むわけではない。しかし〝口裂け女〟の事蹟に関しては、以前から少々かかわりがあった。ご承知の向きもあろうが、当時、人気抜群、しかも渦中の人たるこの美女を俎上に載せて、最初に論文めいたものを書いたのは、この私であったからにほかならない。爾来、良きにつけ悪しきにつけ、彼女とは付かず離れず、おおよそ二十余年にわたって付き合ってきた。思えば、その頃、みどりの黒髪を風になびかせ、颯爽と街衢(がいく)に登場してきた白いパンタロンの女性も、もはや不惑に達したことになる。佳人が薄命であるのは致し方ない。

そこでここでは、その旧知の仲たる〝口裂け女〟の名誉回復を図る一方、かつての日、彼女の身辺に生じた意外な誤謬と誤解についての修正を求め、併せてそれの本義に向けて記してみたい。

顧みて〝口裂け女〟の話で、ひとたび一部の子どもたちが犯した大きな事実誤認は、さきにも触れたように、彼女の携えていた「鎌」にかかわる錯誤であった。話の発生時から彼女に付いてまわったこの刃物は、元をただせばおそらくは伝統的な〝採物(とりもの)〟の一種ではなかったのかと察せられる。しかしそれはさて措き、現代の都会の子どもたちにとっては、「鎌」自体が判らない。それはまこと無理からぬ話であって、彼等の日常生活にはまったく縁のない道具であった。これがため、口頭で伝達された「カマ」は、その途次しばしば「釜」と受け取られた。その挙げ句、あろうことか「〝口裂け女〟は、釜を持って追いかけてくる」「釜を振りかざして走ってくる」といった、まこと奇妙な風評が拡がった。事実、アンケート用紙の中にはいくつかこの手の表記が認められた。しかし、いったんこの事態を想定して、その情況を思い描けば、これはいかにも奇態な光景で絵にならない。だいいち、そもそもが容姿端麗、お洒落な彼女には至極迷惑な誤伝であった。

もっともこれをして、子どもたちの生活知識の欠如とか、基礎学力の不足だといって退けるのは、いとも簡単である。誤伝はあくまでも誤伝に過ぎず、補うに、そこでは耳元まで裂けた彼女の大きな口と、形状の由来を訴える傷痕にもとづいて、改めて「鎌」自体の説明を施せば、誤解は容易に解けるはずである。

鎌の民俗をめぐる潜在的記憶

ただし、事はそれでは収まりそうにない。何故なら、すでに生成された「物語」の中で、主人公の手にしていた凶器は、この場合、何故選んで「鎌」に特定されていたのか。「鎌」以外の刃物は考えられなかったのか、とする発問に遭遇するからにほかならない。そこでこの際、はっきり記しておくが、今日まで〝口裂け女〟を取り沙汰した文章はその後も跡を絶たないが、凶器を巡って云々した例は一つもない。彼女には大変失礼であったとしか言いようはあるまい。

それにつけても〝口裂け女〟の手にする「鎌」は、そもそもが〝採物〟の一種ではないかという見立て、あるいはそこでの解釈は、はたして彼女の同意や満足を得るに至るかどうか、それは保証の限りでない。しかし、当方としては、話自体を古い物語の枠組みで捉えたいために、そのように理解した。さて、その上で当面の「鎌」について述べる。諸方に展開する状況から推して、彼女が手にした「鎌」は、月形に刃の付いている、それも刃渡り六寸、もしくは六寸一分型の、いわば小形の「草刈り鎌」、並みの「手鎌」ではなかったかと判断する。それ以上の大振りの、しかも直線的な刃の付いた物では女手には不向きであろう。よしんば屈強の武器としてこれを携えても、それでは「百メートルを十一秒台」、いや「六秒台で走」り回るのは不可能ではないかと思われる。だいいち、コートの中に隠し持つことができない。これらによって、凶器はおおよそ特定し得たかと思われる。

話題は次に、凶器としての「鎌」に移る。繰り返して問うようになるが、このとき何故突然「鎌」が登場してきたのであろうか。すなわち、この話では「上の姉二人がそれをねたんで鎌で口を裂いた」「末娘は長女から鎌で口を裂かれる」といったように、農作業用の「手鎌」が、直接身体損傷の道具、しかも凶器に転じていた。これはいったい何を意味するのであろうか。しかしてここにはどうやら深いいわれ、つまりは、潜在する過去の記憶があって、それが旧い文脈のもとに甦ってきたようである。それというのも、わが国の民俗社会にあって、「鎌」はしばしば禍々(まがまが)しい禁忌習俗に直接かかわる刃物であった。それからして「鎌」を巡っては、きわめて非日常的な習慣が別にあったとしてよい。たとえば、かつて桂井和雄は雑誌「土佐民俗」三十号(一九七五年十二月)「鎌の柄に関する禁忌」の中で、いくつかの具体例を報じて注意を集めた。

そこでは次のようにいう。「昔臨月近い女が死歿したとき、鎌の柄を樫の木につくり替え、身二つにして埋葬する風があっ」た。「妊婦が七、八ヵ月以降で死歿したとき、身二つにしてやるものと伝え、昔鎌の柄を樫の木にすげ替えて胎児をとり出す風があっ」た。「昔臨月近い女が死歿すると、胎児を取ってやらなければたたるといい、やはり樫の柄の鎌で身二つにしたという」「樫の柄の鎌の禁忌があり、臨月近い女の死歿したとき、鎌で身二つにして別々に埋葬した」。さらに『土佐山民俗誌』(一九五五年八月)「埋葬習俗」の「特殊な死について」の中でも、

難産などで産婦が死んだりすると、胎児をそのままにして埋葬するのを「荷を掛ける」といって忌み、医者によって身二つにして埋葬することにしている——中略——昔臨月の女が死んだりした時、その夫がカシの木の柄の鎌を作り、女の腹をたち割って胎子(はらご)を取り出し、二つの棺に納めて埋葬する風があったからであると伝えられている。

と記していた。習いはどこまで広くに行われていたのか、調査は行き届いていない。しかし、ここにみる限り「鎌の柄を樫の木にすげ替える」のは、実は目的遂行のための予備的な手立てであって、そこに行われる終局の習いはあくまでも「鎌」を用いて死者を「身二つにし」、その上で「胎児をとり出す」という、痛ましくも凄惨な行為を訴える内容であった。ほとんど、あってはならないような忌まわしいまでの旧習である。これからして、もしもこの種の「鎌」を巡る旧い慣行習俗と、村の記憶を導入するなら、いまなお「鎌」にもとづく決定的な身体損傷と、それへの潜在意識は決して生易しいものではなかったはずである。

それのみならず、彼女の傷痕とその際用いられた凶器との関係を検証するに、この場合、加害者は鋭利な「鎌」を逆手に握り、下方から上方に向けて、文字通り切り裂くようにして物理的な力を加えたのではなかろうか。女手でもって、相手にこれ程の深手を負わせるのは、衝動的に刃物を振るったのでは不可能で、加害者はこのとき「鎌」を逆手にしていたことが充分考えられよう。不幸にして、たまたまこの予想が当たっていたなら、二人の姉たちはすでに言い訳の立たぬ〝殺意〟の表明を刻印されたとしても、それは最早止むを得まいと、判断されるところであった。

（『江戸東京の噂話――「こんな晩」から「口裂け女」まで』平成十六〈二〇〇五〉年二月）

ニャンバーガーは猫の肉

噂の食堂の肉

私どもの幼い頃、わが家の茶の間には父親のひとつ話に「須田町食堂の猫の首」があった。次のような内容である。

ある朝早く、通りがかりの人が当時繁昌していた須田町食堂の裏手で、バケツの蓋からはみ出している猫の首を見た。これから判断するにその中には余程多くの猫の首が入っていた――、とするのである。

話の筋はこれだけに過ぎない。しかし、いうまでもなく、ここにはいずれ「それが故にほかの食堂に比較して、あそこは格段安価でしかもひと味違う」とか「抜きん出ていつも賑わっている」といった態の、いわば悪意に満ちた解釈と理解が引き出されるようになっていたはずである。今流行の評判の飲食店、もしくはその店の調理や製品に向けてのいわれなき中傷や誹謗の類といった具合に受け止めるべきであろう。

今にして思えば、父親からの「須田町食堂の猫の首」は、何回聴かされても面白かった。毎度お馴染みのということであろうが、子ども心にも半信半疑、大人の世界の裏を垣間見る好奇心とともに、そこには当然、外食に対する不信感と他方、家に在る母親の手料理への手固さを強調する教訓性も周到に用意されていたかと思われる。

ところが意外や意外、これとまったく同じ話は、その後、大学に入って間もなく学生食堂の一隅で耳にした。当時人気抜群の渋食こと、渋谷食堂のカレー・ライスは、うまくて安いが、その実、使われているのは「猫の肉」だというのである しかもここにはしっかりとした情報源があって。体育会系のクラブの誰それがアルバイトに行ったところ「バケツの蓋からはみ出している猫の首を見た」。仰天して早々に辞めてきたとするのである。「嘘だ」「本当だ」と散々やり合った挙げ句、またぞろ繰り出して行くのだから、その頃の渋食は、それ程に学生たちの胃袋には人気があったのである。ちなみに、この話を家内に確認したところ、彼女たちの間では「猫の首」の捨ててあったのは「裏手のゴミ箱の中」だったそうである。しかるに、このあと何年かするると、今度はこれが新宿の食堂三平に変わって登場してきた。

もっともこうなってくると、最早聞き流すより仕方がない。この手の話に向けては一種の免疫を得たとすべきであろうか、話との間にはすでに一定の距離を置くようになってくる。話は話として承知した上で、なお充分に楽しむ余地が生じてきたのである。これからして、ひとたびはこれを逆手に取れば、はてさて、それでは次には何処の食べ物屋に白羽の矢が立つのだろうかなどと、余計な推測を立てるような案配になった。いってみれば、かつて遭遇した話柄を尺度にして、さらなる話の行方を予測するといった知恵を自ずと獲得してきたわけである。それがあって、とするのも妙な話だが、このあと、大学を卒えて直ぐに上野駅近くにある高等学校に勤務したところ、早速この手の噂に出会って、今度はそれを鎮静する役に廻った。話はこうである。

上野病院の裏手の道路を挟んで、小さな飲み屋がいくつもあった、その一角に焼きそば屋がある。滅法安い上に量が多いので生徒たちには断然人気があった。コーヒー一杯が百円の時分、経木に盛って三、四十円ではなかっただろうか。もっとも中身はそれ相応に、野菜とはいえもっぱらキャベツの芯ばかりであった。別称を「裏のゴミソバ」といったのだからおよそ見当は付く。そのうちにある日、中に入っているのは「猫の肉」であると言い出した。朝早く登校してきた運動部の仲間が、病院の電柱傍に出されている「バケツの蓋からはみ出している猫の首を見た」といって騒いで止まない。のみならず、そういえばつい最近まで近辺を横行していた野良猫が一匹も居なくなったと、したり顔ではしゃぎ廻るのだから始末に悪い。そのときは、あまり妙な噂を立てると営業妨害で訴えられるぞと諫めたが、ここでもそれの第一発見者に運動部会系の生徒が登場していたのは、この種の話とはたして何か関係があるのだろうか。

とはいえ、正直言ってここまで書けば、向かうところこの種の例は、話としてはすでに先が見えてしまった。すなわち、そのときどきの人気絶大、一世を風靡しつつある食べ物（屋）、もしくはそれの提供者、わけてもこれが外食の場合には、得てしてそこでの肉に異物が混じっている、あるいはまったく、他の動物の肉そのものであろうとする噂は、繰り返して行われてきたとする事実であった。要するにそれは何も戦前の須田町食堂や、戦後間もない頃の渋谷食堂、さては食堂三平に限らず、ましてや上野病院脇の「ゴミソバ」や、また近頃親しく耳にした某女子大学の「豚食」ならずとも、その間、この手の話題はそれこそ相手変われど主変わらずの趣で持て囃されてきたこと、まずはほとんど疑いなしという成り行きであった。それからして、これら一連の事例から判断するならば、たとえば池田香代子他『走るお婆さん』（一九九六年十一月　白水社）

所収「食」で、〝現代伝説〟あるいは〝都市伝説〟の名の元に改めて話題になったマクドナルドのハンバーガーのパティが「猫の肉」であるとする噂などは、もちろん右構図の一端を担うものであったと承知し得よう。

いずれにしてもある時機を境に、それまであまり知られていなかった新製品、この場合に限ってすれば、ある特定の食料品の類が、やおら登場してきて瞬時の間に世間を席捲してしまう。そうした事態を迎えるとなると「猫の肉」をはじめ、この種の噂はしばしば惹起されて、それがまた飽くことを知らないのが習いのようであった。

「味の素」の原料をめぐる噂

そこで、もしも溯って閲すれば、これの代表はなんといってもかつての「味の素の原料」を措いてはほかにあるまい。実際、当時味の素工場の近辺に住んでいた老人は、いまもなお次のようにいう。

〈事例一〉味の素の話には………。河川敷のところに、いきなり工場ができたんだよね。ちょうど、ここいらがそうなんだけれども、川が流れてて湿地帯で（土壌は砂質で）一面の梨畑だったわけ。蛇がうじゃうじゃいる所だったわけ。そこへ、いきなり変な化学工場ができて、うまみ調味料なんて、得体のしれない物を作り出したわけ。そいでもっと悪いことに、宮武外骨とかって、歌を作ったり、その頃の文壇人の一人が言い出したんだけども、「味の素は蛇から作った」って。

それから香具師がね、蛇の黒焼きを大道で売る時にね、

「これかけりゃあ美味いんだ。なぜかわかるか、今、評判の味の素って、これから作ってるんだ」

〔事例二〕 私はデマじゃないかと思うんだけどね、味の素は蛇使ってるから美味いおかずのかわりに、あんな粉ができたんだって、蛇を粉にしてこしらえたんだってデマでしたね。越して来て、湯屋が気が利いた（規模の）工場でした。私も覚えてるけどね。それがだんだんでかくなったんです。だから、あそこは蛇を殺してね、それでダシを作ってるんだという話はありましたよ。だから、そこらの田の中へね、蛇の皮なんかうっちゃられたら困っちゃうな、ってね、話も出ましたけど、そんなのは（実際には）なかったけど。まぁ一言、あそこは蛇使ってるんだよ、と、そういう話は聞きましたよ。澱粉でやってましたんですからね。

その澱粉を、麦の粉、とったかすで、久寿餅を拵えたの、門前で。味の素からできたのが久寿餅の始まり。今は岐阜の方から原料をとってるって話ですけどね。

蛇の話もでましたよ（味の素に）行ってる人は、

「そんなことないよ」って。入ってる人に聞いて、

「お前んとこの会社、蛇、使ってるのか?」

って、やるわけよ。だから、まわりじゅう、蛇で作ってると思われちゃう。

なもんだから、このまわりの人が、蛇が、またここいらにいたんだよね、捕まえて、

「買ってもらいに行くべぇ」

って、売りに行ったわけよ

「そんなことないよ」
って。ひとつのデマじゃなかったかって……。そこの澱粉で久寿餅屋さんが……、売った。それが始まりでしたね。
（川崎区大師駅前　元農業・昭二年より燃料販売　男性　明四一年生）

いずれも『川崎の世間話』（「川崎の世間話」調査団編　一九九六年三月　川崎市民ミュージアム）に拠った。「話」は依然生きている。健在であったとしか言いようはない。そこでここではそこのところを松山巖『うわさの遠近法』（一九九三年二月　青土社）からさらに補っておこう。

代々大森で生活し、自身もこの土地から離れず施盤工をつづけてきた作家の小関智弘は、『大森界隈職人往来』の中で、工場設置の経緯とともに大正はじめに全国的に伝わったうわさを記している。

大正のはじめ頃、合資会社鈴木商店（現在の「味の素」工業）はここでも多摩川寄りの六郷村に工場を建設する予定だった。ところが、地元の反対にあって、対岸の川崎に工場を建てた八幡塚と呼ばれていた荒地が、鈴木町としてその名をいまに残している。

そのころはまだ広い工場の裏側は蛇がうようよするような荒地のままだった。……そこで「味の素」としては大変迷惑な噂がひろまった。「味の素」の調味料は、あの蛇の粉でつくっている、という噂が、やがて全国に拡がってしまったという。

そこで会社は「誓って天下に声明す。当社の製品は断じて蛇を原料とせず」と大正十一年に新聞広告を出してうわさを否定したが、このうわさが消えたのは関東大震災以後だという。小関は昭和八年の生まれであるが、この「味の素」＝蛇の粉というううわさを覚えているると述べている。このうわさは当時かなり広まり、新聞記事にもなり、漫画のモチーフとしても採り上げられている――。

というものであった。はっきりいって私自身、それへの知識は、この文章を越えることはない。しかるにさきに引いた内容に接して驚いた。なんとその頃、その手の噂にもとづいて「味の素に蛇を買ってもらう」べく「買ってもらいに行くべぇ」って、売りに行った男がいたとするのである。いったいどうなっているのであろうか。噂よりも現実の方がずっと先を行っていて凄い。察するに、会社に売り込みに行く以上、彼はよほど多くの獲物を用意したのであろう。松山の一文によれば「味の素」の工場裏は「そのころはまだ」「蛇がうようよするような荒地」だったというのである。暑い最中、その広い荒地で日がな一日、蛇を追い回していた男の姿を想えば、それはそれで想像するだにすさまじいものがある。おそらく、そのときの彼は大きな布の袋にでも現物をどっさり詰め込んで、意気揚々と会社を訪ねたのであろう。それにしてもその際、たまたまこれに対応に出た会社側の人はいったい誰であったのだろうか。そこでの遣り取りは思うだに面白い。諄々と諭したうえでお引き取りを願ったか、それとも大声で叱りつけたのか、そこのところは判らない。しかしいずれにしても、ひとたびは「買ってもらいに行くべぇ」といってやって来た以上、それ相当に手強い相手であったのは、容易に推測し得るのであった。

もっとも、もしこれが実際にあった出来事だとすれば、当日直接対応に出た者以上に仰天し、かつ、由々しき事態とこれを認識したのは会社の上層部であったと判断し得る。だいいち、今回のかの報告書に拠れば、町中ではなんと、「それから香具師がね、蛇の黒焼きを大道で売る時にね、『これかけりゃあ美味いんだ。なぜかわかるか、今、評判の味の素って、これから作ってるんだ』」と、口上を述べていたというのだから始末におえない。そういえば大道での物売りにはさまざまあったが、それでも「毎度お馴染」の中では「蛇精売り」が最も面白かった。見ていて、ハラハラドキドキ。

さァ、今日は皆さんに面白いものを見せてあげますから、ずうっと前の方へ集まって下さい。

（久保田尚『続・大道芸口上集』一九八七年　評伝社）

の声で、恐る恐る覗き込むと、香具師の足元には薄汚れた布袋がいくつか置いてある。しかも中にはたしかにそれらしき物が蠢いている。そこで男は開口一番、

皆さん蛇の泣き声をきいたことありますか。ないでしょう。蛇だって悲しければ泣くんです。今日はね、その蛇の泣き声を、あとでたっぷりきかせてあげますから楽しみにしてて下さい。それからね、私の目の前にある袋にはいろんな蛇が入ってます。いま、私が持っているのは皆さんよくご存知の青大将ですけれど、この袋の中には蝮や、まだあなたたちが見たこともない猛毒を持ったハブなんかも入ってます。そういう恐ろしい毒蛇は外へ出しとくと危険ですから袋に入れてあります。そういうのも、あとでゆっくり見せてあげます。（同右）

などと巧みに気を引いた上で、仮にも「今、評判の味の素って」とやられたのでは、それこそ目も当てられ

まい。会社としては、世間での噂が街頭での香具師の口上の中にあったとは、よもや考えもしなかった事態であった。「誓って天下に声明す」の新聞広告も、思えば万止むなしの処置だったのであろうかと思われる。

偏見が呼び出す噂

それにつけても、いかに噂とはいえ、選りに選ってそこでの対象が「猫の肉」や「猫の首」、さては「蛇」もしくは「蛇の肉」ともなってくると、話柄としてはいかにも陰惨、かつ陰々滅々としていけない。お互い、救いのないこと甚だしい。そういえば、書いていてついつい思い出したのだが、あれはたしか一九九六年の一月であったであろうか。九州の西海岸一帯に破損した多くの木箱が漂着した。しかるにあろうことか、中には溺死した蛇がぎっしりと詰まっていた。総数は三千とも四千匹とも伝えられている。このニュースが連日、連夜、それも食事時の茶の間に流されるのだからたまらない。それでなくとも人一倍気の弱い私などは、いまだに気分がすぐれない。巷の噂では、漢方薬用の密漁品だといい、また一段と穿った見方では、箱いっぱいの蛇の中には、実は密輸の拳銃が隠されていたのだとも取り沙汰されている。もちろん真偽の程は請け負い兼ねるが、いずれにしても南の国からこうも大量の蛇が、しかもいっときに運び込まれようとしたのは普通ではない。「ずうっと前の方へ集まって下さい」どころではなかったのである。

さて、その上でさらに事のついでといっては申し訳ないが、その南の国には一方「猫の肉」もしくは「猫の首」の話も、これまた同じようにして実際にあった。次に記す内容は一九九四年八月一日から三か月間、国際交流基金からの要請にもとづいて、ニューデリーのネルー大学に短期滞在していた際に遭遇した出来事である。

赴任当初、大学でのゲスト・ハウスは満室であった。止むなくいったんはそこの留学生会館に入ったが、部屋には冷蔵庫がない。しかるに日中は四十二・六度の暑熱である。夜になってやっと三十六度。留学生は東南アジアの人が多かった。彼等の多くは平気で外で寝ていた。こちらの窮状を見兼ねて、大学食堂の総支配人のタクール氏が食事その他一切の面倒をみてくれることになった。以下はそのときの話である。彼はこういう。

「自分にとって、日本人の面倒をみるのは一向に負担にならない。チキンでも豚でもなんでも食べてくれる。その点はむしろ食制の違う南北各地から来ているインドの学生よりは楽な位である。しかも私の目を避けて、秘かに犬や猫を調理することもない〈そういって、彼は片目を瞑った上で、さらに言葉を継いだ〉。ところで、プロフェッサー、気づいただろうか。この前、あなたが来たときには、このキャンパスには多くの犬や、そして猫もいた。殊に図書館の前には家族の黒い犬たちが、いつもいた。それが、東南アジアの留学生が来て以来、急にいなくなってしまった。あの会館に滞在中、建物の裏を覗いてください。そこではきっと〈バケツの蓋からはみ出している猫の首〉を発見するはずだから。」

それのみならず、話には続きがまだある。

「実は前年十月、彼等の一グループが帰国したあと管理人が部屋を掃除に行った。いかにも異臭が漂う。

原因は、屋根裏に隠されていた多くの猫の骨であった。」

とするのである。話題としてはいずれにしても愉快な内容ではない。そのときは単に相槌を打っただけで聞き流すに留めておいた。しかるに一九九五年十月、重ねて赴いたところ、この噂は大学のキャンバス内では相変わらず横行していたのであった。

改めて説くまでもない。インドのひとびとにとって、ビーフを口にするのは絶対の禁忌である。手に触れるのも極端に忌避する。チキンもエッグも避ける人もいる。高位のカーストのヒンズー教徒ともなると、魚も貝もいけない。徹底して海藻の類も辞退する。ちなみにタクール氏の場合は、私の携行食品の海苔もシーフードの一種だとの説明で退けた。蜜豆の缶詰を開けると、そこでの寒天の素材は天草であった。それをいうと同じように遠慮した。それからして、いったんこのような情況を知れば、よしんばブラック・ジョークにせよ「犬」や「猫の肉」、あまつさえ「バケツの蓋からはみ出している猫の首」とあっては、その話題自体がすでに不謹慎、かつ非紳士的であり、嫌厭の情もはなはだしいとしなければならぬものであった。さきに漂着した「蛇」の死体のニュースに触れて「連日、連夜、それも食事時の茶の間に流されるのだから」と記したが、感情的にそれはほとんど変わらないものがあったはずである。

しかるに、それにもかかわらず、そうした状況を越えてなお、そのインドの大学内においてさえ「バケツの蓋からはみ出している猫の首」の話があるのは、これはいったいどういうことなのであろうか。世間話の枠組、あるいは話柄としても注意を要する問題かと思われる。

(『江戸東京の噂話――「こんな晩」から「口裂け女」まで』平成十六〈二〇〇五〉年二月)

東京発「狸の偽汽車」

狸の旅の道筋

鎌倉の建長寺から来たとか、京都は紫野の大徳寺で「無言の行」をしているとかいって、旅の僧が宿を求めてくる。受け入れて丁重に遇したものの、いかにも様子がおかしい。

こうした一連の「狸話」に最初に関心を持ったのは民俗学者の鈴木重光であろう。神奈川県津久井郡在住の鈴木は近辺に類似の話が点在しているのに気づいて調べ始めた。その結果「建長寺さま」は、

入浴の際には風呂桶の縁に居て、尾で湯をポチャポチャ叩いて居(おっ)たとか。食事中は決して人に見せなかったが、あるところで機転の利いた女中が、膳部を置いて出ながら襖をピシャリと強く閉めると、はねかへって少しすき間が出来た。中をのぞいて見たら、和尚はそれとも知らず、膳の上へ飯をあけ汁をかけて、これに口をつけピシャピシャと食べて居た。

（『相州内郷村話』一九二四年〈大正十三年〉九月　郷土研究社）

などと伝えられているのがわかった。

それだけではない。話の分布の仕方にはどうやら特定の道筋があって、中山道、甲州街道を経て、遂には信州の塩尻に至る。『塩尻の伝説と民話』（一九七五年十一月　塩尻市史談会）には「むじなの書――ある旅僧の書」として、次の報告が載っている。

片丘の北熊井に古くから続いた家で、庄屋をやった家があるが、庄屋時代から現在まで伝わってきた物の中に一本の掛軸がある。

古びた掛軸で、すすけて、一目見ても古い物だと判る物であるが、これには墨痕あざやかに、「南山寿不騫不崩」と書かれている。これは「南山の寿、かけず、くずれず」と読む。

昔、鎌倉の建長寺に住む高僧が、信州を托鉢に回り、一夜の宿を願い、ごちそうになった礼に書き残して、立ち去ったという。

一方、鎌倉街道、さらには（静岡県）三島から修善寺を経て、下田街道を南に進むといった状況が明らかになってきた（後藤江村『伊豆伝説集』一九三一年〈昭和六年〉五月　郷土研究社）。おおよそ主要幹線道路沿いに広まっている。狸は白昼堂々と表街道を旅していたのである。猫や狐が夜分、人目を避けて裏道を抜けていたのに対して、狸は天下の大道を我が物顔で歩いていたことになる。剛毅（ごうき）で気位が高かったのであろう。

ところが、そうした一徹さが裏目に出たのか、明治維新を経て、文明開化の時を迎えても、狸は一向に頓着せず、文明の利器と正面衝突してつぎつぎに〝自爆〟して行った。代表的な例が今日、都市伝説にいう「偽汽車」である。

たとえば、

（恵比寿）発電所脇の踏切付近にいた狸は汽車の真似をして、本物の汽車の進行を妨害する。ゴーシーシューポーと音を立てて汽車に向かって進んでくる。本物の汽車が狸公にぶつかると、狸の汽車は消えてしまい、翌朝見ると狸の死がいが残っていたという。（渋谷区教育委員会『渋谷のむかし話』）

「下渋谷の狐狸ものがたり」と題するこの話は、鉄道敷設後、新たに発生した〝はなしのフォークロア〟の一つだと認められよう。

東京発の新話

時代設定、あるいは状況説明からしても、狸の「偽汽車」の成立はごく新しい。ただし、この話は大層人気があったとみえて、間もなく各地に広まって行った。正真正銘、東京発の新話種、あるいは新話型である。それというのも、一八七二年（明治五年）鉄道の開設後、数年を経て、最初に犠牲になったのは、品川の八ッ山の狸であった。「偽汽車」第一号である。日本民話の会、望月新三郎の伝える話を、松谷みよ子は「その頃の品川あたりは、波がパシャン、パシャンとくる海岸ぷちを（汽車が）走っていたもんだ」という語り出しで紹介している。

夜になると、こう、陸蒸気(おか)が走っていくと、シュ、ポォーって音がしてきて、向こう側から汽笛を鳴らして、陸蒸気がやってくるんだってよ。はじめのうちは、機関士も、衝突しちゃ、かなわねえから、その度に停まっちゃ、様子をみてたんだ――ある日の夜、いつものように、汽笛が聞こえてきたが、えい、かまうもんかっていうんで、突っ走ったんだ。

するってえと、正面衝突するかと思ったら、何ごともなく走っていっただよ。

一夜明けて、八ッ山の下のあたりの線路のところに、大狸が死んでいたということだ。

（東京に潜む不思議な話。雑誌『東京人』一六七号）

歴史に残る狸の死であった。ちなみに、「八ッ山」とは、現在の御殿山の隣にあった大日山という丘陵の突端が八つに分かれて出洲になっていた地勢からついた地名であった。

参考までにいえば、広重画「錦絵　東京八ッ山下海岸蒸気車鉄道之図」には当時の様子が丁寧に描かれていて、よく判る。

こうしてみると、「大狸」は久しく、この丘陵地帯に住み、夜になると海岸の漁村部に出没してエサにありついていたに違いない。この辺り一帯は彼の縄張りだったのであろう。

ところが、ある日突然、多くの人間がやって来て、何のあいさつもなしに彼の生活道路の獣道を分断し、破壊し、昼夜兼行で鉄道敷設の工事を始めた。うるさくって仕様がない。しかも、ついには得体の知れぬ怪物が轟音をたてて走り出したから、狸は「冗談じゃない！」と思ったのであろう。「それならこっちにも覚悟がある」。「八ッ山の古狸」は、生活を脅されて立ち上がった。
そして遂には、各地の狸たちもこれにならって、〝決起〟し始めるのであった。

都市伝説のはしり

品川の「八ッ山の大狸」は、狸の「偽汽車」第一号であった。狸の歴史の中でも記憶に残る出来事である。松谷みよ子の『現代民話考　3』（一九八五年十一月　立風書房）によると、大正時代には、同じく品川の権現山の狸も、汽車と正面衝突して「レールをまくらに、死んで」しまったそうである。
そういえば『大田区史　民俗』（一九八三年）にも次のような話が載っている。多摩川に近い旧六郷高畑地区でのことだと、明治生まれの平林福松さんはいう。

東海道線が開通して間もないころ、高畑の辺りの線路を、ポーポーって機関車を走らせるものがいる。ほんものの汽車の機関士が、びっくりして汽車を止めると、パッと消えてしまう。何回か続くうちに、おかしいおかしいと思った機関士が思いきって汽車を走らせた。あくる日行ってみたら、狸が死んでいたそうだ。

こうしてみると、すでに紹介してきたように、渋谷は「恵比寿発電所わきの踏切付近にいた狸」、品川は「八ッ山の大狸」「権現山の狸」、さらに「六郷は高畑の狸」という具合に、古くからその地域に住みつき、しかも土地のひとびとに親しまれていた〝名のある狸たち〟は、つぎつぎに「レールをまくらに討ち死に」していった。

そればかりではない。この風潮はその後もとどまるところを知らず、話はやがて郊外に広まって行った。『葛飾の昔ばなし　第一号』（二〇〇一年）は「草深い田舎であった亀有に陸蒸気、つまり汽車が通ることになりました。明治二十九年（一八九六年）のことですから、今から百年も昔のことです」と前置きしたうえで、

> 最後の汽車を走らせていた機関士はこっちへ向かってくる汽車を発見しました。――毎晩、毎晩だまされてたまるか――機関士はそう思って、今夜はブレーキをかけないで走ると、向こうから来た汽車はぱっと消えていました。
> 次の朝、村の人が線路で汽車にひかれたムジナを見つけました。

「亀有の見性寺（けんしょうじ）のムジナ」の最期である。

まだある。『我孫子市史　民俗文化財篇』（一九九〇年三月）は、次のようにいう。

> 国鉄の成田線が開通し、湖北と布佐の駅ができた頃の話である。夕方、湖北から新木への道を一人の小坊主が歩いていると、突然汽笛が鳴り、機関車が現れた。小坊主が、「トガはないぞ」と叫ぶと、機関車は消えた。トガとは、貉のような狸のような狐のようなものだという。

「狸話」といえば、以前はいずれも「草深い田舎」の「村ばなし」であった。それが逆に今度は町方から村に発信されて行った。狸の「偽汽車」は現代の都市伝説のはしりであったといえよう。

狐が主役の「偽汽車」

最後に一言。この種の話に逸速く関心を示した研究者は、遠野郷在住の佐々木喜善であった。「偽汽車の話」（『東奥異聞』一九一四年〈大正三年〉三月）の冒頭に、彼は「かなり古い時代から船幽霊の方が吾々の間に認められて居たらしい。ただし此の偽汽車だけは極く新しい最近に出来た話である。ずつと古いころで明治十二三年から廿年前後のものであらう」とした上で、岩手県下の例を次のように紹介していた。

自分の所から二十里程の後藤野の話。何でも此の野に汽車がかゝつてから程近い時分のことであらう。いつも夜行の時で汽車が野原を走つてゐると、時でもない列車が向ふからも火を吐き笛を吹いてばつばつやつて来る。機関士は狼狽して汽車を止めるとむかふも止まる。走ればやつぱり走り出すと言つたやうな案配式で、野中に思はぬ時間をとり其の為に飛んでもない故障や過ちが出来して始末に了へなかつた。そんなことが屢々あるとどうも奇怪な節が多いので、或夜機関士が思ひ切つていつものやうに向ふから非常な勢ひ込んで驀然と走つて来た汽車に、こちらから乗り込んで往くと、鳥度真に呆気なく手応へが無さすぎる。其れで相手の汽車は他愛なく消滅したので翌朝検べて見ると、其所には大きな古狐が数頭無惨に轢死して居つたと言ふのである。

喜善の場合「偽汽車」にさきがけて「船幽霊」に触れていた。正鵠を射た発言であったと思われる。論理とすれば「偽汽車」の正体は、その近辺に留まる怨霊だと解するのであろう。もしもこれを鉄道敷設の際、過酷な労役に従ったひとびとの怨恨だと説けば一応の理屈付けにはなるかも知れない。

ただし、この「後藤野の話」では、それが何故「狸」ではなくして「古狐」たちであったのか。喜善は何も言っていない。余計なことのようだが、これには少々訳があるのではないかと、私は思う。それというのも、歴史的にも「後藤野」は由緒ある「狐話」の地として著名であった。冬になると、その雪原に蜃気楼が現出したからである。土地の人は称してこれを「狐の館(たて)」とした。天明八年（一七八八年）七月、三河からの旅人菅江真澄は『いわてのやま』の中で次のように記している。

和賀の郡の后後埜（後藤野）のあたりにて、師走より、むつきに至るまで山市あり、これをきつねの館(タテ)といふ。越の海に海市あり、狐の森といふにひとし。はた、枯杉よりはこなたならん影沼平(タヒ)といふところありて、春雪うち霞たるを遠う見やれば、行かふ人、引かふ駒などの波をかいわくるかと迷ふも、蜃気楼、気見城のたぐひにこそあらめ。

（『菅江真澄全集』第一巻　一九七一年三月　未來社）

こうしてみると、気位の高い狐殿に気兼ねして、いま出来の「偽汽車」の「狸」たちは、ここでは一歩退いていたようである。

（『江戸東京の噂話――「こんな晩」から「口裂け女」まで』平成十六〈二〇〇五〉年二月）

怪異を語る昔話

一眼一脚神の消息――「山姥と桶屋」の素姓

一

現在、私共の身辺に認められるわが国の昔話は、いつ頃、しかもいったい、いかなる手続きや機縁にもとづいて、何処からどのようにして到来したのであろうか。そしてそれは最初からいま伝えられているような内容や、あるいはそこでの在りようであったのだろうか。それともそれはある時機、いまとはかなり異なった趣きを呈していて、その後、何かが原因して、もしくは何かが契機になっておもむろに身繕いをただし、その上でやがて今日一般に認められるような、そうした姿恰好や中味に落着するに至ったのであろうか。

思えば、説話の生成とか成長、はたまた成立とは、通常世間にしばしば言われるところである。それは昔話の場合とても決して例外ではあるまい。しかし、そういうものの、実際には具体的なそこでの経緯や経過、あるいは条件とか情況が明らかになって来なければ、事は一向に運ばず、伴って新たな方法や展望はほとんど得難い。ただし、その際私個人の興味や関心の赴くところからいえば、まえまえから実はその辺りのことが至極気掛りであった。面白かった。それがあって、以前には一度「世間話から昔話へ」といった視点から「こんな晩」（AT 960）の成立事情について述べてみた。[1]もっとも、それがうまく説き得たとは更更思っていない。ただ、この種の話題と問題に関しては、その後も相変らず興味を抱き続けている。そうした折りも折り〝説話の変容〟を課題にした発言を求められた。ひょっとすると再び前車の轍（てつ）を踏む結果になるかも知れない。それを危惧しつつも今回は「山姥と桶屋」を俎上（そじょう）にのぼせた。具体的には「伝説から昔話へ」といった方向で説いてみたいと思う。

二

「山姥と桶屋」は、比較的早くから知られていた話である。そしてその伝承状況は現在も随処に確認することができる。しかし、それにもかかわらず、ひとたびこれの実態を検索するに、それは必ずしも安定していたわけではない。話それ自体の在りよう、つまりは話の伝わり方、あるいは、むしろそれの扱いようというべきであろうか、要は話そのものの様態にそれぞれかなりの振幅の存すること。さらにはまた、突然そこに現出する得体の知れぬ奴、もっとも、これがすなわち一話の主人公なのだが、それの特定の仕方にこれまた相応の差異、特性の存すること。そのような事情があって、話は整って短かく、しかも鮮やかに完結していながら、それでいて一方にいずれもが強く個性を主張しているのであった。率直にいえば、扱うに必ずしも容易な相手ではない。それはあたかも話それ自体が、すでに、これに登壇して来る主人公たちの姿にも似て、すこぶる多彩であり、かつ手強い存在ですらあった。その意味ではなかなかどうして気の重い一篇である。

そうかといって、いつまでも前口上ばかり述べていたのでは埒（らち）はあかない。手始めにまず、その一端を提示してみよう。

土佐の奥山に山父（ヤマチヽ）といふ者が居た、人間に似て居るが片足、片手で眼も一つであつた。或時喜代助が本山といふ所へ雇はれて輪（箍（たが））を作ろうと、竹を割り、それを振廻して居る所へ、山父がやつて来て見たが、竹が刎（は）ね返つて来るのに驚いて「樽屋は危い事をする、もし竹が大事な一ツ眼へ当つたら大変〳〵」といつて逃げ去つた。

一見、世間話風である。しかし、紛れもなくこれは「山姥と桶屋」である。その類話である。資料は『旅と伝説』第五巻十二号、高村晴義の報ずる「土佐の話」に拠った。さて、ここに出て来る主人公は「山父（ヤマチヽ）といふ者で」、それはなんと「人間に似て居るが、片足、片手で眼も一つであつた」と伝えている。言質（げんち）をとらえるわけではない。しかし「片足、片手で眼も一つ」といった有様で、それがなお「人間に似て居る」とする。これにはいったいどのようなイメージを抱いたらよいであろうか。かなりの難問である。余計な事をいうようだが、似たような肉体条件を訴えるに遠くインドネシアの話には「片身人間」が出てくる。バダシナンとか、シ・アジ・バビル・バヒルとかがそれで、彼等は「一つの手、一つの耳、一つの目、一つの足しか身についていなかった」とか、はなはだしきは「脚が一本、胴体が半分、腕が一本、首が半分、頭も半分、目が一つ、耳が一つ、鼻の穴が一つ、そして口が半分しかない子(2)」といった徹底ぶりであった。もっとも考えようによっては、こうした強い枠組みのあった方がそこにイメージされるものはむしろ一層鮮明で、かつ親切であるような気がしないでもない。

それはともかくも、右の例にいう土佐の「山父」の形状は、それはそれ、その存在を耳にしていたであろう樽屋の喜代助を驚かせるにはすでに充分であった。参考までに紹介するならば、喜代助があらかじめ聞いていた筈の「山父」とは、おそらくは次のような次第であったかと思われる。

山鬼(サンキ)と云者あり。年七十計の老人のことし。人ニ似たり。マナコ一ツ、足一本、ミノゝ様成ものを着す。本川の人山ぢいと云。俗に云山ちゝなるへし。へんげの者ニあらす、けたものゝ類なるよし。されとも常ニ人に見ゆる事なし。大雪の時足ノ跡有。人往来之道を通ル六七尺に一ツつゝ足跡有。丸キ物也。さし渡四寸計。たとへハ杵(キネ)ニてをしたる様ニ足跡有り。とび〳〵して行よし。足跡ハ見けれとも其すがたを見ず。ゑりもん村の忠五右衛門と云者の母ハ行逢たるよし。昼の事也。人のことくたごりて来ると也。忠五右衛門母ハ行ちがひけれ共、見かへり見れハ行方なしと云。あまりきもをつぶし家へ立寄り、行所へ不行やめたり。何事もなし。昨日の事と。かたりしまゝに書付置也。

『寺川郷談』の記事に拠った[3]。その消息を伝えるのは他にもまだある[4]。

或人云、一眼の者ハ土佐の山中ニハミる人多し。其名を山爺(ヤマチヽ)と云。形チ人ニ似て長三四尺、惣身鼠色ノ毛短きあり。面上ニ眼二ツ有り。一眼は甚大ニて光りあり。一眼ハ甚小さし。ちよとミれハ一眼とミゆる也。人多ハミざる故一眼一足と云也。歯甚た強ものにて、猪・猿などの骨を、人の大根類を食如くたべ候由。狼此ものを甚恐候故、猟師此山爺を懐け獣の骨などを与へて、小屋ニ懸置候獣の皮を、狼夜分に盗取候防きに致し申の由、土州の人はなし也。

右、二つの材料に限っていえば「マナコ一ツ、足一本、ミノ、様成ものを着」し、「とび〳〵して行」くとする前者の言辞はまだしも、後者は妙に穿（とが）った事を言っていて少々気味が悪い。だいたい「惣身鼠色ノ毛短きあり。面上ニ眼二ツ有り。一眼は甚大ニて光りあり。一眼ハ甚小さし」位までは言い伝えのそれであるとしても、「ちよとミれハ一眼とミゆる也。人多ハミざる故一眼一足と云也」とは、何事であろうか。自信過剰もはなはだしい。あれこれ案ずるに、だいいちこれでは近頃の『怪獣大図鑑』からそのまま抜け出して来たような有様である。(5) もっとも、いつまでもこれに拘泥（こうでい）していたのではははじまらない。要はすなわち、そこに現われた相手は、どこか「人間に似て居」て、しかもそれは確かに「片足、片手で眼も一つ」であったとするわけである。

しかるに、次にこれまたそれは何を物語るのであったのだろう。所嫌わずその場にやって来た「山父」は、「竹が刎ね返つて来るのに驚いて」「もし竹が大事な一ツ眼へ当つたら大変〳〵」とばかりに、そそくさと「逃げ去つ」てしまったというのであった。印象からして相手は見掛けによらず臆病で、しかも相当要心深い性質のように見受けた。「歯甚た強ものにて、猪・猿などの骨を、人の大根類を食如くたべ候」などと説いたのは、どうやら少し買い被り過ぎではなかったのか。

ただ、それにつけても、さきに掲げた例の中味は、独立した一篇の話としてはいかにも短かい。筋を辿ろうとするのにいささか短か過ぎた。それがために場面の構成、そして何よりもそれは、文脈そのものからしても話の筋それ自体にいまひとつ説明の届かないところがある。よく判らないところがある。たとえば、樽屋の喜代助と、彼の前に突然姿を現わした「山父」との間には、そのとき、いったい何があったのか。何が惹起したのであろうか。それがよく判らない。したがって、たまたまその場に居合わせた「山父」は、何故、たかが「竹が刎ね返つて来る」位の事に驚いて、再び奥山に逃げ帰ってしまったのか。右の話に関していえば、隔靴掻痒（かっかそうよう）、いわばいまひとつ、きちんとした事情説明に不足している。難を言えば、結局はそのような点にあった。しかして、これはもともと、もう少し丹念な書き割りと、必定、それに伴うに相応の内容があったようである。そしてそれには次の例が参考になる。それのみならず、ひとたびこれは前者の欠を積極的に補ってくる。そうした位置にあった筈である。資料は『郷土研究』第二巻六号に拠った。徳島県下に伝えられる話である。

三

幼時夜永の伽話に聞かされた山チ、と山ヲンナの話を、記臆（ママ）をたどつて書いてみやう。ある雪の朝、桶屋が仕事をして居ると、一眼一本脚の怪物が前に来た。そこで桶屋はこはごはながら、あれが兼て聞き居つた山チ、と云ふものであるまいかと思ふと、怪物は「其方はあれが兼て聞き居つた山チ、と云ふものであるまいかと思ふであらう」と云つた。桶屋は尚（なお）も人の思ふことを克（よ）く知つているものと思ひつゝ仕事を続けて居ると、怪物は又も「人の思ふことを克く知つて居るものと思ふであらう」と叫んだから、桶屋は恐懼のあまり思はず知らず凍えた手の輪竹をはじき出したから、竹は不意に怪物の顔を打つた。怪物は驚いて「其方は思はぬことをするものじや、ここに居ればどんな目にあはされるか知れぬ」と云ひつ丶逃げ去つたと云ふ。

右の話に寄せて、報告者は「幼時夜永の伽話に聞かされた」としている。いくつ位の頃おいであったのだろうか。聴き手ははたしてこの話の決着によく理解が届いたのであろうか。ちょっと気になる発言である。それというのも、この一話は元来が話の構成、展開からして、幼い聴き手たちには、それ程親切な内容にあるとは必ずしも判断し切れない。もっとも、これを少々あからさまにすれば、お互い、身辺の幼い者たちが、はやばやとこうした類いの内容理解に通じたのでは、はっきり言ってそれはいかにも空恐ろしい。とても手に負えそうにもないといった態の心持ちが、少なからずこちら側に潜在してあるからにほかならない。

それはそれとして、右の一篇はさきの話にくらべれば余程整っている。整って完結している。しかもありがたいことに、ここでも仕事中の桶屋の前に登場して来た相手は、実に「一眼一本脚の怪物」であった。桶屋はそれを見て「こはごはながら、あれが兼て聞き居つた山チ丶と云ふものであるまいか」と思ったというが、どうしてどうして、なかなかの度胸である。肝が座っている。大概の者ならば動顚(どうてん)して腰の抜けてしまうのが落ちであろう。それにもかかわらず、この桶屋は更に冷静で、話によると、その場では彼我の間におよそ次のような遣取りがあったというのだから凄い。それはすなわち、

あれが兼て聞き居つた山チ丶と云ふものであるまいかと思ふと、怪物は「其方はあれが兼て聞き居つた山チ丶と云ふものであるまいかと思ふであらう」と云つた。

そこでまた、

尚も人の思ふことを克く知つているものと思ひつゝ仕事を続けて居ると、怪物は又も「人の思ふことを克く知つて居るものと思ふであらう」と叫んだ

というのであった。

ところで、さきに一度、私は「ありがたいことに」と言い置いたが、ここではさらに重ねてそれをいうべきであろう。何故ならば、右に引いたまことのっぴきならぬ状況の中から桶屋は、はからずもこの「怪物」の属性ともいえる特徴を直接導き出すといった結果を招来していたからである。しかも、それはまったく意想外な内容にあった。あろうことか、相手はつぎつぎに人間の「思ふこと」、考える内容を先取りし、あらかじめこちらの心の中を見透し得るといった、ひとり思うだにも恐しい一種の超能力を擁している、とするのである。そこでの形状や形態はともかくも、備えている能力たるや、並大抵の相手ではなさそうである。しかし、当面の相手に関する情報は、たとえ何につけても無いよりは少しでも有った方が心持ちとしては余程楽である。幸いにも、豪胆、沈着なかの桶屋のお陰で、ここに私共は四国の山中に栖息（せいそく）すると伝えられる「山父（チヽ）といふ者」の姿をわずかながらも垣間見ることが出来たような気がする。それだけではない。そこでの彼等の在りように加えて、なおその属性の一端についても、すでにかけがえのない情報を入手し得たように思われてならない。

ちなみに、ひとたびはこれを要するに、すなわち「山父といふ者」は、もともと「人間に似て居るが片足、片手で眼も一つ」、つまり誰が何処からどう見ようとも、彼等はすでに「一眼一本脚の怪物」であった。これに間違いはない。何故ならば、いかに山中の出来事とはいえ、遠く時と処を違えた上で、しかも個個に彼等と直接対応したとする樽屋の喜代助と徳島の桶屋とが、あたかも口を揃えるようにしてしみじみとその恐怖の体験を訴えていたからにほかならない。さすれば、「山父（チチ）」とは「一眼一本脚」の「怪物」であったとする二人の証言は、この期に及んで最早ほとんど動かし難いものであろう。私はそのように判断する。

四

かくして、山中の「怪物」たる「山父」の形状、形態については、曲りなりにも相応の見当がついてきた。これに勢いづいて言うわけでは決してない。しかし、いかに山中での出来事とはいえ「一眼」でしかも「一本脚」とは誰が何と言おうとも、それはあまりにも異様な在りようであった。尋常ならざる姿である。改めて質すに、ひとたびここに現出した「一眼一本脚」とは、そもそもが何者であったのか。いかなる存在であったのであろうか。いうなれば、その素姓、来歴はいつに那辺（なへん）にあったのかということである。そこでこれについてしばらく探りを入れるに、条件としてそれはまず、ひときわ深い山の奥にあって、これがまた選りに選って「一眼一本脚」であるとする言い伝えになければならなかった。何処を尋ねれば恰好の相手に出会うものか。自信はあまりないが、それでもこれに近いと思われる例にまったく心当りの無いわけではなかった。それというのも、これまでに私が歩いた範囲内で、何故か集注してこの種の話を温めている土地があったからである。たとえば、大和は吉野郡の山中に言われる〝伯母ヶ峰の一本足〟の消息などは、まさしくその好個の例である。林宏氏の『吉野の民俗誌』は、これについて次のように報じていた。

> 　今西の奥の途中で雪の中に七つ八つくらいの子供の片足だけの足跡があって、一本ダタラだと怖れたことがある。神納川と野迫川の境の伯母子峠にも一本ダタラの伝説があるが、果無（はてなし）にもこれがいて、足は一本で目は皿のようだったといい、普段は人を害することはないが、ハテノハツカ（旧十二月二十日）だけは人を食うといって、その日は通行する人がなかった。ハテに人通りがないからハテナシの名が出来たという説明がついている。
>
> 　玉置山でヒトクサイという化物に遇い、「人臭い、人臭い」と言ってやって来たのを、狼にかくまってもらってやっと助かった。このヒトクサイは一本足だともいう。

　断わるまでもなく、ここでは格別限定して「一眼一本脚」であるとは言っていない。しかし、具体的にはこれを説いて「一本ダタラ」とし、加えてその上でなお「目は皿のようだ」と訴えていた。察するに皿のような目とは、いつに〝一つ目〟であるのをいったのではなかろうか。一つ目の一本足、つまりはそこでの「ダタラ」の呼称と両様相俟（あいま）って、ダタラ、すなわち蹈鞴（たたら）のこと、要するに鍛冶の神を原拠とした「一眼一本脚」のイメージである。参考までに記せば『日本伝説大系』第九巻「南近畿」には、右の事例を含めて都合八話の「一本足」の怪異が示されている。就中（なかんずく）、その中のひとつは、次のようにこれをいっていて見逃し難い。

節分には、イワシの頭を棒の先にさしたのと、メツキバライというとげのついた葉のある木の小枝とを、家の内や外のかどかどにたてる。これは伯母峰の一本足を防ぐためである。これは中龍門にも近い伯母峰というところにいた女の鬼で、足が一本しかなく、毎年節分には里へ出てきて荒したもの、今もなお生きていると信じられている。幼い子供などは殊に恐れ、ソレ、伯母峰の一本足がきたといわれると、すぐ泣き止むことになっている。

他の話に比較して、右の事例がとりわけ見過ごし難いのは、節分の行事にちなんで、これが「メツキバライ」を言挙げしている点にあった。「メッキバライ」は「目突き払い」で、葉に付いている鋭い棘が直接鬼の目の玉を刺すと解釈されたに違いない。それからして、突かれた側の鬼は当然目を痛めていなければなるまい。転じて、片目であると見倣(みな)された。もっとも、こうした風の認識は「一つ目小僧」はもとより、先刻「片目の魚」や「片葉の蘆」の存在を承知していたひとびとの間にあって、そこでの理解にさほど難渋する理由はなかったかと思われる。

それはさて措(お)き、続いてその地における私共の採集資料をひとつ提示しよう。話者は吉野郡川上村西河の竹田トミ媼（明治二十七〈一八九四〉年五月二十七日生）である。「一本足の足跡」と題して媼は、それを次のように伝えていた。

伯母ヶ峰っちゅうたらな、だいぶ遠いんですで。一本足の足跡ちゅうのは、そこから来た足跡ですんやと。大きな足ですてんと。こんな大きな足ですてんと。それがなあ、両方あるならええけど、片方(かたつぼ)ずつ。

どっちの足やったんやろな。右か左か、よう憶えてませんけどな。一本ずつ跳んでな。そしてそれ、どこから跳んで来たんやら知らん、足跡が。そやけど、しまいが南国栖からちょっと向こうのな、なんやらゆう方まで行っとったんやな。南国栖からちょっと向こうのな。ありゃあ、なんやら、どこやらあの辺まで跳んどったらしいわ。そこい一本足が跳んだってゆうて、怖（こお）て、怖て、もう、その附近の南国栖、あの辺の人らはな、小便桶（たご）を家（うち）らに入れてな、もう、外へちょっとも出んようにな、して怖（こお）て。そのくらいにしとったけど、その一本足を見た人は、あらしませんのや。足だけの片方みたいんやけどな。

雪の上を跳んだ。ほんな、どんな人がその足で跳んどったのか。どんなものが引っ付いとったのか。見た人がなかったんや。

そういう話は、昔の話にちょっとありますけどな。わたしら、そんな足は見なんだけど。

思えば、ここにトミ媼の語る内容は、はからずもかの『寺川郷談』にいうそれ、すなわち「大雪の時足ノ跡有。人往来之道を通ル六七尺に一ツつゝ、足跡有。丸キ物也。さし渡四寸計。たとへハ杵ニてをしたる様ニ足跡有り。とび〳〵して行よし。足跡ハ見けれとも其すかたを見ず」とする記事にそのまま重なってくるではなかったのか。なお、この例は國學院大學説話研究会編『奈良県吉野郡昔話集』に収めてある。ちなみに、この時の調査は、川上・上北山・下北山・黒滝・天川の五村にわたった。そして伯母ヶ峰の妖怪の類話は合計三十九話収録し得た。また早く、雑誌『近畿民俗』第三十九号には、林宏氏の報ずる「東山中のダダボシ」の一文があって、これの関連資料の記載されているのを付記しておく。

さて、こうしてみると、ここでの三例に限ってしても、現在吉野の山中に行われる〝伯母ヶ峰の一本足〟は、すでに多岐にわたっているのがよく判る。したがって、これだけの材料からでは、いずれが一層古い姿を残しているのか、それはちょっと判断し難い。ましてや、これの原核とか原像、あるいはそこでの本来的な在りようといった問題になると迂闊な発言はとても出来そうにない。もっとも、ここではそれを云々するのが目的ではまったくなかった。しかし、それにもかかわらず、右の事例を見る限り、そこには山中の一本足に向けての敬虔、畏怖、恐懼の念、そしてそれにもとづく忌避、敬遠の情からこれとの安易な遭遇をひとえに憚ろうとする、そうした心情の共通して流れているのを知ることができる。話はたとえ各個に「ハテノハツカ」の「ヒトクサイ」や、「節分」の「メツキバライ」、あるいは「雪の上」に残された「大きな足跡」などと言いつゝも、結局それらは貫いてこれの本体を〝コト日〟に現出する〝山中の一本足〟に仮託、特定し、その上で拘泥、執着してその存在を強調していたのである。これからして窺うに、この土地では〝一本足〟こそが、まさしく共通してひとびとにイメージされた畏怖すべき対象、恐懼すべき相手としてあった。そう、理解しなければならない。さすれば、ここに改めて『寺川郷談』にいうかの一条、つまりは「人ニ似たり。マナコ一ツ、足一本、ミノ、様成ものを着す」とするのを直接事寄せたらどうであろうか。就中、その際「ミノ、様成ものを着す」とあるのは、ひときわ重要であろう。何故ならば、それこそが古くからこの国に来たり寄る尋常ならざる遠来の客、つまりは、来臨する稀びと神そのものを象徴する絶対条件のひとつであったからである。ここではそれが、吉野山中の山の神に化生して捉えられていたのは、すでに説くまでもないことと思われる。

「伯母ヶ峰の一本足」（上北山村HPより）

五

もっとも、それはそうだからとしても、それではたしてこの〃一本足〃が、即、そのまま「山姥と桶屋」の「怪物」に繋がって行くか、移行し得るかとなると、振り返って思うにつけても、事はさほど簡単ではあるまい。その間を埋めるべき手続きと条件はなおいくつも必要かと察せられる。ただひとつの経緯、もしくは経過として思うに、たとえば、かつての日、畏怖すべき対象として山中に在った〃一眼一本脚〃が、やがて「山父」あるいは「山爺」と称されるに及んで「年七十計の老人のことし。人ニ似たり」といった具合に認識されるようになる。かくして、お互い、いったんそこに親昵（しんじつ）の情が湧くや、次にかの者は何故か所嫌わず不意にひとびとの前に姿を見せるようになった。これなどはまあ、正直言って、つくづくそこに時の流れを感じさせ、一方にまた一層の近しさを得ることで、遂には止むなき結果として許容せざるを得ないのかも知れない。しかし、それはそれとしても、これとはまったく別条、ひとたびそこに現出した相手が、ひどく驚愕したこちらの思ううちを先廻りしてつぎつぎに読み取り、挙句の果ては居座って一方的に威嚇するに至る。つまり、

あれが兼て聞き居つた山チ、と云ふものであるまいかと思ふと、怪物は「其方はあれが兼て聞き居つた山チ、と云ふものであるまいかと思ふであらう」と云つた。

そこで、

尚も人の思ふことを克く知つているものと思ひつゝ仕事を続けて居ると、怪物は又も「人の思ふことを克く知つて居るものと思ふであらう」と叫んだ。

という具合に、こちらの思ったその〝まったく同じことをそのまま言い返す〟といった、実に不可思議、かつ、印象的な情況をかもし出す段になると、はたしてこれはいったい何処からもたらされたのであろうか。仮りに、吉野の山々にいかに多彩な〝一本足〟が潜伏していようとも、実際にはその中のどれが現に吉野の「人の思ふことを克く知つて」おり、あまつさえ、直ぐに響いてその場でお互いの言葉を返すような存在にあっただろうか。それからして、得体の知れぬ「怪物」を相手に、ひとつ「思ひ」、ひとつ言葉を遣り取りするといったこの一条には、背後に必ずや何かそれに適応しい条件、もしくは情況が隠されていなければならない。それが隠れ潜んでいたからこそ、即、これが具体的な必須条件となって、やがて「山姥と桶屋」の中にこの場面を生成、結実させるに至ったのであろう。私はそのように考えるのである。

そこで次にこれを補う段になる。材料としてたとえばこのような例はどうであろうか。

山彦は山の神に使はれる化物の声である。或猟師が雪の降つた山で日が暮れて、火を焚くつもりで枯枝をポンと折ると、向ふの森からポンと音がした。驚いてアツと云つたら、又アツと答へた。胆を潰して逃帰る途中に、木の株に腰掛けて、煙草の火を鑽ると、其音が余り高かつたので、「思はぬことした」と云ふと同時に、また化物の方でも「思はぬことした」と真似をした。其後は何も怪しいこともなくて、無事に帰りついた。

『郷土研究』第二巻第四号の「報告及資料」に拠った。山中に行われるこの種の怪異について、早くにこれを論理づけたのは折口信夫である。折口は「山彦」すなわち「こだま」、要はこれを「山の精霊・木の精霊があゝした答へをして悟(モド)くのだ」と説いた。(6) そして、人はいったんこのような「〝こだま返し〟に言ひまけたら、此方の命が亡くなる、必言ひ凌がねばならぬ」(7)とした。折口の言葉に従えば、次の話などはさしずめそれがマイナスに働いた場合であろう。前出『吉野の民俗誌』所収「山小屋の怪異」の例である。

上湯川とウチコシ(分水嶺のすぐ向う側)の日高郡の小又川奥へヒヨウ(日傭)が大勢仕事に入ってきたとき、カシキ(炊事係)が飯を小屋の山の神に供えるたびに、お経を知らないので「般若心経」とだけ唱えて拝んでいた。ある晩ヒヨウどもが寝ようかというとき、小屋の外から「ハンニャシンギョウ出て来い」とオメク(わめく)者がある。皆が恐がってそのカシキを外へ押し出した。カシキは誰ともなしに導かれて自分の家まで戻ってきた。そのあとどこからともなく「やるぞーやるぞー」という声が聞こえる。小屋の中の者ども面白がって「やれ、やれ」と怒鳴り返すと、大石がマクレて(ころげ落ちて)来て小屋を押し潰し、皆死んでしまったという。

ここに出てくる「やるぞーやるぞー」の声は、「やろか〳〵」に対して「ここさばいこせ」と応えたり、また「やろかやろか」に向けて「いこさばいこせ」と応じ、その結果が大洪水を招いたとする、一連の「ヤロカ水」伝説に通じて注意を要する。ただし、これらについてはすでに他で論じた。(8) ここではこれ以上は触れない。一言添えておくが、各地に認められる「言い負け狸」の笑話も、狸の側からすれば最後は結局「言ひ凌」ぐことが出来ずに憤死したのであった。閑話休題。

思えば人跡稀れな奥山にあって、姿も見えぬ相手から突然、ただならぬ不意の叫び声が発せられる。あるいは、ひとたびこちらの発したのと、まったく同じ言葉が大きく響いてそのまま返ってくる。誰しもが一度は経験のある不気味なこの現象を、折口信夫は「山彦・こだま」「谺」、つまり「山の精霊・木の精霊」の仕業といった具合に見据えた。精霊、妖怪論である。ひっきょうするに、彼等はいずれも山のモノ、もしくは山のカミであって更にいったん遡れば、その素姓、来歴は紛れもなく山の神そのものであった筈である。そしてこれを「一眼一本脚」に仮託するについては縷縷(るる)として言ってきた。そこで、この上さらに彼等が逸早くこちらの心中を読み取ったり、あるいはそれを洞察する術に長けている。山の神の属性のひとつに、巷間もしもこのような認識が行われていたならば、それはすでに望んでもない伝承であろう。ただ、残念なことにそれに関してのあまりよい材料は見出せない。しかして『遠野物語』に載る次のような一話に出会うと、これもどうやらまったくの無い物ねだりではなかったような気がしてくる。参考までに引いてみる。

一〇八　山の神の乗り移りたりとて占を為す人は所々に在り。附馬牛(つくもうし)村にも在り。本業は木挽なり。柏崎の孫太郎もこれなり。以前は発狂して喪心したりしにある日山に入りて山の神より其術を得たりし後は、不思議に人の心中を読むこと驚くばかりなり。その占ひの法は世間の者とは全く異なり。何の書物をも見ず、頼みに来たる人と世間話を為し、その中にふと立ちて常居（じゃうゐ）の中をあちこちとあるき出すと思ふ程に、其人の顔は少しも見ずして心に浮びたることを云ふなり。当らずと云ふこと無し。例へばお前のウチの板敷を取り離し、土を掘りて見よ。古き鏡又は刀の折れあるべし。それを取り出さねば近き中に死人ありとか家が焼くるとか言ふなり。帰りて掘りて見るに必ずあり。かゝる例は指を屈するに勝（た）へず。

あまり自信のあるわけではない。しかし「山に入りて山の神より其術を得たりし後は、不思議に人の心中を讀むこと驚くばかりなり」と言っている以上、それはやはりもともとが山の神に備わっていた属性のひとつとして指摘し得る筈である。

六

いずれにしても、もう、かれこれ綴目（とじめ）にしなければならない。資料の扱いに地域的な偏りがあったり、またそれの絶対量に不足はあったものの、ここに至るまでに山の神そのものの変容ぶりと、同時にそこに纏綿（てんめん）する著しい属性についてはすでに言ってきた。併せてそのとき、いかにも見過ごし難いのは、これがいつに昔話「山姥と桶屋」に出てくるそこでの主人公の在りように直接重なってくるとする事実である。それからして、いま、ここに用意した結論としては「山姥と桶屋」に登場する得体の知れぬ「怪物」は、たとえそのどの奴原（やつばら）を俎上にのぼせようとも、それらはいずれ遡れば遠く山の神、つまりはかの〝一眼一本脚〟に還元、帰納して行くであろうということである。ただしその際、一言断わっておくが、この「怪物」を「サトリ」（悟り）というように、あらかじめしたり顔に説いているのは、話一篇の素姓からしてもどうやらその歴史は比較的新しいのではないかと思われる。察するにおそらく「人の思ふことを克く知つて」の条に認められる如く、ごく直截（ちょくさい）、かつ端的にこれを「人の思ひ」、つまりは「思ひ」などと表現しているのが話としては古い姿を留めているのではないか。そのように考えられる。その意味からすれば、たとえば『甲斐昔話集』の「七六番　おもひの魔物」などは、その好個の例ではなかろうか。参考までに示すならば次の一話である。

　富士山麓の大和田山の森林中におもひと云う魔物が棲んでゐた。この魔物は、凡そ人間が心に思ふ事は、どんな事でも知つてゐると云ふ不思議な力を持つてゐて、だからこの魔物に出逢つた人間は、全く進退が出来ん様になり、遂々それに取つて喰アれてしまふのである。それで、大和田山へ出入りする樵夫や炭焼は、何よりもこのおもひを恐れてゐた。

　或時一人の樵夫が大和田山の森林の中で木を割つてゐると、ふいにそのおもひが現れて来た。その男は思はずゾツとして、あゝお怖（ツカ）ないなアと思つた。するとそのおもひはゲラ〳〵笑ひながら、今お前は、あゝお怖（ツカ）ないなアと思つたな。と云つた。男は真蒼になつて、こりやアグズ〳〵してゐると取つて喰（カ）アれてしまうぞ。とビク〳〵してゐるとおもひは、今お前は、グズ〳〵してゐると取つて喰アれてしまふと思つたな。と云ふ。男はいよ〳〵堪らなくなつて、どうなるものか逃げられるだけ逃げてやれと思ふと、おもひは又もや、今お前は、逃げられるだけ逃げてやれと思つたな。と云ふ。それから男も困り切つて、こりやアどう仕様もない。どうならうと諦めろと思ふと、おもひは又しても、今お前は、どうならうと諦めろと思つたな。と云ふ始末である。かう何から何迄見透かされてしまつてはもうどうする事も出来ず、仕方がないから男は、ビク〳〵しながらもその儘木割りの仕事を続けてゐた。おもひの魔物は、いよ〳〵男が負けたのを見ると、だん〳〵近寄つて来て、隙さへあれば男を取つて喰はうと狙つてゐた。
所がその時、男が割つてゐた木に大きな節(フシ)つ瘤(コブ)があつて、今男がハッシと打ち下した鉞(マサカリ)がその瘤へ当ると、不意にそれが砕け、木の破片(カケラ)が勢よく飛んで、魔物の眼へ酷くぶつかりその眼を潰してしまつた。これは樵夫も魔物も、全く思ひもよらぬ事であつたので、流石の魔物も参つてしまつて、思ふ事よりも思はぬ事の方が恐い。と云ひながらどん〳〵向ふへ逃げて行つてしまつた。

さらにまた、これはそこでの主人公を「さどり」、すなわち「悟り」といっているにもかかわらず、なおその在りようの特徴を説いて「眼一つ」といった具合に特定している点、依然、旧来の伝承を擁していると認められる例を示しておこう。資料は『遠野の昔話』(『日本の昔話』10)に拠った。

昔(むがす)、昔、あるどごろに、さどりの化物(ばげもん)住んでえだったずもな。その化物、眼(まなぐ)一つすか無(ね)がったずもな。
あっどぎのごど、一人(しとり)の男(おどご)あ山で炭焼えでえだったずもな。秋の日もだんだんに早ぐ暮れるようになってえ、寒ぐなってえ、指冷(つみ)ったぐなったずもな。そんで小屋さ来て枯木集(あづ)べで、火っコたいだど。そごばり、ボーッと明るぐなってえ、男あそごさ腰(こす)おろすて、スッパ、スッパどきせるでたばご飲んでらったずもな。すっと、うっそ(うしろ)の藪(やぶ)、ガサガサ動えで、おがすなもの出はったず。そいづは、両手で顔(つら)ふせでえだったど。すたども、指の間(えだ)っコがら、眼覗(のぞ)って、こっつ見でるよんだったど。そすてがらに、おがすなもの、真直(まっすぐ)に焚火(たぎび)のそばさ来てえ、男の向げさ腰おろすたど。ひょこっと見だら顔にポツンと眼一つ。さどりの化物だったど。

「やんたやづ、出だな」ど思(も)ったど。すたば、

「やんたやづ、出だど思ったな」って化物しえったど。

「おやっ、ちゃんと悟(さど)ってるな」ど思ったど。すたば、

「ちゃんと悟ってるど思ったな」って化物しえったど。

「これゃ、かなわねえ、黙ってんべ」ど思ったど。すたば、

「これゃ、かなわねえ、黙ってんべっと思ったな」ってまだ化物しえったど。

「どごがら出はって来て、勝手に人の焚いでら火さ当だってけずがる」ど思ったど。すたば、

「どごがらが出はって来て、勝手に人の火さ当だってけずがるど思ったな」って化物しえったど。

男は苦笑(にがわら)いすて、

「この野郎、人馬鹿にすてこっつが思うどすぐその通り悟りやがる」ど思ったど。すたば化物もその通りしえったど。

「ほんとにやんたやづだ。火突ん出すべがな」ど思ったけや、まだも化物その通りしえったど。男は焚火に木をくべるんべど思って、枯木をドサッと火ん中に投げ込んだど。すたば、火、パツパツって燃える拍子(ひょうす)に、おぎりっコ(火種)はねで、化物の鼻の頭さくっ付(つ)だど。

「あっつ、あっつ」って化物ひっくり返ってえ、鼻の頭のおぎりっコ払(はれ)のげで、

「物思わねえやづ、出す抜げなやづ、無鉄砲なやづ、一番(えっぱん)おっかねえ」ってしえったどさ。ドンドハレ。

註

（1）「昔話と民俗社会―世間話から昔話へ―」（『昔話と民俗』日本昔話研究集成3）名著出版、及び「世間話と〝こんな晩〟」同朋舎（『昔話伝承の研究』所収）。
（2）ヤン・ドウ・フリース『インドネシアの民話』法政大学出版局。
（3）『高知県史　民俗資料篇』所収「総合資料」に拠った。
（4）右、「伝承関係資料」に拠った。そこには「天狗の類　大人ノ跡一眼一足」と題してある。
（5）右、「伝承関係資料」所収「化物絵巻」に「山父」の絵がある。詞書に
　是ハむかしがたりに伝へたる、新兵衛が塩を取り、又馬をくらひしもの也。ついに新兵衛がはかり事にあいて、釜入りニせられしと云。

　「せいはひくても、ほんにさるまなこ。

　「もつたいなくもまひと目あれバ、人並のものじやに。

　「山さとハ、冬ぞさひしさまさりける。一目も出たり草ハかれたり。
（6）『折口信夫全集』第十七巻所収「日本文学における一つの象徴」、及び「伝承文芸論」。他に第十二巻所収「産霊の信仰」。
（7）右、第十七巻「日本文学における一つの象徴」四「この口や物言はぬ口」の項。
（8）「水神少童の来る日」（『昔話伝承の研究』所収）。

（『説話の始原・変容』昭和六十三〈一九八八〉年四月）

「女房の首」の話――町の昔話

“はなし”の戒め

『囃物語（はやしものがたり）』は延宝八（一六八〇）年に刊行された。編者未詳の笑話集である。「序」のなかにつぎの一節がある。それだけで完結した一話かと認められる。参考までに示してみよう。

　昔去所に、夜更（ふけ）て盗人来り、家の戸をひたもの押けれバ、亭主聞付起あがり、刀脇指（わきさし）をさすまゝに、白綾たたんで鉢巻し、盗人戸を押破てはいらハ、抜討にせんと、鍔本をくつろげて待かけた。案のごとく押壊（やぶ）り、顔さし入て覗所を、亭主刀ひんぬいて首を礚（はた）ときる。され共切損しけるか、頸落かゝり不落（ぶら）〱としけるを、此盗人首をかゝへ、一さんかけて逃行。亭主あまさじと追かけけれバ、にくるに邪魔にやなりけん、首を捥放（もぎはなし）、ふところへ入て、終に逃のびた。亭主是非なく立かへり、翌日（あくる）早ゝ奉行所へあがり、訴へけるハ、夕べ私方へ盗人入申候ひしを、一打に討申候へハ、かやう〱にて逃失（にげうせ）候と申上ければ、御

奉行聞召れ、よくぞ、申来りたれ、さらバ国中へ触をまハせと仰出さるゝハ、若頭のなき者道を通り候ハヽ、
見あひ次第に急度からめまいるへシ。

うまいものである。どこやらに作者もしくは筆者のしたり顔が覗けるような気がする。この手の中味をいって、このさき『囃物語』は、

さやうの事を咄しとぞいふなれ、世の噂にもまことしからぬ儀を人のかたれバ、夫ハはなしにてぞあらめと、いふにても弁へしられよかし、話とハ出所正しき事をいふなるへし

と記して、「ものがたり」つまりは「物語」とのそもそもの違いを述べている。これに従えば、要するに「話」とか「咄」とは元来が「まことしからぬ儀」であるというのである。対するに「ものがたり」は出自正しきもの、いわば素姓の知れたものだとするのである。

しかし、あえて詮議するまでもなく、右の一話をして誰がいったい「まこと」などと思ったであろうか。誰一人左様也と信じたわけでもあるまい。事改めてここでの筆者が説くまでもなく、さきがけてすでにひとびとは〝話ホンナシ〟と俚俗に言い慣わしていたのである。

話は話として、結構それで十分娯しんでいた。適当に嗜んでいたとしても間違いであるまい。それが証拠に限り無くそこにのめり込むのを要心して、「話があるならば日待の晩」とか「話は庚申の晩」と言い交わして、早くから互いに戒め合い、一方ではその機を心待ちにしていたのである。

なぜそれまでして話を避けてきたのであろうか。察するに、

〽唄はよいもの仕事ができる　話や悪いもの手を止める
ほんにそういの仕事ができる　話や悪いもの手を止める
〽歌を歌うて仕事をなされ　歌は仕事のなぐさめや
歌は歌われ話はおかれ　話や仕事の邪魔になる

こういった詞を引くまでもなく、それはおそらく非生産的なもの、つまりは、仕事の邪魔として至極警戒されていたからに違いない。逆にいえばすなわち、話はもともとさほどに魅力のある存在であったのである。

恰好の話材としての〝首〟

思わずも話は傍に逸れてしまった。

そこでいま一度冒頭の例に戻っていえば、実はこの種の材料は何も決して『噺物語』の専売特許でもなければ、またその「序」に引く程に珍しい素材でもなかった。

それというのも、同工の趣向は一方にしばしば口承の世界にも用いられていたからである。たとえば、山形県置賜地方の現行の笑話につぎのような報告がある。

荒砥（白鷹町）の郵便局さ、郵便持ちがいだったど。郵便持ちというのは、毎日歩かんなね。そいつあ秋の日で道がわるい。藁で作ったワラジだど、一日に七足も十足も履かんなねがったどな。いろいろ考えて、トクサのワラジ作ったれば切れまいと思つて、郵便持ちはトクサのワラジ作ったど。

トクサのワラジ履いて、打越（白鷹町）の入口まで行って、タバコすっど思ったら、足の平があんまり軽いもんで、ちょっとタバコして足の子ば見たら、足首まで減ってしまっていたっけど。

して、いよいよ打越さ行って、弥吉という打越一番の金持の家さ行って、

「ゆうびん、ゆうびん」

と、郵便持ちはどなったど。弥吉の家の人が戸を開けてみたげんど、どこにも郵便持ちいなかったど。よく見たら、首さワラジあったど。タバコ一服つけて、郵便持ちは帰っど思って、

「首ばりでは、めんどうくさいから、歩いであるくには、そのカバンさ首を入っで行くべはあ」

と、カバンに首をパッと入っで、かついできたど。


武田正編『木小屋話』に拠った。題して「トクサのワラジ」。軽妙洒脱なこと、決して江戸期の噺本に劣るところはない。話そのものの出処はわからないが、いずれ何かからの換骨奪胎かもしれない。

ただこうしてみると、両様ともに「世の噂に」なるべきその「まことしからぬ儀」の話題をばひとたびは胴体から離れた、もしくは放たれた〝首〟に戴いている点が面白い。

思うに〝首〟の話はとかく恰好の話材、あるいは主題になりえたのであろうか。もっともそういえば、いったんは切り離された首が独自に別途云々する話としては、すでにいくつかの事例が存する。

たとえば、遥かに空中を駈けた首としては夙に平将門のそれが著名である。この場合は東国から送られて入京し、東市に梟されていたのが獄門を抜けて故郷に向けて飛行したというのだから凄い。もっとも、途中で美濃南宮神社の隼人に神矢で射落されたとか、また、近江の国では愛智郡千枝村に落ちて祀られたともいう。さらには東京都内では浅草の鳥越も、もとは〝飛び越え〟で、それが訛ったもので、これも将門の首が飛び越えたのだとする伝えを残している。

いずれにしても、平将門の首級飛行はスケールが大きく、話柄とその分布はすこぶる多彩である。加えていえば、これに遡ること約百三十年、坂上田村麻呂に斬られた蝦夷の首領大武丸の首もそうであった。舞い上がった後、やがて落ちた処が現在の宮城県玉造郡鬼首だとしている。定着してすでに地名起原説話になっている。

また後世の『お伽草子』に拠れば、大江山の「酒呑童子」のそれも、ひとたび「首は天にぞ舞ひ上」がって、源頼光に襲い掛かっているのであつた。

こうしてみると、首そのものの行方やその動向が積極的に取沙汰されるというのは、他にまったく例の無いわけではなかった。むしろ荒ぶるもののそれは容易に鎮まり難く、仮りにその身体から切り離されても、執念深くどこまでも付き纏って来る。いったいにそうした解釈と認識が潜在していたとして、ほとんど間違いないようである。

つきまとう〝女房の首〟

しかし、そうはいっても、それはあくまでも話の筋道、あるいは理屈としてそうなのであって、ときに〝首〟だけが別個いつまでも追い掛けて来るのではたまったものでない。

しかもたとえ、話であるにしても、事もあろうに死んだ女房の首が亭主恋しとばかりに食らいついて離れず、同行二人よろしくどこまでも付いて来るとあっては、事態はますます深刻である。俗に「首ったけ」とは言うものの、実際にはこれも程度問題であって、事程左様に執心されたのではちょっと厄介である。

ところが、そうした種類のまこと奇妙な話が、なぜかいくつも流布していたのである。以下、話題をその方に転じてみたい。

わが国に行われるこうした例を最も早くに報告したのは、佐々木喜善の『江刺(えさし)郡昔話』（爐邊叢書）である。「魑魅(ちみ)（谺(こだま)）の起りの話」と題してあった。続いて雑誌『旅と伝説』第十四巻六号に報じた武藤鉄城の資料が古い。つぎの例がそうである。

むがしあったぞん。ある村に爺ちゃと婆ちゃといてあった。家が貧乏なので、林へ行って木を伐ってはそれどて町へ売りに行って、暮しを立てていた。ところが運の悪い時は悪いもんで、その婆ちゃがふとした病気にかかったと思ったら、間もなく死んでしまった。爺ちゃは大そう悲しんで、三日三晩泣き通したが、泣いても泣いても、婆ちゃの生き返る道理がない。

漸く諦めて、婆ちゃの屍骸どて片付けて、荼毘の用意をしようと思ったが、家には一文の貯えもない。仕方がないのでその屍体を家の前へブラ下げて置いた。そうして置いたら、誰か片付けてくれると思ったからである。

ある日のこと町へ物を売りに行くため入口を出ようとしたら、婆ちゃの屍体へ触ったので、ハッと思って顔へ手を当てたら、これけ又何んと不思議、自分の顔の上に死んだ婆ちゃの顔が、ぴったり付着いているではないか。

いくら取ろうとしても、絶対取れないので、仕方なくそのまま町へ出掛けた。町の人人は、皆不思議な人間が来たものだと思って、立ち停って見ていた。爺ちゃは売る物も売らずに家へ飛んで帰って、そのままオエンオエンと泣き倒れた。

そのうちに気を取り直して、頭巾を一つ拵え、それどて頭からスッポリ冠った。しかしもはや村の人々は皆知ってしまったので、

「爺ちゃ面の上に婆ちゃの面の皮ある。アヤおかしでや」

どて卑しめるので、とうとう村にもいられなくなって、家を飛び出して、長い長い旅をすることになった。そして日の暮方に一軒の旅籠屋へ泊って、御飯を食べる段になった時、爺ちゃが一人前のお膳を貰って食べようとしたら、婆ちゃの顔が、

「俺の分と二人前取り寄せろ」

とせがむ。何でもそうして、二人前、二人前と駄々をこねるので爺ちゃも真実に困ってしまって、泣きたくなった。

ところがある晩のことであった。爺ちゃが寝ていると、婆ちゃの顔が、今朝喰ったボタ餅どて、もっと喰いたいといい出した。爺ちゃは睡いも睡いし、面倒臭いと思って、
「台所の戸棚の中にあるだろうから、喰いたいなら自分で勝手に食べろ」
と怒鳴った。するとその婆ちゃの顔は、なんぼボタ餅どて喰いたかったか、爺ちゃの面から離れて、ベタベタと台所の方へ行った。爺ちゃはこの時とばかり、どんどん逃げ出してしまったど。綾重々錦更々五葉の松原、トンピンパラリのプウ。

ここでは『角館(かくのだて)昔話集』（「全国昔話資料集成」12）に拠った。「附着く顔」と題してある。参考まで記すと、ここにはもう一話同じ内容の例が紹介されている。「オツナと山姥」がそれである。

ところで同工の話はその後も報告が相次いで、東北地方に集注して行われていたのが明らかになってきた。能田多代子編『手っきり姉さま』所収の「鮑(あわび)の由来譚」をはじめとして、近刊の佐々木徳夫編『遠野の昔話』所収「女房の首」に至るまで、その数はすでに十八話に達しようか。

それればかりではない。その間、これに比定し得る類話は、石川、滋賀、岡山、西下してさらに九州は福岡、長崎、鹿児島からも発見されて、ようやく全国的な規模に広がる気配をみせているのであった。参考までに一話示そう。

ちょっとまあ、上り一里、下り一里という所に小村があって、夫婦二人暮らしがあった。子供おらん夫

婦で、朝晩、茶でも飲みながら、

「わたしが先に死ぬれぱ後嬶(あとかか)でも入れるか。」

「いんにゃ（否）。」

「われ（汝）は俺が先に死ぬれば男でも持つか。」

「いんにゃ。」

――そういう話をして暮らしているうち、ゴロイ内方(うつかた)が死んだ。男は一人で暮らすことができじん、後嬶を入れた。そして、後嬶が家になれるまでは、男は夜も出ず、だんだんなれて来たので、ある日、

「俺は今夜はふもとの方に行くで、用事(ゆうじ)の済めば早う帰るが、遅くなるかも知れん。」

と言うと嬶は、

「私はこの家には一人ではおられない。ぜひ一緒に連れて行ってください。」と言う。

「いいや、そういうことはできん。」

「いいや、ぜひ連れて行ってください。」

「そういうことなら、このめご（籠）ん中にはいれ。」

――入れて梁に吊り下げて、夫は用事に行った。

　夜になって、女が籠の中にはいって一人おると、

「オイ、オイ。」

――やって来た。元の女が――。

「こらおい（いる）ことはおいが、どこにおいもんか。」

手捜（てさぐ）いしてもわからん。

「俺が鼈甲（べっこう）の櫛があったが。」

――捜して、棚から出した。櫛の歯を一つ火にくべると、その歯が、

「ウッチ。」と言う。

「はあ内か。」

内を捜しても捜し出さんので、も一つくべると、今度は、

「ソット。」と言う。

「ああ外か。」

外を捜してもわからんので、まあ一本くべらったら、

「ハッチ。」

と言う。

「ええ梁（はい）じゃろう。」

見つけた。

「わがじよう（貴様）、そこにいたか。」

おろして首をふんにいで、棚ん中に入れて出て行った。そいから遅くなって男が、

「おい、おい。」

と言うて帰って来た。灯（あかり）つけて見ると、その首が眼だけマシマシ目たたきしている。男は逃げ出した。

「夫さん待ちやれ。」

——走るも走らんも、上り一里、下り一里走って、下りになったところが、首が走る、走る、足に食いつくくらいになった。手打のある家に走り込むと、地方(ぢかた)行きの船が今出ようとするので、男は、

「便させてくれ。」

と言うて、ヘンとその船に飛び乗った。首は乗り遅れた。夫の草履が片方残っている。首は草履くわえて海に飛び込うだ。それが磯の鮑(あわび)になった。

岩倉市郎編『甑島昔話集(こしきじま)』に拠った。「鮑貝」である。

余計なことを記すようだが一連のこの種の話のなかには〝女房の首〟が女の隠所そのものに置き変わって語られている場合が多々あった。野趣に富んだ笑いが一層期待しえるわけである。どこかでいつか、意図的な改竄が働いたのではなかろうか。それからしてこの手の話柄は、村から町へ、そしてまた町から村へという具合に広く世間を渡り歩いた経歴を有していたと思われる。

インドネシアの〝妻の首〟の話

ところで、これまでわが国ではほとんど不問に付されていたこの例が、さらに南に及んで東南アジアにも行われているのを知った。

最後にヤン・ドゥ・フリースの『インドネシアの民話』から「ウニと海ガニ」の該当部分を掲げておく。西イリアンのヌフォル族の伝承である。

むかし、あるところに妻をなくした男やもめが住んでいた。その男やもめは心から妻を愛していたので、妻が死んだことをいたく悲しんで、妻の墓場へ行っては泣いていた。

ある日のこと、男やもめがまたも墓の前で泣いていると、不意に、妻の首が墓のなかから地の上に起きあがってきた。男やもめは驚いて、

「これはどうしたことだ」

と、叫んだ。すると妻の首は、

「あなたはいつも、わたしのことを思っていてくださるので、あなたを慕って出てまいりました」

と、言った。

男やもめは薄気味悪くなって逃げ出すと、首もころがって、その男やもめの後を追いかけた。

男やもめが途中の家に逃げこむと、首も家のなかに入ってきた。村まで逃げ帰ると、やはり首もあとから追ってきた。家へ駆けこめば、首もあとから、家のなかへころがりこんだ。

ところが日が暮れて暗くなると、その首はもとの妻の姿に変った。しかし明るい昼になると、また首にもどって、どこまでも男やもめの後についてきた。

ある日、男やもめは、

「わたしはもうたくさんだよ」

と言つて、後から追ってきた首をつかんで、川に投げ入れた。

その首は流されて海に出たが、波間を漂ったのち、ある浜辺に流れついた。やがてその首から青い芽が

出て、それが育ってヤシの木となった。

わたしどもの祖先は、ヤシの実は気味が悪いといって、だれも食べるものはいなかった。なぜならば、その頃のヤシの実には、二つの目と鼻や口もついている様子が、はっきりと見えていたからである。

（『都市鼓動　まち』日本人の原風景4、昭和六十一〈一九八六〉年三月）

昔話の鬼

モノからオニへ

筋道を通して話をすれば、もともとオニ（鬼）の原形、あるいはそこでの原質はモノ（物）であった。本義は精霊であると理解してよい。このモノは常日頃、私共の身辺にあって得体の知れぬ相手、素姓不明の存在、いわば通常いかにも始末に困る、目に見えぬ厄介な対象と見做されてきた。そしてこれはしばしば、気味の悪いモノ、厭なモノ、不吉なモノという具合になべて負の概念に連なる、しかもほとんどが漠然として存する相手というように抑えられていた。

その茫漠（ぼうばく）としたモノの中から、次にオニと呼ばれるグループがおもむろに立ち上ってくる。これは要するにモノの別働隊だと承知しておけば誤りでない。ただし、派生した存在であるために本来のモノと違って、こちらはすこぶる個性的である。進化して、相応に具象化した姿を示しているということができる。そこでこれを一層踏み込んでいえば、オニの本態はおおよそ死者の霊、つまりは魂魄（こんぱく）の示現であると受け取られた。

もちろんここには仏教的な観想や思念が強くかかわっている。しかし、この問題はしばらく脇に措くとしても、今に及んでつねづね私共の深く認識してきたのは、オニは死者の国、わけても地獄からの使徒、あるいは冥界の象徴としてのそれに違いなかった。たとえば、最も早くに「鬼」の認められるのは『日本書紀』斉明天皇七年（六六一）八月一日の条である。

　皇太子、天皇の喪を奉徒りて、還りて磐瀬宮に至る。是の夕に、朝倉山の上に、鬼有りて、大笠を着て、喪の儀を臨み視る。衆皆嗟怪ぶ。

天智・天武の実母でいらした斉明天皇は、百済救援のために大和から筑紫の朝倉宮に赴かれた。右記述の七月二十四日に逝去されている。それからしてここにみえる「喪の儀」とは、葬儀をいっている。紛れもなく「冥界の象徴」としての示現であろう。もっとも右記の「鬼」をオニと訓むか、それともモノと訓むべきか、論議は依然尽きない。ただどちらにしても、「衆皆嗟怪ぶ」といった怪異の現出に変わりはなかった筈である。

こうした「嗟怪ぶ」べき「鬼」の出来には、その後の『大日本国法華経験記』の巻下、第百十「肥後国の官人某」の一節に印象に残る場面があった。

　即ち端厳なる女、羅刹鬼に変じて、この人を追ひて言はく、汝遁れ去らむと欲すとも、更に去ることを得じ。我今朝より、汝に着きて将て来れり。今我が所にして自在に食はむと欲すといへり。この語を作し巳へて、馬の尻に追い着けり。羅刹の形を見るに、二の眼は赤色にして、猶し大きなる鏡のごとし。四の牙口より出でて、長一丈余なり。身体高大にして、色気猛悪なり。眼鼻耳口より、皆焔煙を出す。足を失ひて倒れ、人、穴に落ち入りぬ。羅刹、馬を取りて、皆悉くに食噉ひて、骨蹄も残さず、悉くに嚙み噉ひ了へぬ。

まこと「端厳なる」一人の女が忽ち鬼に変じて、そのまま男を追うところが凄い。しかしそれはそれとして、どうであろう。ここに至って私共はようやくこの国におけるオニ（鬼）なるモノの実態というか、そこでの完結したイメージをかなり具体的に捉えはじめたように思われる。それというのも、鬼とはそもそもがこの世に在った者の「変じ」た姿であり、しかもそれは「二つの眼は赤色にして、猶し大きなる鏡のごとし。四の牙口より出でて、長一丈余なり。身体高大にして、色気猛悪」といった風の、すこぶる巨大にして醜悪、かつ狂暴なる異形のモノといった有様であったからである。ここにはすでにその後のオニの姿が支配的に定着していると認識し得る。思えば「桃太郎」の鬼ケ島の鬼などは、こうした延長線上での想定であったに違いない。

さて、以上をわが国におけるオニの導入部に据えて、次に命題に向けて記してみる。

村の鬼たち

そのとき、改めて現実、村々の囲炉裏端に語られてきた彼等の実相を窺うに、そこでの鬼は、文献をなぞった上で検出された歴史上の在りようとは、かなり異なった姿で迎えられている場合が多い。ひと言で括れば、思わぬ失敗や失態を演じ、しばらくは哄笑の対象となって、早早と退散する役廻りを担っていたとする情況である。「一寸法師」の終末部がその例であろう。抽象的にいってもはじまらない。実際に遭遇した事例を示そう。岩手県岩手郡雫石町の西南の方、和賀郡沢内村へ越える山伏峠の手前の大村で、次の一話を披露してもらった。艶笑譚の一つである。

昔ある所に、婆さんがいて、焚火にあたっていた。人を喰おうと鬼がやって来た。こわがらない婆さんを見て、当然鬼が恐ろしいと言うと思って、この世で何が一番こわいかと、鬼は尋ねた。婆さんは、鬼とは答えないで、アクアクフィが一番こわいと答えた。鬼はアクアクフィフィとは何だろうと考えながら焚火にあたっていた。そうしているうちに、焚火にあたっている婆さんが股をひろげているのに気がついた。婆さんの前のものが、火にあたたまって、しまったりゆるんだり、生きているように顫動(せんどう)するのであった。鬼は、これこそアクアクフィフィであると思って、驚いて逃げ失せた。おかげで婆さんは命が助かった。

これはもともと「狸の八畳敷」(『日本昔話大成』話型二六六)として処理される話種である。通常、

1、(a)樵夫(きこり)の山小屋に女(狢(むじな)・狸)が来て火に当る。または(b)旅人がある家に泊まる。2、女(狸)が前(陰嚢(いんのう))をひろげるので食物を投げると取って食う。3、(a)火(焼け石・瓦・銃)を投げる。または(b)針

を突さ刺すと逃げる。または死ぬ。

といった筋書きにある。ここではこれが「鬼」になっていた。しかるに婆さんの「アクアクフィフィ」は鬼をも仰天させる威力を擁していたとするのが味噌である。さもありなんといったところかも知れない。そういえば、右の例に限らず「三枚の護符」「鬼を一口」「牛方山姥（うしかたやまんば）」「喰わず女房」にはじまって、「天道（てんとう）さん金の鎖」「鬼の子小綱（こづな）」「人影花」というように、日本の昔話に登壇してくるそこでの鬼たちは、揃いも揃ってまんまと人間にしてやられてしまう。逃散（ちょうさん）、敗北、負の系譜を踏む存在であった。その意味ではこれが少々伝説化していても決して例外でない。次の一話もそうである。

節分の日は、鬼が豆が大嫌いだというので豆を撒きます。そして、

「鬼は外、鬼は外、鬼は外」

と三度。

「福は内」

と二度言います。豆を撒く人は、スリコギを腰に差して、ワラで作った臼のようなものをかついで一升枡に豆を入れて、それを撒きます。ある節分の日、鬼は、どこの家でも、

「鬼は外、鬼は外」

と豆を撒くので、行くところがなく、外は寒いし、ある一軒の豆を撒かない家へ逃げ込みました。そうしたら、中から爺さと婆さが、

「さて、どうしよう。貧乏だば、撒く豆も持たないし、困ったのう」

と考え込みました。すると婆さは、

「爺さ、いいこと思いついた。こうしよう」

と、爺さの耳に口を寄せてコソコソ何か言いました。そうしたら、爺さは流しから鍋を持って来て、頭に被って、腰に太い綱をまきつけました。婆さは、鍋を被って、二人揃って、

「渡辺(わたなべ)の綱(つな)だど」

と、出て来たので、鬼は恐れて逃げて行ったということです。


材料は佐久間惇一編『波多野ヨスミ女昔話集』に拠った。よく出来た話である。ただ右の一話に関しては、それ相当の知識を必要とした。いうまでもなく、先行する話に鬼女の片腕を切り落とした京都一条戻橋(もどりばし)での渡辺綱(わたなべのつな)説話があったからである。ついでに余計な事を添えるようだが、それがあって各地に存する〝渡辺姓〟の家々は、いまも節分に豆を撒かぬ、否、撒く必要がないという伝承を保持している。家例としての〝豆撒かぬ家〟といった習いである。続けて豆にかかわる鬼の話を紹介する。

鬼と賭

むかしあったけど。

あるところに娘と父親と二人いであったど。なんぼかええ（良い）娘であったど。ほしたらこんど、山

にいた鬼が、その娘を見込みつけてしまったど。そしてはぁ、毎日のように、

「欲しいから呉ろ、欲しいから呉ろ」

て来るごんだど。親父も困り果ててはぁ、

「何としたらええもんだが、一人娘、鬼になんて呉っだくないもんだ」

と、こう思っていたど。そうしたら、娘、

「ほだら、おどっつあん、おどっつあん、あの、豆煎りの食いくらしろ、そして負けたら呉れる、とこういうことにしろ」

て、こう言うたど。

「おれ、何とか工面しておくから……」

て、そう言うて。鬼来たとき、

「おどっつぁと豆の食いくらして、勝ったらもらわっで行く」

て、こう言うたど。そしたら喜んで、

「あまりええ」（大変結構だ）

て。それからこんど、娘一生懸命で豆煎って、鬼には娘のところばり（ばかり）見とれているもんだから、知しゃね（知らぬ）振りして小石混えて鬼の豆さやったど。こんど固く煎ってやったど。父親なは、柔っこくええあんばいに嚙めるようにやったど。一ガラ――茶ほうじ一つのこと――ずっ（相手に）やったど。鬼は嚙むと固いなガリッと嚙まさっでしまうど。んだもんだから、困っているうちに、父親は皆食ってしまったど。そしてこんど、

「いや、今日は何だか、おれ、歯悪くって、今日は駄目だから、また後で来っから後でまた何か考えてて呉ろ、そん時、また競争すっから……」

て、鬼帰ったど。そしてまた来たごんだど。そして、こんど娘、

「ほんだら、縄（なわ）ない、今日はするが……」

て言うたど。そして藁（わら）、父親なは、柔らかく打って、ない良くしておいだど。鬼の縄あちこち打っておいで呉（く）っだど。そうして一生懸命でなうじど、鬼、夢中になって綯（な）ってるうしろさ行ってはぁ、そおっと鬼の縄切って父親なさ、こう足（た）すごんだずも、娘うしろさ行ってな。そしてこんどその藁、鬼のどさも持って来るど。そして綯ったのな、一尋（ひろ）、二尋とたごんで置くわけだな、環にして、そしてしまいに綯い上げてから、たごんでみたら、父親の方多かったど。そして、

「やっぱり、おらえのおどっつぁにはかなわねから、お前みたいな下手な人さは嫁（い）かんね」

て、娘にそう言わって、鬼もあきらめてあったけど。利巧な娘であったけど。むかしとーびん（昔話の語り収めの句）。

武田正編『飯豊山麓の昔話』（「昔話研究資料叢書」⑽）に拠った。「鬼と賭」という話である。

「鬼と賭」をするというのは、古くは『長谷雄（はせお）の草紙』にも、朱雀門の楼上での著名な場面があった。双六（すごろく）に負けた相手は「もとのすがたあらはれて、おそろしげなる鬼のかたちになりにけり」と、詞書（ことばがき）にある。これはおそらくは伝統的に重要なモティーフであったと思われるのだが、よく究明されるに至ってない。ただいずれにしても、いったん出来した鬼は、しばしば人間の知恵、もしくは人間の側からの予期せぬ不意の出

来事、もしくは偶然の威嚇によって蒼惶（そうこう）として退散する場面が多かった。

これをもし構造的に解釈するなら、そこには常に鬼はたとえ「身体高大にして、色気猛悪」なれども、人の才知才覚には遂に及ばないとする理念が潜在して働いていると、私は理解している。

走り舞う鬼

ここまできて、最後にひとつ重要な話題を提起しておきたい。

資料は遡って『宇治拾遺物語』所収「鬼に瘤（こぶ）とらるゝ事」である。現行の「瘤取爺（こぶとりじい）」の祖型と見做されるが、ここに登場する鬼たちの様子はきわめて注目に価する。それというのも、そこではまず「大かた、やう〳〵さま〴〵なるものども」が、

あかきいろには青き物をき、くろきいろには赤き物をたふさぎにかき、大かた、目一ある者あり、口なき者など、大かた、いかにも言ふべきにあらぬ者ども、百人ばかりひしめきあつまりて、火をてんのめ（豁の目）のごとくにともして、

「瘤取爺」の「我ゐたるうつほ木のまへに、ゐまはりぬ」という具合にまずはすこぶる異様な場景を示すからであった。のみならずそこでは「むねとあると見ゆる鬼、横座にゐたり。うらうへに二ならびに居なみたる鬼、かずをしらず」というように、首領の鬼が上座に坐わり、次いでそれぞれが左右に居並んだとする。

上・厳鬼山神社（弘前市）の奉納額、下・鬼神社（弘前市）の奉納額（撮影：大島廣志）

これをして本文は「この世の人のする定(ぢやう)なり」と評していた。

鬼の世界にもきちんとした順序と序列があったのである。しかもやがて「酒参らせ、あそぶ」段になると、これはいったい何事であろうか。「末より、若き鬼一人立て、折敷(おしき)をかざして、何と云にか、くどき、くせゝる（くだくだしい）ことをいひて、横座の鬼の前にねり出て、くどくめり」といった有様であったのである。物語の筆者は重ねてこれをいって「たゞ、この世の人のごとし。舞うて入ぬ。しだいに下より舞ふ。あしく、よく舞ふもあり」と記述した。注意すべき鬼たちの仕業である。

この世のものとも思えぬ、こうした光景を見ている中に、当の翁はすっかり興奮してしまった。「木のうつほより、烏帽子(えぼし)は鼻にたれかけたる翁の、こしによきといふ木きる物さして、横座の鬼のゐたる前にをどり出た」というから大変である。並み居る鬼たちはびっくり仰天、大騒ぎである。しかるにそれを尻目に「翁、のびあがり、かがまりて、舞ふべきかぎり、すぢりもぢり（身をくねらせたり、よじったりする）、ゑい聲をいだして一庭(ひとにわ)をはしりまはり舞ふ」これがために「横座の鬼よりはじめて、あつまりゐたる鬼ども、あさみ（びっくりする）興ず」という次第であった。

こうしてみると、ここに寄り集った多くの鬼たち、そしてその場における彼等の格段の所為、さらにはそれをそのまま映した「瘤取爺」、つまり当の「翁」の立居振舞いには当然の事、格別何か一連の繋がりと、そこでの意味がなくてはならない。

それがなくてはどうして「あつまりゐたる鬼ども、あさみ興ず」といった顚末になったであろうか。
『宇治拾遺物語』におけるこの事例に注意を促し、かつ、積極的にここでの意味を解明しようと試みたのは五来重（ごらいしげる）氏であった。民俗宗教学の視点から氏はこれらの情景を山岳修験（しゅげん）、すなわち山伏、あるいは咒師（しゅし）たちの宗教儀礼に関連付けて説かれた。たとえば「しだいに下より舞ふ」は、そこでの酒宴の際に催される延年特有の「順の舞」であり、また「末より、若き鬼一人立て、折敷をかざして、」は、山伏神楽（かぐら）のレパートリーに多い「折敷の舞」であると見立てられた。詳しくは同氏の『鬼むかし』所収「瘤取り鬼と山伏の延年」を参照されたい。

さて、その際、五来氏は直接言及されていないが、それらのすべてにさきがけて、冒頭「大かた、やう〳〵さま〴〵なるものども」が、ずらりと「百人ばかり」出揃った場面に私は刮目したいと思う。すなわち、そこでの「大かた」は、明らかに「あかきいろ」、あるいは「くろきいろ」という具合に、文字通り、面々がそれぞれが赤、黒、そしておそらくは青といった色とりどりの異形の面貌をしていた。これは彼等がすでに化粧、要は化生のモノとしての鬼の面を被っていたと察し得るからである。鬼に化生（けしょう）した山伏たちと理解すればよい。

かくして、昔話「瘤取爺」の鬼とは、そもそも化生を装った山岳修験の徒の儀礼の場におけるそれであった。ついでに添えれば、実は宴席で酒を飲む事自体、すでにそこでの化生、化身を期待するのが本来の目的であったのである。酒呑童子（しゅてんどうじ）が鬼であったのも、元を質せばその辺りに理由があったのであろう。

（「白い国の詩」通巻四七四号、平成八〈一九九六〉年二月）

隠岐の化猫譚

ひとつ口承文芸の中でも、昔話や伝説に比較すると、世間話への関心の度合いは相変らず低い。それは世間話の概念規定が、今なお、はなはだあいまいである点からも窺(うかが)うことができる。

これには、もちろん世間話自体の本来的な性格にも直接の原因がある。すなわち、今日、世間話と称される一群の口承文芸の多くは、もともと社会面の記事に当該する内容のものであり、昔話、伝説のように整った様式や話型、そして宗教的な背景というものを備えていなかった。従って、現象的にみても、世間話はその土地土地のひとびとの、ごく身近かな所に起きた、しかも常に興味をもって語られる話題として登場する。たとえば、化物や、怪異あるいは犯罪にかかわる人の噂話などがこれに当る。

ところで、ここにひとつ問題がある。それは世間話として一括されているこの種の話が、土地によっては昔話の語り口をもって、もしくは伝説の語り口をもってまま伝承されている事実である。内容からみた場合には、明らかに世間話として認知されるものでありながら、しかも昔話に備わっているところの、語り始めの一句を構えていたり、また伝説を語る場合のように、特定の事象の指摘からその話が確固とした信心のもとに語り伝えられているという例がこれである。そこで、従来はこのような世間話の姿を表面的には昔話の世間話化、伝説の世間話への転移という判断のもとに包括してきたのだが、こうした態度については更に考究を加えるべき余地が依然残っている。なぜならば、すべての昔話や伝説がある状況において零落、推移を示した場合に必ずしも世間話風に語られるのでもなければ、また、世間話への材料を提供しているのでもない。要するに、世問話として語られる場合の、ある種の昔話、伝説にはやはりそれなりの原因が話自体の中に潜んでいたとみられるべきであり、しかも世間話へと変転するそうした昔話、伝説の中には何らかの共通要素が内在していたとみられるからである。

　少くとも、昔話としての整った形式を伴っていないから、また、伝説としての形を踏んでいないから、両者に該当しない話はすべて世間話として一括する、といった従来の態度はすでに許容すべきではない。実際に世間話は、昔話、伝説との関連のうえからもいくつかの問題を投げかけてくれる。ある意味では昔話、伝説を側面から考えるうえでの重要な示唆を与えてくれる立場にもある。しかし、何よりも世間話は世間話として、更に厳密に考察されなければならない。その手始めとしては、各地に伝播、伝承されている世間話を数多く集め、そのうえで比較検討してみるならば、そうした中に必ず何らかの脈絡が得られるに違いない。たとえば、日本の昔話にあって、そこでの動物を主人公とした話群、すなわち〝動物昔話〟は、西欧のそれに比較して著しく貧弱である。未発達であるといえる。しかし、それにもかかわらず、ひとたびはこれが世間話の世界になると、彼等は実に生き生きとしていた。猫、狐、狸、狢(むじな)、鼬(いたち)に川獺(かわうそ)、そして狼といった具合に多士済々(せいせい)、いずれも積極的に人間に働き掛けてきた。そのうえで多様な人獣交渉史を描いているのである。そこで、ここでは「猫は狐の使者、狐は狼の使者」、あるいは「猫の後ろに狐がいる、狐の後ろに狼がいる」

といった俚諺にちなんで、とりあえずは猫と狐を主人公とする話を取り上げた。

どういうわけか、隠岐島には化猫譚が非常に多い。化猫譚を除いては隠岐の口承文芸を語ることはできないといっても過言でない。しかし、まず、ここに報告する採訪資料は島後におけるものであって、隠岐全島にわたるわけではない。島の化猫譚の多くは民謡と踊が結びついていて、この点に著しい特徴がある。知夫里島島前からは猫化けの唄が報告されている。

隠岐の化猫譚については、語り手の家筋に特徴があるのか。猫に憑かれたひとびとに一連の特徴があるのか。島前、島後を通じてどういう分布圏を示しているのか、また西日本、殊に山陰地方に多い憑き物筋の家と関連性をもっているのか。これらについても、いくつかの未解決の問題が残されている。機会を得てぜひ精緻な調査を試みたい。

なお、ここでの伝承者、高梨五百媼（明治七〈一八七四〉年五月二十六日生）、高梨文太夫（明治三十四〈一九〇一〉年生）は共に当時の島根県周吉郡西郷町在住。また乃木あさ媼（明治十七〈一八八四〉年六月生）は穏地郡都万村字向山在住でいらした。昭和三十五（一九六〇）年八月採訪の資料である。

〔事例一〕猫を飼っておりましてねえ、そいで猫が、番頭さんが夜寝ていますと、庖丁をなかやから銜えて来ましてね、戸棚を開けて竹輪を切って、それからまたその庖丁を流しへ収めて、そやで、番頭さんは恐しいことをすると思って、恐しくて恐しくていたそうです。それから朝茶を飲んでおりながら「旦那さん旦那さん、猫がこういうふうに隅におりますけどや、この猫は恐しいことしますで、ゆうべ、あんた、流しへ来て庖丁を銜えて戸棚を開けて、それから竹輪を切って、また庖丁を納めておきましたでや」といって旦那さんに話しました。そうしますと、その猫が囲炉裏の隅にガクガク、こう、ねぶっちょりましたがその番頭さんがその話をすると、パッチリと眼を開けて、それから旦那さんの方へゲッゲッと牙立てて、それから何処へ行きましたか遂に戻って来ません。それからしだいしだいにその旦那さんは、病気になりましてね、それからとても旦那さんが大病だけに、急に西郷の医者さんを迎えにやれというので、西郷からそのお医者さんを迎えてきた。門の外の方に離れ座敷がござんす。そのお医者さんが座敷にな泊って寝てござんすと裏の竹藪からね、女の声でチョチョラを唄ってね、チョチョラを唄って下りて来やす。それからその、猫の唄は聞き正すと尻がござんせんそうで、それからそのお医者さんが寝てござんすと、猫が、その女が竹藪から下りて来て、その手拭をちょっぽり被りして医者さんを見てね、イヒイイと笑った。おかしいとみえて。それから猫が本宅へ入って来ました。入って来ますと旦那さんの病気がにわかに悪うなって、「医者さん医者さん」「旦那さん旦那さん」と起してきて注射したり何かしたそうです。それから夜明けになると屏風の向うから叩いて「旦那さん」と猫がいいます。猫がそうすると旦那さんが気絶する。性が抜けてね。そのたびに台所の方でもお医者さんを呼べと大騒ぎする。そしてとうとう、その猫が祟ってね、しだいしだいに弱って死なれました。

（高梨五百）

〔事例二〕 城山という、殿さんがいた山があります。その下で、漁師が夜遅く烏賊（いか）をとって帰ってまず、持って帰れるだけ持って帰って、また取りに行くと舟の中にはもう烏賊がなくなっていた。猫がとって行ったので、山の処へ行くと猫が石を投げて来たそうです。

（高梨五百）

〔事例三〕 明治三十年頃のことの話です。ちょうど今頃お盆の旧七月十六日の晩に中筋の有木という村。盆踊りがあって隣村の東郷の若い者が五、六人踊りに出かけた。夜中踊って夜も更(ふ)けて山道を戻りかかってくると、有木と東郷の村境を過ぎたと思う頃に向うの方で盆踊りの口説(くどき)が聞えてきた。しきりに鈴木主水(もんど)のあの口説をやっている。そこで、若い男が「あそこでも盆踊りをやっている、この山の中で不思議だ」と思って恐る恐る近寄ってみると、ちょうど盆の十六夜のお月の光を浴びながら、猫が五、六匹手拭で頬(ほお)被(かぶり)をしながら輪をつくりつつ盆踊りをしている。そこで若い者は気持も悪うなって杉の木立に隠れてなお続けてどうするかと様子を見ちょると、やがて一人の猫が「虎どんまだか、虎どんまだか」といって囃(はや)し出すというと、ほかの猫も「虎どんまだか、虎どんまだか」といって囃した。虎という猫はこの東郷では若い者はもとより、年寄でも子供でもだれでも知っておる東郷の山の入口の百姓屋の、十四、五年も経つ劫を経た飼猫だ。まあ、虎が踊りの夜食をとりに行ってまだ戻って来ない。そこで踊りの猫が腹が空(へ)って「虎どんまだか、虎どんまだか」と囃している。若い者はびっくりした。「これは恐しい猫の踊りだ、気持が悪いから早く里へ帰らにゃならん」と思いながら、通り道のそこをどうにも通らなければならないので困っていたところが「虎どん踊り」が終ったとみえて、バタバタと向うの山の方へ他の猫が逃げて来た。そこで若い者がホッと胸を撫で下ろした。「さあ、この間に里へ帰ろう」というので一散に東郷へ去んだという話が今でも伝わっている。

（高梨文太夫）

〔事例四〕昭和十五年頃の猫の話だぞ。西郷の避病院で晩になると雨戸を、こう、ガラガラ、ガラガラと箒で撫(な)でるような音がする。それと共に避病院の向うの杉山の方で傘ほどもある大きな火の玉がみえる。夜が更けて十二時過ぎるというとゾロッゾロッと草鞋をはいて歩くような音がする。避病院の屋根のトタンが風も吹かんのに杉の枝を擦るような音をたてる。まあ、気持は悪いし、病人は悪うなるし、お使いさんが急いで町へ医者を呼びに行きたいなあ、とみんなが思うわけだが、それは猫の悪戯で、それが証拠には朝になると病人用の蓋をしてある重湯や魚がなくなっておる。こういうような騒ぎが何日もと続いた。そいで大騒ぎになって調べてみたところがそれは二貫程もあるような大きな黒猫の仕業だとわかった。看護人が出かけると裏の処へゾロゾロと出る。ところが西郷の避病院は明治三十八年あのロシアとの戦いで、日本海の海戦で軍艦と一緒に流れ着いたロシア軍人の墓がすぐ近くにある。そこで猫の奴めがどうしたわけか、ロシア軍人の魂がとり憑いたか、ある晩ロシアの軍人に化けて大男になって靴をはいてガタン、ガタンと大きな足音を立てて歩いて、そうして部屋を開けて病人の足を引っぱる。病人がサアッとみるというとロシアの軍人の大男が足を引っぱっているものだから、キャアと悲鳴をあげるということがある。それが菓子や重湯の滓をその辺に捨てるというと猫がそういうものを喰べようとやって来て、避病院で大騒ぎをしたということがあった。ごくごく最近の猫話だ。（高梨文太夫）

〔事例五〕ほかへ出かけまして、西郷へ帰ろうと思いまして、そいで、島後の島のちょうど真中になります上西の山奥で、右をむいても左をむいても山また山というような処ですが、道からヒョロ、ヒョロと一人の若者が現われまして「はるきさん相撲を取ろうじゃないか」といった。「冗談いってもらっちゃ困る。私は年寄でこれからもう、早く西郷へ帰らんというと暗くなったりすると困るからと急いでいるんです。相撲どころじゃない」となんべんも断わりましたが「いや、どうでも取ろう、どうでも取ろう」といって相手の若者が承知しませんので、「じゃ、まあ仕方がない。そういうならここを通してくれんというなら止むをえん」といって、その相手と相撲を取りましたが、相手の若者が強くて何回取っても投げられ投げられ、田ぼの中へ取って投げられ、泥まみれになってホウホウの態で、原田あたりの一軒の百姓屋をみつけて「助けてくれ」といって飛び込んだ。するとその百姓屋の主人は「それはきっと猫でしょう。この辺は猫が出るといわれていますから猫でしょう。あなたは猫と相撲を取ったに違いない」といって「次第に日も暮れて危険ですから、私がその辺まで送ってあげましょう」と主人が送りましたが、家を出てちょっと行きますと向うの山の方で、隠岐の国の木挽(こびき)が唄う、いたやま追分節を唄うものがある。「はるきさん私がいった通り猫に違いない。あの唄を聴きなさい」と二人が耳を澄ましていたやま追分節を聴きますと、さっき相撲を取ろうといった若者の声とそっくりな声であった。しかも語尾があいまいで猫の唄の尻なし声であったから二人はすっかり猫に間違いないものだと思って非常に怖がった、という話だ。（高梨文太夫）

〈事例六〉猫は、よく相撲を取ろうといいますが十遍が十遍みな負けます。だれも昔から隠岐の国の人間で猫と相撲を取って勝ったことがない。どうして勝たんかというと猫は人間と相撲を取りますときには、木立がここにありますと、猫はこう、木立を前にして自分はからだをさげて反るそうですから、人間は木立とぶつかってだれもかなう者はない、と昔からいい伝えます。（高梨文太夫）

〈事例七〉この話は昭和十年頃の話です。原田という村のお爺さんが大久の祭に行こうと思いまして、一人で行くのも寂しいから友達を誘って行こうと思って親戚のある爺さんの家へ行きまして「一緒に大久の祭に行こうじゃないか」といいましたら、その友達が生憎病気で寝ておった。「せっかく誘ってもらいましたが、私は風邪を引いて休んでいますから、すまんけれどあなた一人だけ行ってください」と断わりました。断わられたものだから仕方がない、このお爺さんは大久の祭へ一人で出かけました。お宮を拝んで知合いの家でお祭の接待を受けて、大変御馳走になって土産の重箱の入った風呂敷包みをもらいました。で、大久から原田へ帰りますには、大久から西郷へ出まして、西郷から行きます。土産の御馳走を余計もらったので荷物が重くて、西郷の産婆さんの中西という家で土産の裾分けをいたしまして、時計をみるとそのときは夕方の五時でありました。まだ明かるいのでその先の集落の若松屋へ寄って、この土産を分けようと思いまして。

ところが八田へ参りますもうちょっと手前に吉田というのがあります。そこで吉田の大下さんという大工の処まで来ますというと、その大下さんの家の山の上に避病院がございまして、この避病院の山からヒョロ、ヒョロといんば（インバネス）を着ましたところの老人が出てきました。その老人をよく見ますというと、今朝大久の祭に行こうと誘いましたら「せっかくだけれども私は病気で寝ているから今日は失礼します」と断ったその爺さんでした。そこで「待ちなさい待ちなさい、あんたに誘われた時には熱が出て苦しくて申しわけがないことがあったけれども、せっかく賑やかなお祭だもんだから、私も多少は病気も気張って行こうと思ったら熱も引いたし、気持も良くなったから後から考え直して、私もあんたの後を追って大久の町へ行きました。そしてまあ、今帰るところで近道をしているところです。せっかくあんたが誘った時に行かないで後から自分の一人考えで行くわけで、すまなかったけれ、何せ病気のためだから悪く思わないで下さいよ」と謝りました。そこで「ああ、病気さえ治くなればそんなこと心配せんでもいいですよ」と二人一緒になって、また少し歩いて八田村まで行きましたら日が暮れました。そこで、さっきの計画で若松屋という八田の親戚へ行って土産のお裾分けをしようと思い「私はここで別れます。あんた先へ原田へお帰りなさい」といって別れました。

ところが、若松屋の角へ参りますと日が暮れて、若松屋、戸を立てて寝ております。「起きて下さい、起きて下さい」と叩いた。そうしたところが若松屋の主人夫婦が起きてきて、こういうことを申します。「おや、まあ、夜更けに戸を叩きなさるが、もうまもなく夜が明けますから重要な用でなかったら夜が明けてからきてもらいたいが。原田のお爺さんのようですから、まあとにかく家へ入ってもらって、ひと休みしなさい」と、こういった。そこでこのお爺さんハッと気がついた。西郷を出たときに五時で、そこへ着いたとき夜中というのはどうもおかしい。まあ、どんなに遅く歩いても一時間あれば着くのに長い間、自分はどうしていたのだろう。と思いながら、とにかく奥へ入らせてもらって「大久の祭に来て酔っ払ってしまって、お土産をたくさんもらった包みが重いので、まあ、失礼ですけれどもあんたの処へも差上げようと思って持ってきた」といって風呂敷包みを開けようとしたら、今まで持っておったところの重箱もなく、中に入れとったソバもないというわけで「おやおやこれは不思議だ、今そこまで重く持って来た風呂敷がなくなった」といって、あわてふためきますと若松屋の主人夫婦が「あっ、それだったら、あんた、お爺さん、猫につけられたのではないでしょうか。西郷からここまでは一時間もあればよいのに、七時間も八時間もかかっておいでてでした。その、祭に病気が治ってあんたの後をつけて行って、今そこで帰った親戚のお爺さんはきっと猫でありませんか」といって、若松屋の主人夫婦は注意をした。「まあ何しろそうかも知らん」と驚いたが夜も更けておりますので一泊して夜が明けますというと後帰りして、夕べ歩いた道を西郷の方までブラブラ歩いてみて調べたわけです。そうしたら八田の山の橋の処まで参りますと、重箱がそこに転がっておる。五、六歩あるくというと餅が五、六箇バラ、バラと落ちております。更によく調べますと山際の処にソバや昆布、牛蒡(ごぼう)、蒟蒻(こんにゃく)などが散らばっております。「これは気持が悪い、すっかり猫にやられてしまった」というので、ビクビク、オドオドしながら大急ぎで原田の自分の家に帰り、調べてみようというので親戚の処へ行きましたら、やっぱり病人は苦しそうに寝んでおりました。「あんた、不思議だ、大久の祭へ行ったらまた病気が悪くなったか」といいましたら、お爺さん「冗談でしょう。わしはあんた、きのうあんたが誘ってくれた時から熱があって寝ていました。どうして後を追っかけて行けましょうか」といって「猫だ、猫だ、あんたは猫に化かされているのだ」と笑い出したということです。

（高梨文太夫）

〔事例八〕むかし、那久のまえやまという処に大けな猫がおりましたけにのう、こっちの下田の、あの大通りの久松かえ、その田がまえやまの田でのう、そこへ行くに稲の穂が出ておりましたが、鴨がありましたけにのう、それでまえやまにその旦那さんが馬で毎晩鴨威(おど)しにござりしたけに、その猫がまえやまの旦那を捕えようと思いましたけね。長々まえやまに飼われていましたけね、その猫は旦那が毎晩行かっしゃると知っておるだけに。それから何処へ行くやら猫は朝にならにゃ戻らぬけ、鴨威しから戻らぬから。こっちの、うまかわせという処があらな、あそこでこうさん寺の猫とせんこう寺の猫と、それからその山根の猫とのう、三匹に、それからその子どもがどんとついて行って「おさんさんがござらにゃ踊りが冴えん」といって踊ますというの。その旦那が戻らっしゃるときに踊ってけー、山根の猫も、それから、猫はけー、踊ってけー、朝さ直ぐ旦那はその猫んとこへ知らんふりして戻って、それから朝さ猫は戻ってくると、こうしてグズ、グズねぶうなって、「あゝ、さんざ踊ったんだけに、がめた（疲れた）か」と思っていると、直ぐ起きて旦那をグーッとみての、それで何とまあ、見られた、と思ったけー、そしてその、二、三日するとその山根の猫は茶瓶の蓋をとってったけー、なあして、そこの茶瓶の蓋はねえや。それからその旦那は鴨威しに行かっしゃる矢をのう、床に飾ってござったっけ、何本あるけー猫は晩にかんじょうしましてけー、その旦那をみてござりました。「今夜はわしに猫がつけこむか知らん」と矢をこしらえておいて、また鴨威しに行って戻って、かぼね坂という処で下から火の玉のようになってきましてね、「何だろう、あそこに火の玉のようなのが来たわな」と思って、そいで猫というのは、火の玉が猫の性根のとこでござんしての、それでその火を狙って、旦那が打たっしゃら、ガン、ガンと罐子(かんす)の蓋の音がしての「これは、まあ、罐子の音がするが」と思って、それから猫がかんじょうしてただけに、「これで矢はすんだ」と思って馬の手綱に飛びつきました。そこで、また火を狙ってドンとやったら猫の目玉から首の方へ突き抜けた。それで猫はバタンととれたけー、それから旦那は戻ってけー、こがなことがあったといわずに、その晩は黙って寝んで、あしたの朝、下女に「かぼね坂へ行ってみ、ここのやかんの蓋があるでやら」といった。見に行ったら蓋があって、山根の猫が死んでおりました。目の玉から尾へ矢が突き抜けて死んでおりました。

（乃木あさ）

日本の昔話には「鍛冶屋の婆」「猫と茶釜」「猫と南瓜」、そして「猫の踊」といった一群の話がある。猫、あるいは狼を主人公とした内容である。伝説として定着している処もある。しかして、これらは元来が世間話として流布していたのではなかったか、そう思われる節(ふし)が多い。わけても〔事例二〕は、今日「猫と南瓜」に整理されている。この種の話の分布は日本海沿いに顕著に認められる。船によって運ばれたのであろう。北前船の活躍に重なってくるかもしれない。ここでは「番頭」が出てくるが、これを「船頭」に比定する例は圧倒的に多い。〔事例三〕と〔八〕は「鍛冶屋の婆」もしくは「猫の踊」とのかかわりが深い。〔事例五〕、〔六〕は他の土地では河童であろう。隠岐では河童とはいわずに〝セコ〟という。普段は川に棲む。しかし秋の彼岸から春の彼岸の間は山に棲む。〝セコ〟の通う道は島内では決まっている。人はこれに行き会わないように要心するのだと伝えている。

島内には右に提示した資料にさきがけて広戸惇氏に孔版『隠岐の昔話』(自刊、刊行年不詳)がある。昭和三十一、三十二(一九五六、五七)年に採集した材料にもとづいている。同書には「高麗犬の話」以下二十三話が収められている。その中に「猫に魚を取られた話」「猫に化かされた話」「飼猫に殺されかかった話」の三話が、猫の世間話として参考になる。なお、隠岐の猫の唄は「尻なし声」であるとするのが、ここでの特徴であろうか。

(『日本の世間話』平成七年〈一九九五〉年二月)

怪異伝承と民俗

七不思議とは何か

一　越後の七不思議

越後は塩沢の文人、鈴木牧之（ぼくし）は『北越雪譜』に記している。いわく、

世に越後の七不思議と称する其一ツ蒲原郡妙法寺村の農家炉中の隅石臼の孔より出る火、人皆奇也として口碑につたへ諸書に散見す。此火寛文年中始て出しと旧記に見えたれば、三百余年の今において絶る事なきは奇中の奇也。天奇を出す事一ならず、おなじ国の魚沼郡に又一ツの奇火を出せり。天公の機状かの妙法寺村の火とおなじ事也。

初編巻之上「雪中の火」の書き出しである。牧之は明和七（一七七〇）年の生まれ、天保十三（一八四二）年の歿である。七十三歳であった。

南魚沼は塩沢の商家に生まれ、生涯をその地に送った牧之は、近辺の習俗や伝承に通じると共に自ら積極的に足を運んで、さらに辺陬（へんすう）の地にも及んでいた。『秋山記行』がその例である。それからして、たとえ雪深い魚沼の地にあっても、彼の机辺には常時、風聞、口碑、いわば情報が多く集まっていたとしなければならない。

牧之は右の冒頭にたまたま「越後の七不思議」と記したが、それではその頃、いったい何をもって「越後の七不思議」としていたのであろうか。はなはだ興味をおぼえるところである。

ひとつの例として、具体的にそれに言及した資料をみよう。時代は下るが、明治二十三（一八九〇）年に刊行された『温古の栞（しおり）』には次のような記述がある。

越後の七不思議とは古来より人口に膾炙する処其説区々（まちまち）なれど最も信を置くべき古書に拠れば、燃る水、燃る土、海鳴、土鳴、神楽、白兎、鎌鼬（かまいたち）とす、之を案ずるに燃る水は今の臭水なるべき歟、又は古志郡の山中比礼村の沢に井壺あり常に清水涓々（けんけん）と湧出す、是より流水五十間以内にて近く火をかざせば忽ち水にうつり、焰々と燃上り流れにつれ暫時にして消る、其水質甘美にて飲用に供す、又三島郡大和田村の北山間に方六尺の溜水あり、常に湯の湧如く泡立り、火をかざせば忽ち燃上り少時に消る、冷水にて敢て臭気なし、何れも臭水の類に非ず、夫是等なる歟。○燃る土は刈羽郡土合村地内一団結の田方上土三尺下一面に奇土あり、里人は春の日恰も割木の如く切出し畔上に並べ日光に曝す、数日を経て干暴時は薪木に代へ炉中煮焚の用に供す、火勢穏当なり、又三島郡竹森村地内田の底にも同種の土あり。○海鳴は海中にて鳴音遠くへは聞えて近くに聞えず、鳴上り鳴下りにて晴雨を卜す。○土鳴は俗にどうなりと云、蒲原郡潟の鳴ものす、秋の空晴たる日に多し、沈みて鳴その音凄ましく大地に響く、是も近くにては聞えず。○神楽は中蒲原郡粟ケ嶽の東に御神楽ケ嶽と云深山あり、頂上へは峻嶮にて至り難し、此処に時として俄然に音楽を合奏する音の麓に聞ゆ、樵夫等の耳に入ることあり、頸城魚沼岩船辺の深山にも斯る処数ケ所あり、里人は御神楽と云。○白兎は山野にすまゐする兎の毛雪降りてよりは白毛に変ず。○鎌鼬は一に構太刀と書り、西蒲原郡弥彦山と国上山の間黒坂と云処にて躓（つまず）き倒るゝ者は必ず此奇に逢ふ、其他国中いづことなく湿地或は古川筋抔を歩行し突然腰下に傷をうく、其痕の敢て痛まざるものなり。

これによると「越後の七不思議」といえども「其説区々」であるとしている。甲論乙駁、おそらくはお国自慢、あるいはいま流行の観光十選とか百選に似て、容易に定まるところを知らなかったのであろう。そこで、『温古の栞』の筆者は「最も信を置くべき古書に拠れば」とした。何を基準に、また何にもとづいて「信を置」いたのか判然としない。そもそもが、その「古書」自体を明記していないのだから仕方がない。しかし、ことはおよそ伝承の範囲を出ないのだから、それはそれでよいのかも知れない。

思わずも筆が逸れた。話を戻そう。牧之はさきに引いた「雪中の火」に、「彼は人の知る所、是は他国の人のしらざる所なればこゝに記て話柄とす」という。「話柄」は「話の種」の意である。次のように述べている。

越後の国魚沼郡五日町といふ駅に近き西の方に低き山あり、山の裾に小溝在、天明年中二月の頃、そのほとりに童どもあつまりてさまぐ〜の戯をなして遊倦、木の枝をあつめ火を焚てあたりをりしに、其所よ

> りすこしはなれて別に火燄々と燃あがりければ、児曹(こどもら)大におそれ皆々四方に逃散けり。その中に一人の童家にかへり事の仔細を親に語りけるに、此親心ある者にてその所にいたり火の形状を見るに、いまだ消ざる雪中に手を入るべきほどの孔をなし孔より三四寸の上に火燃る。熟覧(よく〳〵みて)おもへらく、これ正しく妙法寺村の火のるゐなるべしと火口に石を入れてこれを消し家にかへりて人に語ず、雪きえてのち再その所にいたりて見るに火のもえたるはかの小溝の岸也。火燧(ひうち)をもて発燭(つけぎ)に火を点じ試に池中に投いれしに、池中火を出せし事庭燎(にはび)のごとし。水上に火燃るは妙法寺村の火よりも奇也として駅中の人々来りてこれを視る。そののち銭に才人かの池のほとりに混屋(ふろや)をつくり、筧(かけい)を以て水をとるがごとくして地中の火を引き湯槽の竈に燃し、又燈火にも代る。池中の水を湯に燂し価を以て浴せしむ。此湯硫黄の気ありて能疥癬(しつ)の類を治し、一時流行して人群をなせり。

ここに叙述された内容は、いうまでもなく天然のメタンガスの噴出とその発見の一場面である。越後には燃料資源として、石油・天然ガスがあって、これらは草水(くそうず)・火井(かせい)として知られ、代表的な地下資源として古くから開発されていた。多少の重複もあろうが、江戸時代に火井は二十四ヵ所、これに草水を含めれば三十四ヵ所もの手掘り井や露頭が認められたようである。そして、それはいずれも「越後七奇」のひとつ、つまりは「七不思議」に入れて数えられていた。わけてもこのうち、当時最も著名なものは、すでに重ねてその名の見えた妙法寺村の例である。文政十三（一八三〇）年、この地方に足を留めていた藤原衆秀は、これについて『筆満可勢(ふでまかせ)』に次のように記している。六月三日の条である。

此日田巻屋主、榊屋喜左衛門との同道案内にて、七不思議の一つ明宝寺村火の出るを見物に行。三条より一ノ木戸、田島、此間に舟渡有り。是を藍川といふて山水也。清き流。此河に鮎釣れる。当所の名物也。夫より新保村。此所に孝泰寺いふ真言宗有り。しんぼこうだいじといふは是也。夫より月岡村、長峯村、明宝寺村。爰に寺有り。是も真言宗也。此村内に火の出る百姓の家三軒有、一軒は大屋、外二軒は並百姓也。此二軒余り天気快晴すぎて、火の出所甚薄し。又大屋の方、是は火の出克故是江上る。見物なす。宿の主物語を聞に、此所の火の譯色々の説を申せとも不分明。三百年已前鋳物師有りて火を消したる所、跡より火出る。其火唯ならぬ色也。陰の気多く、陽の気うすく、其時不思議のおもひをなす。其時見物夥く、群衆家内にて昼夜此火を調法する。或は弘法大師の古事抔をいへども皆虚説也。然に近年山端、畑の畔抔にて、此火の道筋を見出したる者有りて、大屋向ふ江又一軒出来る。都合三軒に成る。不断秋の部に入雨気の時は、火の勢四尺程高く登事有り。また少々の事有り。又一向ふ出ぬ事有り。とかく厳暑の頃は火の出悪し。風雨荒の前後、又は雨天なれば火の出多し。

後刻改めて触れるが、右の一文で「越後七不思議」のひとつ、妙法寺村の火を眼前にした衆秀が、「或は弘法大師の古事抔をいへども皆虚説也」と言い置いたことは大いに注目されよう。それというのも、「越後の七不思議」のひとつ、妙法寺村の火は、相変わらず「不思議」の最たるものに数えられていたとしても、すでに人々の心意・心情には大きな懸隔が生じていたという事実が指摘できるからである。もちろん、当時の人々が何故に土中の水、あるいは土そのものが燃えて火を吹くのかについて、どの程度の知恵や知識を持ち合わせていたのか、それはちょっと見当がつかない。しかし、少なくともその頃の人は、ひたすらこれを

「弘法大師の古事」とは信じておらず、弘法の偉業・遺蹟に結びつけて理解しようとする態度に疑問を感じていたことは察せられる。

だいいち、さきに引いた牧之の記事に即していえば、天明年間（一七八一〜八八年）の二月のある日、童の一人から報告を受けた男は、終始きわめて平静に、しかも臆することなくそれを受け止めていた。

彼はまず「その所にいたり火の形状を見るに、いまだ消ざる雪中に手を入るべきほどの孔をなし孔より三四寸の上に火燃る」のを確認した。冷静な観察である。その上で、「これ正しく妙法寺村の火のるゐなるべしと火口に石を入れてこれを消し家にかえりて人に語ず」と考えた。しかも、彼は後に「火燧をもて発燭に火を点じ試に池中に投いれしに、池中火を出せし事庭燎のごとし」であったとする。牧之の筆にいうように、この男はまことに「心ある者」であった。彼はすでに妙法寺村の例を知っていたのであり、それにもとづいて新たな事態に対処したのであった。

ここにみられるのは、紛れもなく知識の援用と類推の態度である。その意味で、彼は村の知識人であり、科学者ですらあった。科学する心なくして、どうして一農夫に「火を点じ試に池中に投」じるようなことができようか。いうなれば、この男の前には、もはや「弘法大師の古事」などという考え方はほとんど無かったとしなければならない。牧之の言によれば、まさしくこれは「心ある者」であった。そして、随所にこうした「心ある者」たちが増えてくれば、「不思議」は、やがてひとつひとつ「不思議」の座を追われるようになってくる。もっとも、その一方で、別の「不思議」が派生、誕生してくることも考えられる。しかし、いこと「越後の七不思議」に関しては、このうち最も早くに客観視されるようになったのは、どうやら古来「奇中の奇也」と称されてきた燃える水・燃える土にあったのではなかったかと思われるのである。

さて、それならば土地土地の「心ある者」たちにとって、あるいはまた、いつまでもそれらを「奇中の奇也」としていた者たちにとって、それぞれの「七不思議」とはいったい何であったのだろうか。具体的な事例にそくして、もう少し探ってみよう。

二　江戸における七不思議

たとえば、ごく身近な例として、東京の下町育ちの私共にとっては、「七不思議」といえば、まず「本所七不思議」が思い浮がぶ。

私事にわたるが、教科担当の教師が何かの都合で休むと、埋め合わせに急遽代講の先生がみえる。お互い一時しのぎといった心持ちが潜在しているから、こちらでは待ち構えていて、「話をしてくれ、話をしてくれ」といってせがむ。わけても話上手の先生がみえると、気の早い仲間は後ろの方で早速拍手をして先方の気を引く。それを心得ていて、年配の教員は進んで怖い話を披露してくださった。「本所七不思議」は、そうした折に重ねて耳にしてきた。もっとも、これには、在籍した学校がその土地に在ったので、教室の中にはいわば地元の話といった雰囲気が始終支配的であったことにも直接の原因があった。いずれにしても、受験戦争には縁遠い時代の、下町の中学校での教室風景であった。

「本所七不思議」とは次のようなものである。

○無灯蕎麦　だれもいないのに屋台の灯がついている。

○送り拍子木　鳴らさないのに拍子木が鳴る。

○片葉の葦　懸想した女が承知しないので、池のほとりで殺してから、そこの葦は片葉になった。
○足洗邸　天井から泥だらけの足が下ってくる。洗ってやらないと大暴れをする。
○送り提灯　前に立って送ってくれる提灯。
○置行堀（おいてけぼり）　魚籠（びく）をさげて通ると「置いてけ、置いてけ」といって声を掛けられる。
○狸囃子（ばやし）　近所ではだれもやっているはずがないのに囃子が聞こえてくる。

あらまし、このようなところである。その頃、聞いていて一番気味の悪かったのは「置行堀」である。内容からすれば、怪異の最たるのは「足洗邸」かも知れない。しかし、これなどは絵草子の世界を持ち込んできたようで、もはや迫力を欠いていた。いったいに、直接視覚に訴える妖怪は効力を早く退潮させるようである。その点、「置行堀」の話は、バケツを抱えて日の落ちるまで近辺の川端をあさっていた悪童どもには、なんとなく追体験を迫られるようで、雨の日はことにいやな気分に誘われたものである。「置行堀」とは、「負うて行け」、つまりは「背負って行け」とか「連れて行け」からの転訛であり、先行して釣り上げた魚がその相手に向かって口をきくといった体の話がある。すなわち、「物言う魚」というタイプの民間説話がその下敷にあったのであろうが、そう気付いたのはもちろん余程経ってからの解釈にすぎない。

それはともかくも、改めて閲するに「本所七不思議」の内容は、申し合わせたように、その基調は怪異談、もしくは俗信の類いにあって、実際には具体的な事物を指して、これと確認するのが難かしい。いうなれば、話が先行していて決定的な証左に欠けるといった条件にあった。このうち、唯一の例外として挙げられるのは、いうまでもなく片葉の葦である。これは事例としてその地に当該植物が簇生（そうせい）していれば、一応の承諾が得られた。客観的には伝説ということになる。したがって、いまになって思うのもいささか間の悪いことだが、従来聴かされてきた「本所七不思議」ひとつひとつの実態は、そもそもが素姓・来歴の異なる話柄にあったと見做さなければならないもののようである。

ところで、江戸このかた今日まで、東京に行なわれてきた「七不思議」は、他に「下谷七不思議」「番町七不思議」「八丁堀七不思議」「霊岸島七不思議」「麻布七不思議」、さらには「江戸城七不思議」などがあって、それぞれに賑やかな話題を提供していた。しかし、ひとたび実際に個々の例に当たると、そこでの内容は必ずしも定まっていたわけではない。たとえば、「麻布七不思議」の場合がすでにそうである。手懸りとして「七不思議」を特集している『歴史読本』昭和五十二（一九七七）年九月号に当ってみる。その際、「七不思議と民俗」を論述された櫻井徳太郎氏の引かれた事例は、次の七つであった。「**善福寺の逆銀杏**（さかさいちょう）　**一本松の冠**（かむり）**の松　六本木　柳の井戸　東町の鷹石　永坂の脚気石　狸穴**（まみあな）**の狸蕎麦**」。しかるにそれに対して、巻末に組まれた「特別企画　地方別七不思議」に載る「麻布七不思議」は、次の七事例である。「**我善坊の猫又　本村町のガマの池　古川の狸蕎麦　善福寺の柳の井戸　西町の化け椿　一本松の赤ん坊の泣声　広尾の送り囃子**」。

数える内容には相当の差異・異同がある。仮に名刹善福寺にまつわる話を対象にした場合にも、一方は阿弥陀堂前の銀杏の大樹と共に、中門の外の右手にあったという柳の井戸を併せて選択している。しかし他方はそれを避けて、柳の井戸ひとつに限定した。秘かな配慮の程が窺えるのではなかろうか。両者に共通するのは、わずかに一本松の冠の松である。参考までにこれに触れると、次の如くである。

一本松の冠の松　この松の樹があったために町名が生まれたといわれる。江戸時代より人びとに一本松のお杉様とよばれて尊崇されてきた。とくに甘酒を竹筒にいれて枝に懸けておくと咳（せき）の病がなおるというので、いつ行ってみても竹の筒がぶら下げてあった。そうした民間信仰の表出が異様であることから七不思議の一つに加えられたのであろうか。寺伝によると、天慶二年（九三九）に源満仲の父経基が東国征虜のときこの地に立ち寄り、自らの衣冠をこの一本松に懸けたので、その名が近在に知れ渡り、またの名を冠の松とも称したという。あるいは、さる高名な堂上人を埋葬した墓印（はかじるし）とも伝える。

前出、櫻井氏の文に拠った。これからして察するに、この松は当時よほど喧伝されていたのであろう。「咳の病がなおる」とする話からすれば、内容はいずれ素朴な民間信仰にあったに違いない。おそらくは「咳のをばさま」「咳の姥」から、やがて「関の姥神」に遡り得る伝承が纏綿（てんめん）していたかと思われる。つまりは「咳」「関」「塞」、要するに「境」の神様であった筈である。他に例をとれば、俗謡にいう「関の五本松」の類いであって、それがここではたまたま一本であったにすぎない。そのように考えれば、一本松の冠の松の素姓もおおよその見当はついてくる。

さて、それはそれとして、このように「麻布七不思議」ひとつにしても、実際に数え立てられる事例には、差異・異同が生じていた。具体的には積極的にそれを訴える人の立場や見解、あるいは一歩退いて趣味・好尚といった風が働いていたり、また時代による風潮や消息も必ずや存していたに違いない。

しかし、いずれにしても、さきに一度記したように、この種の採用・選択には主観的な好悪の情はもとより、一般に、「人口に膾炙する処其説区々」とするのが通常であって、決定的な内容をみないのが普通であった。「麻布七不思議」といえども、けだしその例外ではなかったのである。しかもそこに在るひとつひとつの話柄を吟味するに、怪異談あり、俗信あり、また眼前の事物を直接指示、訴える例、いうなれば伝説ありといった風情で、結局は「本所七不思議」に比較して、さして変わりはなかった。約言すれば同一傾向にある。それからすれば、このさき、さらに「下谷七不思議」「八丁堀七不思議」、もしくは「霊岸島七不思議」を仮に言挙げしたとしても、行き着くところはおよそ推測し得るとしなければなるまい。

そこで問題は次に及んで、このようにそれぞれに内容の違う話、または出自・素姓の異なる例を持ち寄って、何故にこれを「七不思議」にしなければ承知しなかったのか。もしくは、あえてこれを〝七つの不思議〟にしようとした理由は何か。その辺りの事情について考えてみよう。

三　〝七〟の伝説

「七不思議」に関して、いったん数の「七」にこだわると、ただちに聖数説の援用・擁立が予想される。好むと好まざるとにかかわらず、避けては通り難い論点であろう。「七」を聖数とする見地は決してないがしろにはできない。

しかし、いたずらにそれのみを強調したのでは、「三」や「五」の場合をいかに理解するのかという点で片手落ちになるのは否めまい。したがって、「不思議」の数は何に原因してあまねく「七」に拘泥するのか、少なくともこの辺りを解(ほ)ごしておかない限り、赴くさきはいずれ聖数説に帰着して、話題に新たな展開をみることは叶えられまい。その手懸りとして『日本伝説名彙』を探ってみよう。たとえば、「七」に関しては「石の部」に次のような例がある。

〈栃木県下都賀(つが)郡小山町〉須賀神社の境内に大石が七つある。小山判官の遺愛の石だといふ。この石を隣国結城の大名に贈らんとして運ぶと、小山と結城の境、五助稲荷の辺りまで来ると急に重くなり、元に返すと軽くなつた。判官屋敷跡にあつたものをここに移したといふ。

〈愛知県東春日井郡小牧町〉小牧山の麓の狩人が昔、鹿の肚ごもりを食はせると乳が出ると聞き、山中で八匹の鹿が戯れてゐるのに会ひ、その中の一頭の肚ごもりを射た。他の七頭はたちまち石となつた。血痕をたどると龍昔寺で終り鹿の姿はない。その夜権現が現れ、肚ごもりの鹿は自分であることを告げ、乳を与へようと宣つた。それ以来妻の乳は出るやうになつた。そのときの鹿が化したのが、この七つの石だといふ。

共に「七つ石」の名がある。前者は結果として境標示としての機能を果たしており、しかも、間接的に「石」そのものの選択意志を伝達していた。要するに神意の表示、具体的には神託・託宣にほかならない。この場合は、「塞の神の石」と認められよう。それが「七つ石」であった。

後者は八頭の鹿に遭遇し、たまたまその中の一頭を射た。しかるに、他はことごとく突然石に化したと訴える。加えて、矢を受けたその一頭は、夜分、権現に変じて事実を告げたとする。これからして、狩人は神を射たことを暗示していた。石に化した鹿とは、いずれも惹起した事変の具象化であった。変異を訴えた霊威の顕（しるし）である。これまた神意の示現として受け取るべきであろう。それが「七つ石」だと伝えるのである。

当然、共通してそこに存するのは、霊異、あるいは畏怖すべき神の意志と解さなければなるまい。眼前に在る石、しかも七つ存する石に向かって人々は恐懼し、尊崇の念を抱いていたのがわかる。

さらに視野を拡げよう。『日本伝説名彙』「塚の部」には「十三塚」以下、「十人塚」「八人塚」がみえる。このうち、とりわけて「七塚」「七人塚」が多い。次のような例がある。

〈長野県南佐久郡北牧村〉馬流の後の方の丘陵の上は広い原で、この原の中程に七塚といふ処があり、昔は七つの塚があつたといふ。ここは昔の甲州街道にあり、信玄が通つた時にここで休んで旗や幟を立てた跡だといふ。また川中島より引上げて来た時、途中で死んだ人を埋めた処だともいふ。

〈静岡県田方郡伊東町原畑〉七塚または物見塚ともいふ塚がある。ここは伊東城址で宝物が隠されてゐるともいはれ、掘ることを禁じてゐる。

〈静岡県磐田郡久努村久津部〉桓武天皇の御代、日坂（にっさか）に菊といふ女があつたが一羽の鳥と化しその羽毛白刃の如く、人がこれに触るれば忽ち死傷した。依つて七人の射手は勅命により、この地に来て撃つたが功を奏せず遂にここで死んだので、土人は七塚を築いたといふ。

〈静岡県磐田郡浦川村〉川合の北設楽郡との境に八ツの塚があるといひ、昔、七人の狩人が七匹の犬を連れて山へ入つたがそのまま帰らなかつたので、そこに塚を築き、みさきを祀つたものといふ。狩人が若しここを通る時には必ず木の枝を折つて供へた。これを折柴の供養、または花供養ともいふ。また春秋の山の神祭には鉄の弓矢を供える風もあつたといふ。

〈三重県度会（わたらい）郡城田村石名〉七つの塚があつたが今は四五ケ所にその遺跡を存する。この付近の畑を耕作中若し鍬を触るれば祟があるといつて恐れ、死畑と呼んでゐる。

〈長野県南佐久郡南相木村〉立岩付近、三川道の途中にある。昔、三峯山から来た七人の行者が中島のある宿屋で待遇を云々し悪戯をしたので、主人が後を追つて遂に七人を共斬にした。その後祟があつたので、殺した場所に塚を造り、その上に七つの石像を建てて供養した処といふ。

〈静岡県周智（しゅうち）郡熊切村牧野〉萩ノ城にあつた天野美濃守を、隼人正が謀殺せんとしたが却つて殺された。隼人正の家来、端午の節句に美濃守牧野の民家で酒宴を開いてゐる処に押寄せたが、七人共斬殺された。今もここに七人塚があり、筏戸大上に隼人正の塚がある。

〈岐阜県恵那郡笠置村河合〉伊藤五郎右衛門といふ武士、帰農して堂木村に住んでゐたが、戦乱の際に野武士野盗の横行する者が多かつたので、兵盗を討つこと七名に及んだ。七人塚はそれらを埋めたものといふ。

〈愛知県北設楽郡振草村平山〉岩小屋城落城のとき、城兵七人を斬つて埋めた処といふ。

〈福井県遠敷（おにゅう）郡中名田村上田〉青井氏滅亡のときに主に殉じた七勇士を合葬した処と伝へてゐる。

〈岡山県阿哲（あてつ）郡熊谷村熊谷〉県道の西の田圃の中に在る。戦国時代成羽の城主三村氏が塩山城主多治部雅楽頭を攻めたとき、百姓小谷庄右衛門、山本久右衛門の二人でこれを防いで三村氏の臣七人を斬つた。この七人の死骸を爰に葬つたといふ。

〈岡山県英田（あいだ）郡江見庄土居村片伏〉耶蘇（やそ）を信ずる五郎兵衛といふ者、検見の役人と争つて年貢を納めなかつた。討手に捕へられ、幼孫一人を残して七人刑に処せられた。この塚は瘧疾（おこり）に立願すれば効験ありと伝へてゐる。

〈香川県仲多度郡神野村東七筒〉真野村の豪族矢原又右衛門、享保六年七月十日、祖先の墓所掃除が疎略であつたため家僕を責めた処、七人団結して主家に乱暴した。又右衛門は幕府に上訴してこの七人を埋めて七人塚とした。その斬られんとするとき、七人の哀泣の声が蚊の啼くのに等しかつたので、今もこの地を「蚊の留」といつてゐる。

〈徳島県三好郡馬路村五軒〉七人の敗兵が山伏に扮装して佐野村に逃がれて来たが、遂に経巻を相谷に埋め、爰で自害を遂げた。経塚、七人塚を築いて祀つたといふ。

〈徳島県美馬(みま)郡重清村〉安徳天皇の御跡を慕ふて七人の武士が来たが、既に剣山を越えて土佐に入りたまふときき、飢のためここで最後を遂げた。その七人を爰に葬つたといふ。

四　怨霊の慰撫

繰り返すようになるが、以上「七塚」とか「七人塚」の事例を中心に掲げた。一目瞭然、そこに共通して存するのは、斬死、刑死、惨死、客死、そして自害、夭逝といった具合に、どれをとっても、そのことごとくが尋常ならざる最期を訴えるのであった。

血にまみれ、怨みを抱いたまま、この世になお深い執念・執着を残して死んで行った人々の歴史を伝えるものであった。これらを称して私共は〝非業の死〟とする。非業の死とは、結局、遂に安穏ならざる死そのものをいい、転じてその死は、この世に在る者に対していつまでも漂って、哀愁・哀訴を繰り返し、已が所業の悲痛・悲傷を訴え続ける。荒ぶる・祟るとは、これをいうのにほかならない。そこで人々は、これを慰撫するために鎮魂・供養した。積極的に慰めて葬った。その多くが「七塚」であるといい、また「七人塚」であるというのである。

他の例にたとえば、「七人の座頭が草刈に路を訊ね、偽られて琵琶湖という淵に落ちて死んだといひ、教へた男の子孫は悉く眼を病む」という話がある。何故に七人の座頭がことごとく淵に落ちなければならなかったのか。縮めて言えば、座頭の祟りを強調するに際しては、それが七人、いわば「七」を負っていなければ、享受する側は依然、納得しなかったからであろう。伊豆の大島には「南無阿弥陀仏その昔、名をば知らねど七人様よ、何の御縁でここに来た」という語り物があり、これを「七人様」と称するそうである。

こうして辿り辿りしてくると、潜在する心意とその決定的理由はなお判然とせぬままに、現象的には「七」こそが怨霊怨恨の情を積極的に鎮圧・慰撫する機能を有していたという点が抽出されてくる。つまりは、いったん祟りを為す業に対しては汎(ひろ)くにこれを「七」に関連づけて解釈する心情が存したというわけである。したがって、今日、各地から報ぜられる「七不思議」の基軸をなすものは、相変わらず、この種の話柄が多い。「七不思議」の基調にあるのは、どうやらこうした旧慣・民俗そのものにあったと見做されるのである。

（『別冊歴史読本』「怪奇・謎　日本と世界の七不思議」昭和五十八〈一九八三〉年七月）

世間話と「こんな晩」

はじめに

上田敏は、早くにFolk-Loreの語を〝俗説学〟に翻訳した。そして「民俗伝説(1)」の中では、畢竟〝俗説学〟の赴くさきは「旧慣、信仰、伝説、迷信等、世々つぎつぎに承け継いで来たイヒツタへを吟味して、是等が発生の原因、発達の順序等を研究し、人類生理学、考古学、人種学、土俗学などとも協同し結合して、つまりは文明の歴史を究め尽さうとするのだ」と説いた。ここには別に〝土俗学〟の語のみえているのが注意を引く。敏はさらに「言語にて言ひつぎ、語りついだ伝説中の要部、古伝と神話とお伽噺について少しく述べてみよう」とし、「一体ハナシには㈠娯楽の為にするハナシと㈡真実として信じるハナシとがある。前述の諸伝説中笑話といふものは、純粋に第一類に属し、単に遊びとし慰みとし、笑を発する為に語るのである。又動物譬喩談はぢきに道徳上の訓戒を含むやうになり、また或は諷刺ともなる。而して残余の古伝、神話、お伽噺中、前の二者は殆ど同一である。お伽噺とこれら二者の区別如何といふに、古伝神話に現はれる神明、英雄等は、一定の名称を有ち、多くは一定の土地に関係して、嘗つて実際この世に存在してゐたとしてある。之に反して、お伽噺の世界はすべて漠としてゐる。今は昔とか、昔々あつたとさとかいふばかり、人物の名も多く定まつてゐず、何処とも誰とも、全く当がない」というように指摘して、そこでの相違を述べた。このあと、敏はなお「古伝と神話とお伽噺と、その何れが先に発生したか、それは全く分明しないが、三者の間常に連絡あり交替あつて、此間確とした分界線を引くことは出来ぬ。お伽噺の如きは、今日単に幼児の娯楽或は夜長の徒然を慰めるよすがとのみ思はれてゐるが、よく考へてみると、古伝、神話と同じく、原始社会のイヒツタへを包含してゐて、神代文化の歴史、信仰、思想、旧慣、制度をほのかに垣間見させる大切な、且つ興味ある材料を供給する」と、付加えて、併せてそこに纏綿する問題点をも率直に披瀝していた。

これによって、おおよそが審らかになろうが、きわめて早い時期にあって、上田敏は彼のいう〝俗説学〟の中で「言語にて言ひつぎ、語りついだ伝説中の要部」は一応、神話・伝説・お伽噺の三つの類分けに認識していた。今日しばしば用いられる三分類案と基本的に異なるところはない。敏のいう〝俗説学〟ならずとも、汎く行われる口承の文芸を大きく神話・伝説・昔話の三つに見立てて、とりあえずこれを共通の認識にするところから出発しよう。もしくはまずは、そうした理解に立とうとする試みは、シンポジウム「東北アジア口承文芸[2]」の席上でも実際に提案された。時間に制約があって、結局これに関する論議はほとんど深まりをみせることなく終ってしまったが、この問題はそれぞれが話の素姓や出自を閲し、さらに比較検討する上でいずれ回避し得ない位置にあると思われる。そこで、ひとつひとつには今日的な命題として、たとえば現行の話の位相またはその態様は、はたして神話・伝説・昔話の三分類で実質いかに機能し得るものか。たとえば、仮りにこの基本姿勢からは落ち零(こぼ)れ、それでいて一方になお、口承の文芸質を著しく保持していると見做された話柄がかなりの範囲に認められた場合に、これを如何に考慮して行くか、といった現実処理の方向をも併せて訴えてみたいと思う。具体的には現在私の手元にある話で、早急にはこれが昔話とも伝説とも判断し難い。打ち明けていえば、これらの話は『日本昔話名彙』はもとより『日本昔話集成』の分類でも無番号[3]であり、それでいて同工異曲の話はすでに数を追って報告されている。とりあえずは、こうした事態を踏まえての発言である。まず資料を提示する。

昔、金をもつた六部があつた。或時道連れになつた旅の男がそのことを知つて六部を殺して金を盗んだ。男はその金で商ひをして儲けた。やがて妻との間に一人の男の子を生んだ。或雨の降る淋しい晩だつた。その小さい子供は側に寝てゐるお父(ど)ちやを起した。

「お父ちや、俺(わ)小便コア出る」

「どらどら、そごに便器(おまる)コあるはで、取つてやら、さ、放(し)いへ」とお父ちやは子供の世話をやいてくれた。

子供は便器に跨りながら何思つたか。

「お父ちや」と呼んだ。「うむ」とお父ちやは何気なく返事をすると、子供はうす気味の悪い声で、

「こつた晩(ばげ)であつたねし」と云つた。

「何したのよ」とお父ちやがきゝかへすと、

「忘れだが、俺を殺して金奪(と)つたごと」

と叫ぶと忽ち大きな六部坊主の姿になつて驚く男をさらつて何処ともなく消えてしまつた。

「六部（ろくぶ）ば殺した話」という題名で、昭和五（一九三〇）年刊行の川合勇太郎編『津軽むがしこ集』に収められている。この種の話では報告が最も早く、戦前の資料としては唯一の例であった。しかも今日に至るまで報告話中、最北端の地からの話柄として注意を集める。[4] 後に『青森県の昔話』に収録されたが、そこには「青森市の話　話　母ちえ　採話編者」とする註が付けられた。

次は長野県下の資料である。小山真夫編『小県郡民譚集』に載っている。「熊谷の土堤」と題してある。六部そのものが出て来ないので、しばらくは気がつかなかった。いかにも世間話風な内容である。しかし、これは紛れもなく同一話型であり、かつ資料の報告は遡って昭和八（一九三三）年であった。前出『津軽むがしこ集』についで、重要な位置を占める材料のひとつである。

熊谷の土堤で雨のしょぼしょぼとふる闇夜に旅人を切り殺しては金をとって渡世していた強盗があった。だんだんそれで金もためて今ではらくに暮らせる身となった。若い嫁さんをむかえてまじめに商売にとりついた。

そのうちに一人の赤ん坊ができた、二人の中の玉と育てたが、三つ四つになっても無口のように一言もいわない。ある闇夜で雨のしょぼしょぼとふる晩、子供は、

「父さん、とんとでる」といった、生まれてはじめての言葉だ、

「あれ、ものいった」と喜んで庭に出て小便をさせてやると、

「父さん、こんな晩熊谷の土堤でない」といった。何心なく耳にしたが既にその子供は死んでいた。

又次の赤ん坊が生まれる、三つ四つになっても無口のように一言もいわない、又ある闇夜で雨のしょぼ

しょぼとふる晩、子供が「父さん、とんとでる」という、喜んで「あれ、ものいった」と庭へ出て小便をさせていると
「父さん、こんな晩熊谷の土堤でない」という。いい終われば子供は既に死んでいる。
こういうことが二度も三度もあってとうとう昔々の報いでこの男は旅人の怨念を子供に受けて、その子供に命をとりとめられた。

続いて、戦後の報告になる。新潟県長岡市宮内町での資料である。


昔、あったっつお。

ある家ね、年夜に、六部がとまった。そこん家のとっつあは、この六部が、金をどうど持っていたんだんが、六部を殺して金をとってしもた。

それからやがて、かかが身持ちになって、男の子が生れた。この子は泣き声も立てないし、でっこうなっても、物もさべらん。

この男の子が七つになった年取りの日に、とっつあがまな板の上に、年取り魚をあげて、

「かか、この魚、どうきればいいや。」

ときいたれば、今までちっとも音を出さんかった男っ子が、

「六部を殺したようね切ればいいねかし。」

と言うた。とっつあは、六部の生れ代りでもあるかと、この子を殺した。

いきがポーンとさけた。

昭和三十一（一九五六）年刊行の水沢謙一編『昔あったてんがな』[5]に収められた話である。「六部」と題している。伝承者は宮内の摂田屋在住の佐藤ミト媼で、当時八十九歳であった。津軽での話に比較して異なっているのは、短い内容でありながらも、これがまったく昔話の伝承形式を整え、そうした様相のもとに語られているところにある。これはもっぱら〝話〟を好む津軽の地と、よろず〝とんとむかし〟としてしみじみと語ろうとする越後の風土と人情の違いが端的に現われているのかも知れない。新潟はさらに山間部の栃尾市の郷中、吹谷に語られる話を紹介する。

あったってや。

あるところい、百姓家があったってや。そしたら、チーン、チーンと、六部が歩いて来たってや。六部ってのは、行った先で宿取るんだすけいに。んで、あるとこの家に、その六部が、

「今晩、ひと晩泊めてくれ」

ったって。そいで、泊めて貰ったんだってや。そいで、泊めて貰って、夕飯食べて、そいでまあ、蒲団敷いて寝る、って、そいで、まあ、寝間へ入って、六部が自分の有り金を数えたってや。そしたら、そこの家のとっつあがそれを見っつけたんだってや。

「あの六部の奴、あんなに金持ってやがるが、俺ら、ひとつ殺してせしめてやる」って。そいでもって、その六部を殺しちまって、その有り金みんな奪っちまったってや。

ほいから、五、六年も経ってから、その家のとっつあが鯉を獲ってきて、

「晩には鯉汁だ」

ってや、そいで、爼の上いあげて鯉を切ったんだってや。そうしたら、一匹の鯉だってのに、まるで、押し流すほどに血が出たんだってや。ほいで、したら、そこに五つ、六つばかりなる女の子が、ヒヨコ、ヒヨコっと来たんだって。ほいで、

「あらっ！　つあつあ。六部殺したときみていに、いっぺい、血が出たのし」

って、そう、いったってや。ほうしたら、そのとっつあがびっくりして、引繰り返っちゃったんだってや。

いっちご・さっけい。


この話は昭和三十九（一九六四）年八月に〝松兵衛〟こと、多田家出身のちい女から直接聴き取った。その後「こんな晩」の題で『吹谷松兵衛昔話集』に収めた。同じ六部殺しを話題としていながら、これまでの例とは幾分趣きを異にする。それは前例ではいずれも極端に言葉の少ない男の子を登場させて、重苦しく、不気味な雰囲気を伝えていた。それに対してこの場合は、とかく口の軽いといわれる年頃の女の子を持ってきた。その挙句、思わず知らずこの子に「あらっ！　つあつあ。六部殺したときみていに、いっぺい、血が出たのし」と言わせている。つまり重要な秘密は意外にも最も身近なところから漏れるとする趣向にあった。加えて、この話は「一匹の鯉だってのに、まるで、押し流すほどに血が出たんだってや」と説くなど、場面の設定も妙に人の気を引いて巧みである。栃尾は錦鯉の産地として夙に著名であるが、一方にはさまざまな鯉料理を看板にする宿もあるくらいで、農家の多くは食用に黒い鯉を飼育している。鯉にはひときわ縁

の深い土地柄だけに、ここでの話は一層現実感を伴って語られるのであった。続いて報告をみた資料は、東北の地から一転して中国筋に移る。

冬の寒(さあむ)い日になあ、或る、お金持ちのなあ、紳士みたような者(もん)が、皮鞄の中へいっぱいお金(かに)ようためてなあ、持って、よっちりよっちり戻りょうった。そこへ、渡し屋がおったそうですわ。「渡し屋あ渡し屋あ」言うそうな、晩に。やれやれこの寒い日い、人を負うて川ん中あ渡らにゃなんだがな、なんの思うてなあ、そえからまあ行ったそうですわ。行ったところが、ちょっと鞄提げてみりゃ、いっぱい、金が入っとる。そいで、「渡し屋、渡えてくれ」「ようし。その中、渡いてあげますわい。」鞄を一丁持って、金のあるのを、いっぱいいなあ。そえから負うて渡りょうったそうですわ。ところが途中から渡しが、どうもこれだけの金がありゃ、一生一代、大丈夫暮せるが、と思うて、そりょう負うてな、深あい深あい方に行ってな、その金のあるやつうドボーンとそっから投げてしもうた。

そうしてまあ、早(はよ)う帰って、女房へなあ、「戻った戻った。まあそこの戸を閉めてくれ」「はや、どがいな事かいなあ」言うたら、「金をなあ、今ようけ持って戻った。お客さんがあったけえ、そっから投げてしもうたわい。」

そえから金を持って渡し屋あ、どんどんどん分限者へなって、そうしようたところが、子どもが出来てなあ、そえから七年ほどたった頃なあ、ある嵐の晩、その大供(おおども)が、「お父さん、あの、ちょっと便所へ行きたい」「ふうん、行きゃあええ、連れて行っちゃらあ」連れて行ったら、小便を高い崖のような所(とこ)からささぎょうったそうです。「そこじゃあいけん」「そんなら何処(どこ)が良けりゃ」「もうちょっとこっちが良え。」そえから、「もうちょっとこっちが良え」「そうか。」そえからまた行きようったら、「そこではいけん、まんだこっちが良え」言うたら、暗あい暗あい所へ連れて行ったいう。そうしょうったところが、「あのなあ、お父さん、七年前へなあ」言うたそうな。「ふうん」「あの暗い暗い晩になあ」言い出いたそうな。「ふうん、何があったら」「ふうん、川の中へドブンと捨てられてなあ」言うたそうな。そうしたら、足の毛が長うなったり、足が長うなったりして、「こりゃ、化けだ」言うて跳んだところが、「七年前の渡し屋、待てえ――」言うて追っかけだえたいう。

「さあこりゃ、化け物だ逃げえ逃げえ」言うて、とっとっとっとっ逃げたんだそうですわ。ところがなんと、なんぼ経っても追っかけて来る。そえで仕方が無いけえ、先の方に行って、何やらむみようの橋とか何とかいう橋ゆう渡りゃあ、化けが来んいうて、そえからそこを、一生懸命なって渡ってなあ。そえまでかわいがってなあ、大きゅうして、その礼で取り付かなんだいうて、そえでむみようの橋いう所を渡られたら、行こよう無うてなあ、「ああ、残念だあ――」言うて消えたいうような話があるそうですわ。

これは「むみょうの橋」と題されて、稲田浩二・福田晃編『蒜山盆地の昔話』に収められた。昭和四十三（一九六八）年の刊行である。伝承者は岡山県真庭郡川上村粟住の田原桐夫氏（明治三十四〈一九〇一〉年十二月十八日生）であった。この話については同書の解説の中「資料としての特質」で〝採集例の稀な昔話〟として「「むみょうの橋」は、『集成』の本文にはとられていないが、巻末の「昔話の型」の部には、愚人譚の中の「四八〇・こんな晩」として掲げられているもの。この話は『集成』以後、新潟県の栃尾から一話採集されており、今、蒜山の一話を加えて、ほぼ一話型としての位置を不動のものにしたと言えるであろう」と、福田晃氏が述べている。私の知るところ、さきに示した水沢謙一氏の資料に触れることはなかったものの、この種の話について積極的にこれを採り上げ、昔話の新しい話型として認定しようとしたのは、ここでの氏の発言が最初である。ところで、蒜山の「むみょうの橋」は被害者を六部とはせずに金持ちの紳士としている。これをもって言うのではないが、東北に行われる例に比較して話の設定具合がやや現代風に流れ、近時実際に惹起した事件の後日談のような粧いをみせている。しかして、旅の途中で川を渡ろうとする者が所持する大金を狙われて、水の中に突き落とされる。後に触れるが、こうした筋書きは何もここでの新趣向ではなく、これもひとつの語り口のようであった。それよりも注目したいのは、話の中に「そこじゃあいけん」「そんなら何処(どこ)が良けりゃ」「もうちょっとこっちが良(え)え。」そえから、「もうちょっとこっちが良え」「そうか。」そえからまた行きようったら、「そこではいけん、まんだこっちが良え」という具合に、順次、相手を暗がりの方に導いて行く。そうした会話のあることで、この部分は伝承者のすぐれた話術によるのかも知れぬが、他には絶えて例のないまことに不気味な場面であった。ひょっとすると、この辺りに粧いを改める前の古い語り口が残されているのではなかろうか。別に一言添えるのならば、蒜山盆地に伝えられるこの話が何故に「むみょうの橋」を称するのか。これはいささか解き難い。しかして、ここでの「むみょう」が、もしも仏語の「無明」をいうのであれば、いずれはそこにこの種の話を担って歩いた者の姿が想定されてくるように私には思われる。もっともこのときに口承の世界にはたして「無明」とか「無明の橋」といった言葉が持ち込まれて、更に伝承されて行くのか、どうか、とする疑問は当然派生してくるものの、石見の麦搗唄の一節には、現にこれが、

〽あの山の白い菅笠
　わが初妻ではないやら
　わが初妻ならたづね行きましょう
　無明の橋のつめまでも

といったように出てくるのであった。油断はできまい。

二

おそらくは『蒜山盆地の昔話』で採り上げられたのが契機になったかと思われる。それ以後、この種の話は続いての報告をみた。昭和四十七（一九七二）年刊行の『丹後伊根の昔話』には、「こんな晩」として収められている。

　昔なあ、ある農家の家へ六部さんが来て、ほいて、「今夜一晩げ泊めとくれえ」言うてしたら。ほいたら、「泊めてあげる」言うて、また、承知して、したところが、その六部さんが仰山（じょうさん）金持っとったげなが。ほいたら、その家（え）のおばさんが、よし、今夜はあの六部さんを殺（ころ）えて、金を取っちゃろうと思って、ほいて、殺えたげなが。

　ほいてまあ、殺えてから、その家に、その、子供がおっただか知らんけえど。ほいて、晩げなあ、その子供に小便させえ、――在では、ほんに小しゃあ子に、こうして小便させるのに、そな遠い所へ行きゃへんしな。――ほいて、こうして小便させて。ほいたら、その、あのうこった、そのお母さんがなあ、「今夜は暗ゃー晩げだなあ」言うてしただげな。ほいたら、その子がなあ、その子、盲じゃったげなが、ほいたら、「ちゃうど、六部殺いた晩げと同しような暗ゃあなあ」言うたいうて。へださきゃあ、悪いことはしられんだで。そういうて話ゃあてくれたが。

京都府与謝郡伊根町滝根に伝えられる話である。伝承者は小谷ます女（明治二十六〈一八九三〉年五月二十三日生）であった。短かいけれども要は尽している。話柄としては、六部殺しの下手人を母親にしているのが珍らしい。それよりも、類話では生まれてきた子供が何故か物を言わぬとするのが多いが、ここではそれを盲目であったというのが、怖い。伝承資料としては他に例を知らない。ただし、これも後に触れるが盲目の子供という設定は、作品『夢十夜』の中で夏目漱石が用いていた。

　察するに、京都府下にはこの種の話は余程早くから汎まっていたのではなかろうか。それというのも同じ年の報告書『弥栄町昔話集』には「六部殺し」として、三話が収められている。弥栄町は竹野郡である。さきの丹後伊根には隣りする。同書からは次の二話を紹介しておく。前者はいかにも世間話風であり、それに対して後者はすでに一篇の独立した昔話としての趣きを呈している。伝承者は吉岡政治氏（明治三十〈一八九七〉年七月二十三日生）と堀江きく女（明治二十一〈一八八八〉年四月四日生）である。男女の違いによって話の体裁に差異が生じるとも考えられる。ひとつのよい例である。

六部殺し、その話、私聞いたですが、昔は、六部さんいうのが、この各地をずっと回ってたんですは、その人が、その堀越いうひだの町で、それで、二人おりまして別れしいたのを、ところが、まあ、一方の人が、朝何時にいうことで（何時にて、昔は何刻といいますがね、昔はね）その時に、誘いに行ったら、そしたら、その人は、発ってしまったと。家を出たということを言いますだ。どうも、そんな人に黙って出るということはないということで、非常に、まあ、不思議に思って相手の人が、おったらしいが。

そしたら、まあ、それから何年か立ちまして、その家に、まあ小さい赤ちゃんが生まれたと。それにまだものひとつ言えませなかったけれども、母親が、こう、おしっこさせていたら、そしたら、その子供が、

「ちょうど、六部さんを殺したような晩だなあ」

ということを子供がいうたと。

そういうようなことから、まあ、殺したということが、発見せられて、そして、まあ、その当時、まあそういう六部さんを殺すいうことは、非常な重い罪だったらしい。その時に、その等楽寺の庄屋さん、それからして、あの和尚さんいうのが、まあ、江戸に引っ張られたと。そして、とうとう、和尚さんは、向こうでそういう悪いことをしたという、取り締りが悪いということで、獄に入れられて、獄ぶちしたということを、まあ、聞いた。その時には等楽寺の、その当時百五十戸ありましたが、その人達は、正月になっても餅はつかれんと。それからして、また、戸も立てられんと。薦（こも）を立ててた。正月になったら餅もつかれなあ、平素も戸も立てらん、薦もさげた。そういうこと私は聞いたですが。それは、まあ、大分前の事かも知れまへんけど、それはまあ、古い人は知っとった。薦というのは、筵（むしろ）より、手で編んだ荒い物ですわ。編んだもので、それをまあさげた。みんな悪いことをしたで、そういう罪をおわなならんということ

であったということを聞きました。取り締りが悪いということで、江戸へ引っ張られた。そして、一人は帰ってこなかった。

むかしむかし、ある時に、ほりこしというところに、子供のあるうちに、六部さんが泊めてもらっておりましたら、ほいたら親が、六部さんが今日は一日が中歩いてお賽銭を貰っとるなあ、で、そのお賽銭を取ろうと思って、六部さんを殺して、ほいて、山へもって行って、埋(い)けてほきゃーてーたら、そしたらある晩に、暗(くり)ゃあような、おそろしいような気持ちの悪い晩に、子供に小便させ行って、小用させておったら、

「お母さん、ちょうど今夜は六部さん殺いた晩げのような日だなあ」

と子供がいって、

「そんな事、お前(まや)あは知ってるんかえ」

いうて、問うた。

「そういう、そげえな晩げだわ、今日はさぶしいような、暗い晩げで六部さん殺したような晩げのような晩だな」

いうて、子供が、親が感心しておりました。いう話を聞きました。

何の偶然であろうか。この年は関西の地に「こんな晩」の集注して認められた事実がある。雑誌『近畿民俗』第五十五号には「今夜の様な晩やったなあー」として、次の一話があった。

昔漁師がな、あんまさんにお金をかりたんや。返せん様になってな、夜釣に行こうと誘うた其の晩は、雨が降りそうな夜で釣をして居る内にしょぼ〳〵雨が降りだして来た。そしてな、そのあんまさんを殺してしもうたんや。なにくわん顔してそれから月日がすぎて子供が出来たんや。その子が夜おしっこやと云うたんで、かかえてさしてると、「おとっさん。こんな晩やったなあー」と云うのや「そうやったなあー」返事をすると、子供がふりかえって「こんな顔やったなあー」と云うと殺される時のうらめしそうなあんまの顔になったんや。びっくりして子供をほうり出したんや。悪い事は人が知らんでも恐ろしいこっちゃ。

次には再び、東北地方からの報告に戻る。


昔トント、あったけド。

ある村さ、女(おなご)の六部ァ一人旅して来たけド。晩方(ばんかだ)なったどて、道端の家(え)さ寄って、泊まったけド。

「どうか、今夜(こんにゃ)一晩泊めで呉(け)らっしゃえ」

って。

其(ほ)の六部、「オマン」って名ァ付いでだけド。オマンァ、夜飯(よめす)ば御馳走(ゴッツオ)なってがら、また、寝る前の習慣(ならい)で、鉦コ鳴らして、おつとめあげだけド。戸の影(かンげ)の寝所(ねどこ)で、ほの音(おど)ば聞いでだ、ほの家の父(つアッつ)ァ、てっきり、銭(じエね)コば算(かじエ)でる音え聞いで、「この六部ァ、えっばえ銭コ持ってら事だナ」どて、悪い心起(さ)して、夜ん半(ま)、六部ば殺(あやめ)ですまったけドワ。

ほして、銭ばさがして見だげんの、銭ァはっぱり持だねけド。「さァさ、大変事したちゃ、本に」どて悔んでも、も早や取り返すつかね。部屋の内ァ血の海えなって、足の踏み場もない程で、朝方までかがっても、血ば拭いあげらんねけド。

ほんで、家の者さ、父ァ、固ぐ固ぐ、他人さ口外ねようえ云っておいだけド。

ほれがら、三年ばり事なく過ぎだけァ、村のお祭りさ大っけ鯉ば供だけド。お祭り過ぎでがら、村の人達、みんな、ほの父ァ家さ寄って、あげだ鯉は直会して戴ぐべどて、菜板（俎）さ乗へで頭ばもえだれば、これァすたり、一升ばりな鯉がら、血ァ一斗ばりも、じょごじょご、じょごじょご溢って、座敷ァ血の海地獄えなったけド。

其処さ、童ア出はて来て、動転して叫んだけド。「あやァ、父ァや、何時かの晩ゲ、女六部ば殺だ様だえ、えっぱえな血ァ出だ事だァ」って。

ほんで、ほの父ァ、村の人達がら捕らって、六部殺すの始終ば白状したって云う事だド。

人ざ、悪い事ば隠し切んねェもんだけドヤ。

ドンビン、サンスケ、ホーラの貝。

昭和四十九（一九七四）年刊行、佐藤義則編『羽前小国昔話集』収録の「六部殺し」である。山形県最上郡最上町の話で、伝承者は佐藤亀蔵氏であった。

この話の在りようには少々注意を要する。それというのも、話としてはまず、旅の人を手に掛けた報復が、今度は生まれてきた自分の子供によって成されるという後段の部分がない。その一方で、家の子供が直接「あやァ、父（ま）ァや、何時（えず）かの晩ゲ、女六部ば殺だ様（よ）だえ、えっぱえな血ァ出だ事（ご）だァ」と、暴露する場面を有している。これからして書割はほとんど栃尾に伝えられる話に近い。しかるに、六部を殺したのにもかかわらず、銭を得ることはなかった。これがため結果的には、六部殺しとその旧悪露見といったことが話の主題に居坐わっていた。その意味では話の構成とか運び様はやや平板で、必然、事件を事件としてそのまま伝えるという風にあった。形式の上では、一応昔話の伝承形態をきちんと整えてはいるものの、内容的にはむしろ逆にそれが故に反って実際に起こった出来事を如実に伝えているような印象が強い。それでなくとも、最上の小国は小さな盆地で、もともと極端に世間が狭いがそれを承知でなお被害者の名を具体的に「オマン」といい、しかもほとんどの村人が集まった祭りの席でのきわめて異常な事件としている。この点を考え併せるならば、この話は元来が村内でのある特定の家を指しての伝承ではなかったのかと思われる。ただし「部屋の内ァ血（つ）の海えなって、足（あす）の踏み場もない程で」といったような説明と描写とは語り手の好んで加えた趣向であろう。次に移ろう。

これも佐藤義則の報ずる資料である。『ききみみ』十二号に載った。話の後に註が付いている。それも併せて紹介しておく。話の題は「六部殺し」である。


トント昔ァあったけド。

ある処（ド）さ、夫婦者あったけド。

しどい吹雪（フギ）の夜（ヨ）んま、どっから来たもんだが旅の六部ァ、

「どうか一晩、とめでけらっしゃい」

って、泊ったけド。

ほごのオヤズ、良(エ)ぐね心おごして、くたびって寝込んだ六部な首ば絞(ス)めで、銭(ジェネト)ば盗ったけド。なんぼか貧乏しったたったもんだべ。

ほの六部ば殺(アヤメ)でがら、間もなくして、オガタ。腹大っけぐなったけ、男子赤子(ヤロコ)生(ンボコナ)したけド。

夫婦ァ、ヤロコば大事え大事え養育(オガ)したけ、一年ばり経(オモ)った吹雪の夜んま、あんまり泣ぐさえ、オヤズァ、ヤロコば背負(ンブ)って、だましてだら、ほのンボコ、オヤズな首玉(クビタ)さ、双手(モロテ)ばかけで、

「父(マァ)やァ、ちょうど、こげな吹雪(フギ)吹く晩らったなや。旅の六部ば、あやめだなワ」

て、言うが早いが、ほのヤロコ、みるみる六部坊主えなって、ギリラギリラ、絞(ス)め殺したけド。

こうして、六部ァ仇(アダ)とったたってヨォ。

ドンピン、サンスケ。


本城の内でも、「六部ばあやめだ所ら」っていう地所ァある。カラコ（鳥出）の又兵衛壇の所さ、享保年間に立でだ「なむあみだぶつ」の石碑あっ所、ほれァ六部ば供養する石碑らったって。ほれがら、トンデ（砦）の又兵衛屋敷さ、只の石らげんと「観音様」どて祀ってるなど、又、表小路の汽車道ばたな「タネまき桜」とか言ってらった所、あそこば「お堂コ屋敷」どて、六部な霊ば祀った万年堂コ立ってだったもんだ。

今の人ァ、誰も六部なタタリななので知しゃねでくらしてるでや。


次に移ろう。

むかしむかしなあ、一人の六部が、晩方、ある百姓家さやって来て、

「どうぞ、一晩泊めでけらえん」て言ったんだと。草鞋(わらじ)の切れあんべえみだら、どっさり金持ってそうなんで、欲たがりおやんつぁんが、

「さあさ、どうぞ、お泊まんなえん」て、喜んで泊めだんだと。ほうして、夜中に、「坊さん、坊さん、枕がはずれですたど（はずれてますよ）」て言って、六部が頭をもじゃげだどき（持ち上げたとき）、押し切りあででくぴた（首）を切ってしまったんだと。ほうして、六部を殺して取った金で、立派な家を建でだんだと。


それがらまもなく、男の子どもが生まれだんだと。生まれつぎのおっし（おし）で、一言も口ただねえんだと（口をきかないんだと）。その子どもが十二、三になったあるお名月つあんの夜、子どもが気むづかしい顔をしてんで、おがっつぁんが、

「なんだ、小便でも出んのが。どれ、行ってすけっから、えべ（歩め＝行こう）」て言ったら、立っぺどもすねえんだど。おやんつぁんが、

「なんだ、この餓鬼(がき)、親の言うごども聞かねで。どれ、おれが行ってすけっから、えべ」て言ったら、すくっと立って、そどさ出だんだと。ほうして、

「おどっつぁん、ちょうど今夜のような晩だったね」て言うんで、おやんつぁんがハッと思って子どもの顔を見だら、六部の顔どそっくりな顔で、じいっと睨んでだんだと。


こんで、えんつこ、もんつこ、さげだどや。

佐々木徳夫編『永浦誠喜翁の昔話』（『日本の昔話』Ⅱ）に収められた「こんな晩」である。昭和五十（一九七五）年に報告をみた。伝承者は宮城県登米郡南方町在住の昔話の有力な語り手の一人である。宮城の北部の地に伝えられる「こんな晩」は、全体に説明が少なく、抑制が良く効いている。名月の夜を舞台にしたというのも、他にはみられぬ特色であるが、その結果「『おどっつぁん、ちょうど今夜のような晩だったね』て言うんで、おやんつぁんがハッと思って子どもの顔を見だら、六部の顔」であったとする結末が大層怖い。口を圧し曲げたまま顔を突き出して、まわりにいる聴き手を睨(にらみ)付ける語り手の表情と動作がそのまま浮かんでくるようである。

続けて佐々木徳夫氏の報告例である。『陸前の昔話』（「昔話研究資料叢書」15）所収の材料で、宮城県伊具郡丸森町大張の話である。丸森町は阿武隈川沿いに栄えた処で、交通の要衝であった。語り手は、伊藤キクヨ女（明治四十五〈一九一二〉年一月二十日生）である。

昔、ある六部がね、道に行き暮れで困ってだら、通りすがりの人が、
「六部さん、六部さん、日が暮れで困ってんだら、今夜おら家(え)さ泊まって、明朝(あすなさ)発だせ。どうせ貴方(あんた)ら、いづのいっかに（いついつの日に）どごまで行がなくてなんねっていうごどねんだべがら」て、親切ごかしに声かげだんだと。六部は親切にほだされで、村はずれの百姓家さ泊まったって。

六部というのは小銭持ってるもんだがらね、それを狙って夜中に細紐で締め殺したんだって。そして縁の下さ埋めでる最中にお上さんが産気づいで、女の子が生まれだんだって。そして蝶よ花よと可愛がって育ででるうちに、六部を殺したごどなど忘れでしまって、一年二年と年がたったど。

ある晩、母ちゃんがおしっこに連れで行ったら、

「こんな晩に六部が殺されだんだね、母ちゃん」て言ったんだって。

「気味の悪いごど言うもんでねえ」て言ったげんとも、だんだん、だんだんそれが高じてきて、毎晩おしっこに連れで行くと、

「こんな晩は六部が殺されだんだ。こんな晩は六部が殺されだんだ」て、よく言うようになって、しまいには娘が殺した六部の顔に見えるようになったんだって。親達は気も狂うほどに恐ろしぐなったって。それは殺した六部の祟りなんだどさ。


さらにひとつ、近頃報告された資料を加えよう。


あったてんがの。

あるどこね、母親とゴボウさ（チョンガレ語りなどをする盲目の旅芸人）があったと。ほうして、ゴボウさは、村々をまわって歩いて、もとのかねで、三両も貯めたと。もとのかねで、三両は、大したかねだった。ほうして、うちへ帰るとて、川のどこへきて、渡し舟に乗ったと。夜さる（夕方）だったども、舟頭に、やれまか、川を渡してくれと願うて、渡してもろたと。その舟の中で、ゴボウさは、あんまりうれしくて、実は三両のかねを貯めて、親ばさのどこへ帰るがらというて聞かしたと。

ほうしたれば、その舟頭が、川の真ん中で、そのゴボウさを殺して、三両のかねをとってしもたと。夜の気のいい晩だったと。舟頭はそのかねで舟頭をやめて、呉服屋をはじめて、ドンドンはやって、いちが

いに（急に）、しんしょがようなったと。ほうしるども、子どもがねえんだんが、神様へ願（がん）がけして、子どもを授けてもろうように、お願いしたと。そうしたれば、かかの腹がおっきなって、めでたく、男の子が生れたと。ところが、その子が、二つになっても、三つになっても、いっこうにさべらんがらと（口をきかなかったと）。

「なあして、まあ、さべらんどな」

と心配していた。

「こんぱに、かわいげらな男の子だがね、なんでさべらんど」

と、いつも、あじこと（しんぱいごと）にしていたと。ほうして、こんだ、その子が五つになったどき、夜の気のいい晩だったてが。その子が夜中に、急に。

「チョッチョッ（小便）が、出る」

というて、さべったと。

「ほら、この子がさべった」

と喜んで、外へ小便に出たと。そうしっと、その子は、夜の気のいい晩のてんじょうを、こう見ていたっけが、

「うん、こんにゃ、夜の気がいいよ、おれを殺した晩と、おんなじこんだ」

というたてや。それで、おとともおかかも、真っ青になったてが。死んだゴボウさが、敵討ちに生れたがんだの。

いきがポーンとさけた。

水沢謙一編『瞽女のごめんなんしょ昔』所収の「ゴボウを殺した晩」である。伝承者は新潟県三島郡越路町岩田の金子セキ（大正二〈一九一三〉年一月二十八日生）女であった。現役の長岡瞽女である。ここでは被害者を六部とはせずに、ゴボウさにしている。この話は、長い辛苦の末にようやく銭を貯えた盲目の旅芸人を殺害するというのであるから、他の事例に比較するに筋立ては余程陰惨で重苦しいものであった。しかも、話の管理者が瞽女であったのである。思いは一層深い。古く、菅江真澄の記事からも窺えるように[6]、座頭を直接話の主人公に仕立てて、周囲からの注意を集めるというのは、しばしばその話の担い手たる座頭たちの悲しい知恵であった。それから察するに、こうした趣きの話は当の瞽女自身が語り歩いたと推測しても然程大きな過誤はなかった筈である。「むみょうの橋」で言い置いたが、川を渡る旅人やこのような旅芸人の所持金に目をつけて、これを水中に突き落し、奪い取ったその金で身上が良くなる。こうした語り口は話の筋としても格別目新しいわけではなかった。

たとえば、同じ新潟県といっても、佐渡ヶ島の話になるが佐渡郡相川町の外海府一帯には現在も、こういった風の言い伝えが取沙汰されている。最近聴いた例では、北田野浦に〝友崎〟という家があった。ここの主人が、旅の者を舟に乗せて運ぶ途中で殺して金を奪い取り、それで財産家になった。死体は海に投じたが、その後に祟りがある。雨模様の夜に相川通いの舟が現場近くを通りかかると、海の中から死人が舟縁に手を掛けて「友崎おるかやあ」という。舟の者が「友崎はおらんがさ」と応えると、口惜しそうな顔をして消えて行くというのである[7]。さらに、北に隣する小野見には〝大家〟という家がある。これもその家の主人が田の守に出たときに、弁天崎の処まで来ると、この辺りの人は〝能登の小女郎〟というが、うつほ舟に乗った美しい女の人が流れ着いていた。〝大家〟の主人は助けてやろうと思ったが、女は絹の着物をきて、宝物を持っていた。そこで、担いでいた鍬で女を打ち殺してしまった。そのときの血が飛び散って赤く染まったのが赤岩だという。その宝を家に持ち帰ったので財産家になったと伝えている。その後、この家の娘が嫁に行くことになった。主人はその当日、娘が〝祝言かつら〟を被ったところ、ひとりでにコトコトと鳴って動く。絹の着物をきせたところ、肌が透けて見えてしまった。そのために大変だというので、祝言は流れてしまった。それから後もそこの家には身体の不自由な男の子ばかりが生まれて、遂に没落してしまったとするのである。さらにもうひとつ。少し北に行くと、小田という集落がある。ここには酒屋で梶井晩翠という大金持があった。この家も、旅の人が泊ったので、ヨナレ（夜、海に貝を拾いに行く）に誘い出し、岩から突き落して金を奪い、財産家になったと伝えていた。

もちろん、ここに示した外海府の話は、これまでに採り上げて検討してきた例話に比較するならば、ごく近辺の者たちの噂話としての性格が強い。話の筋や構成からしても、事件とその後日談の素描といった傾きに留まっており、何よりも村内での家を特定して伝えている点に特色があった(8)。たとえば、『民話と文学の会会報』第二十一号に載った次のような例がそうである。話者は浦川の樋口悌一郎氏である。

隣り村の何々とゆう家にね、むかし、その、六部がね、泊ったんだ。泊ったのを、〈漁の場を見たい〉とか、なんとかってゆうようなことだと思うんだ。船に乗してさ、沖へ出てね、そして、その坊さんを金ほしさに殺した、とゆう話があるんだ。

それからして、その家の前にねぇ、毎晩、その、海ん中に火がともるちゅんだ、な。その火が、正体が知れんちゅうんだ。なにも、だれも行って、火をともすわけじゃないが、田から見ると火がともると、こうゆうのんだ。

わたしの父親の従兄弟になる、その時分、相川へ行った戸板久蔵という人がね、〈よし、わたしが確かめてやる〉とゆうので、その、行って見たっちゅうんだ。

こっちから見るとあるんだが、行って見たら、火がないちゅうんだ。どうしても、火がない。正体が知れないわけだ。だから、その、六部を殺したなんじゃないかと、こうゆう伝説がね。

そして、そこの家には、今と違って、むかしは蚊帳（かや）つったでしょ。ところが、その、四寸四方の箱の中へ入る八畳の蚊帳があると、こういう、その、伝説があるんだ。

持って歩くちゅのぉ。六部なんちゅう、むかしのぉ、あれがのぉ、山歩いたり、谷越えたりしる形態（かたち）でのぉ。

はたしてさ、そこの家にそうゆうのんがあるかどうかということを知っとるもんは、誰もいないんだなぁ。あると伝えられている。今では、そんな話はないけど、わたしども若い頃、もっぱらの評判だった。

そうして、その、山せいが吹いたようなとき、波がドボン、ドボンというようなときに、必ずその火が見えると、そうゆうんだ。

山形県は最上郡の小国郷に行なわれる話に触れた際に「この話は元来が村内でのある特定の家を指しての伝承ではなかったのか」と、記したのは、地域によってはこの種の話は、実際にこうした傾向を著しく示していたからにほかならない。それはともかくも、佐渡の海辺に伝えられる話は、身近かな処で起きたとする事件に強く惹かれるがために、話は意図して文芸性を加えるといった余裕はほとんど見出されない。したがって、いずれも事実談としての域を出ず、その意味では〝話〟としての成熟度はきわめて低い内容にあった。たとえば、昭和五十（一九七五）年に刊行された橋本武編『猪苗代湖畔の民話』には「六部のたたり」として、

昔のその昔のはなしだ。

宿場が栄えて旅籠屋が満員なので、民家へ泊めてもらう旅の人もあった。ある家に六部が一夜の宿をたのんだ。そこでこころよく泊めてもらった。しかし、その家から六部が出たのを見た人がない。その家は俄か成金になったが、どうしたものかへんな子ばかり生れ、ついにその家はつぶれてしまった。六部を泊めて殺し、金をとったたたりだというはなしは各地にある。

六部に化けた親鱒（ます）を殺したたたりで、浜路の楢崎千軒という宿場村は洪水であとかたもなく流されてしまったというはなしだ。


といった話が収められている。これなどは実にその具体的な例である。ところで、右の文には「六部を泊めて殺し、金をとったたたりだというはなしは各地にある」とする一節があったが、これはまさしく紛れもない事実である。

たとえば、同じ福島県下の東白川郡鮫川村には、これが「絹屋殺し」として伝えられている。[9] 同村青生野の堀川義信氏（明治三十五〈一九〇二〉年九月八日生）によると、

村の地蔵の傍で、男が絹屋を殺してその所持金を奪った。男はその金で裕福に暮している。ところが、雨の降る晩に子供が突然、
「今夜のようだ」
といって泣いた。驚いて男が夜空を見上げると、自分が絹屋を殺しているときの姿が映った。

という。この話は野村典彦の採集に拠った。話者の堀川氏は世間話として、旅の人から聴いたそうである。そして実際、こうした種類の話が数多く伝承されているということは、これまた一方にひとつの事実としてすこぶる重い位置を主張してくる筈で、それはとりもなおさず、この類いの話柄は意想外に据野が広く、しかも常に好個の話題になっていつまでも人口に膾炙する。そういった趨勢にあったようである。(10)

なお、野尻抱影の『日本の星――星の方言集――』の「めらぼし・ろうじんせい」の項には、上総の地に伝えられる星の伝説に旅の僧を殺害して所持金を奪った話が収められている。さらにこの星を他に「ロクブノホシ」と称するところから「ロクブノホシ」は「六部の星」であろうと説かれている。これからして私は、この地にいわれる「ロクブノホシ」の背後には、おそらくは六部殺しの話が存在したのであろうと推察する。房州の海岸部と佐渡の外海府とにお互い共通する話の伝えられているのも不思議なことであるが、その隠された理由はもちろん、いま、にわかに説くのはきわめて困難である。

三

話を戻そう。生まの伝承を主体とする資料を言うならば、現今、私の手元にあるのは以上の通りである。[11]

話の表題はその内容から直截に「六部」とか「六部殺し」といい、また「こんな晩」とか、さらには「むみょうの橋」としている。しかるに一瞥して明らかなように、これらはまず、同工異曲の話としてひとつ範疇にあると見做されるものであった。ただ、この際、話の骨組みからするならば、旅の者を殺害してその所持金を奪い、加害者の身代は良くなる。やがて子供が生まれたものの、いつまで経っても口をきかない。ある晩、突然に小便がしたいと言い、抱いて外に出た親に向かって過去の罪科を訴えて脅かす。そういった筋のものと、もひとつは加害者の家にはすでに幼い子供がもうけられていた。事件のあった後、何年かして魚の料理をしたところが、不都合なほどに大量の血が出て容易に収まりがつかない。それを目撃した子供が不意に事の内容を暴露する、といった具合でおおよそはこの二通りである。仮りにこれをA・B二つの型に分けておくのも後の便宜であろうが、話の骨子はあくまでも、六部や瞽女、さらには身元の定かならぬ旅人を殺めて金品を強奪したことの由由しき因果、因縁をひとしきり強く述べたてるところにあった。今までにみてきたように、この類いの話が現在までにこれだけ報告されてきたのは、当然、これから後の発掘も大いに期待できるわけで、それを見越すならば、今はあまり立入った予測をしない方が良いかも知れない。ただ、これまでのところ、話は青森、山形、宮城、福島、新潟、京都、岡山といった如く比較的広い地域での分布を示すが、大勢としてはいつに東北地方に傾きがちであり、わけても日本海側に色濃く伝えられているのはいよいよ否定し難い事実であった。京都府の場合も丹後半島からの報告であったのは、あるいはこれに準じた傾向を示しているのであろうか。

ところで、ひとたび奥丹後半島の「こんな晩」に触れた折に、この種の話が漱石の『夢十夜』に用いられているといった。[12] 具体的にはその「第三夜」である。短かい作品ではあるが、本稿ではその性質上作品そのものについて言及するのは差控え、直接かかわりを有すると見做される部分に限って記す。「第三夜」は次のように始まる。

こんな夢を見た。

六つになる子供を負(おぶ)つてる。慥に自分の子である。只不思議な事には何時(いつ)の間にか眼が潰れて、青坊主になつてゐる。自分が御前(おまへ)の眼は何時潰れたのかいと聞くと、なに昔からさと答へた。声は子供の声に相違ないが、言葉つきは丸で大人である。しかも対等だ。

すでにみてきたように、伝承資料では父親が自分の子供を背負っているとする話柄はまったくない。漱石の筆はこのさき、

脊中で、「どうも盲目は不自由で不可(いけな)いね」と云つた。

「だから負つてやるから可(い)いぢやないか」

「負ぶつて貰つて済まないが、どうも人に馬鹿にされて不可い。親に迄馬鹿にされるから不可い」

何だか厭になつた。早く森へ行つて捨て、仕舞はふと思つて急いだ。

「もう少し行くと解る。――丁度こんな晩だつたな」と脊中で独言の様に云つてゐる。

「何が」と際どい声を出して聞いた。

「何がつて、知つてるぢやないか」と子供は嘲ける様に答へた。すると何だか知つてる様な気がし出した。けれども判然とは分らない。只こんな晩であつた様に思へる。さうしてもう少し行けば分る様に思へる。


と、いったように展開している。繰返すようになるが、手元にある資料で盲目の子供の登場するのは、丹後での話だけであった。漱石はこの趣向をどこから持ってきたのであろうか。結末で百年前の闇の夜に盲人を殺したとしているから、おそらくは、その因果を強調しての設定であったのだろうが、それにつけても、背負ったその子供には「けれども判然とは分らない。只こんな晩であつた様に思へる」として、重ねて「こんな晩」を用いている。加えて、作品は結末近くで、

「御父さん其の杉の根の処だつたね」

「うん、さうだ」と思はず答へて仕舞つた。

「文化五年辰年だらう」

成程文化五年辰年らしく思はれた。

「御前がおれを殺したのは今から丁度百年前だね」

自分は此の言葉を聞くや否や、今から百年前文化五年の辰年のこんな闇の晩に、此の杉の根で、一人の盲目を殺したと云ふ自覚が忽然として頭の中に起つた。おれは人殺であつたんだなと始めて気が附いた途端に、背中の子が急に石地蔵の様に重くなつた。

としている。盲目の子供は、かつて父親が殺めた相手の生まれ代りだったというのである。これからしても『夢十夜』の「第三夜」は、現在各地に伝えられる「六部殺し」とか「こんな晩」といわれる一連の話に無縁のものであるとは、およそ考え難い構成にあった。ただ、要点はあくまでも具体的にそれでは漱石はこの話をどこで入手し、また直接どの地方に伝えられる話を素材にしたのかということであろうが、これの考証もしくは実証は今日となっては、まずもって難かしい。最近、平川祐弘氏に「子供を捨てた父――ハーンの民話と漱石の『夢十夜』――」という論文があって、[13]ラフカディオ・ハーンの『日本海に沿って』に収められる〝出雲の民話〟と『夢十夜』の「第三夜」の比較考察が独自の観点から緻密に展開されていた。ただし、平川氏はこれについて、あらかじめ「漱石に一つ、ハーンの文章から示唆を受けて書かれたのではないか、とも思える作品がある。もっともその両者の間に実際に影響関係があったのか、それとも偶然の一致で似たような主題、似たような表現が繰返されたのか、となると確実に立証することは難かしい。まず不可能に近い。しかしここではその種の影響関係の有無を問題とするより、両者の作品を並べて文芸比較を試みることで、二人の作家と作品の特質を浮びあがらせてみよう」と、述べられているものであった。したがって『夢十夜』とハーンの作品の関係については、これまた依然、決定的な解決はみていない。しかしそれでも具体的に遡って明治四十一（一九〇八）年に発表された『夢十夜』よりはさらに古く、しかも実際に出雲の地での伝承を記したハーンの一文は、やはりそのまま避けて通るわけにはいかない。参考までに示してみる。

むかし、出雲の持田の浦というところに、一人の百姓が住んでいた。家が貧しいので、子を持つことをこの男は怖れていた。女房に子が生れると、そのたびに、生れた子を川へ捨て、子どもは死んで生れたといって、女房の前をごまかしていたのである。生れた子どもは男の子の時もあったし、女の子の時もあったが、とにかく、生れた子はかならず、夜、川へ捨てられた。こうして六人の子が殺された。

そのうちにだん〳〵年がたち、どうやらこの百姓も、すこしずつ裕福になってきた。土地も買えるようになり、金もいくらか貯るようになった。そんなこんなのうちに、女房が七人目の子を産んだ。――こんどの子は男の子だった。

その時、百姓は言った。「なあ、今となりゃおらがとこでも、子供ぐらい育てて行けるわな。この先、だんだんに年をとれば、どうでも親の手を助ける伜が要るでの。さいわい、この子は器量よしだ。ひとつ育てて行ってやろうぜ」

そうして、その子はだんだん大きくなって行った。薄情な父親は、日ましに、昔の自分の料簡に首をかしげだしてきた。生れたわが子の可愛さが、日ましにわかってきたからである。

ある夏の晩のことだった。男は子どもを抱きながら、庭先を歩いていた。子どもは、生れてもう五月になっていた。

その晩は、大きな月が出て、いかにも美しい晩だったので、百姓は思わず口走った。

「アアー　コンヤハ　メズラシイ　エエ　ヨダ！」

するると抱いていた子が、父親の顔をまじまじ見上げながら、おとなのような言葉つきで言った。

「オトッツァン！　ワシ　ヲ　シマイ　ニ　ステサシタトキモ　チヨウド　コンヤ　ノ　ヨーナ　ツキヨダッタネ！」

それっきり、その子は、おない年のよその子たちと同じように、言葉らしいものは何も喋らなかった。

その百姓は坊主になった。


平井呈一訳『全訳小泉八雲作品集』第六巻、『日本瞥見記』（下）によった。もともとハーンのこの文章は、実際に出雲地方に伝えられる話にどの程度、彼自身の創意を加えたものか、そこのところが判然としない[14]。しかし構成としては「ある夏の晩のことだった」以降の部分が現行の伝承資料に照応し得る。これを月の夜の出来事とするのはすでにみてきたように、宮城県下からの報告にひとつあった。決して、ここだけの趣向ではなかったようである。ただ、いかに話とはいえ、生まれてからわずか五ヶ月に過ぎない子供という設定には筋立としても不自然さが目立つようである。別に強く拘泥するわけではないが、全体的な話の印象からいえは、どうも漱石の『夢十夜』の場合は、ラフカディオ・ハーンの記したこの文章とは、元来が話の出処を別にするような気がする。さて、それにつけても客観的な資料を一義とする場を設定しながら、同時に漱石やハーンの作品にまでも言及したのは、やや道草が過ぎたかも知れない。しかし、ひとたび顧れば伝承資料の記録として最も古いのは、昭和五（一九三〇）年に報告をみた『津軽むがしこ集』所収の話であった。それからすれば、たとえ創作の材料に用いられていたとしても、明治三、四十年代にはすでにこの種の話が汎まって識られており、早くに注意を集めていたとする事実だけは間接的に確認し得るのであった[15]。わけてもハーンによって記し留められたのは出雲の地に伝えられていた話だというのならば、これもまた伝承地を日本海側とする消息にあったのである。その意味では一応、留意の対象になっても不思議はなかったことと思われる。

結び

わが国に伝えられるこの種の話柄に関して、付け加えて他に記すことはすでにない。しかして、このたび任晳宰博士からは、韓国にもこれに似た話のあるのを教示された。それはすなわち、

　貧しい夫婦が木賃宿を営んでいた。ある時、真鍮の食器売りがそこに泊った。夫婦はこの商人が銭を持っているのを知って、殺し、死体を厩の下に埋めてしまった。そしてその銭を奪い取って財産家になった。やがて何年か経って、二人の間に男の子が生まれた。無事に生育し、難関といわれる科挙の試験に合格した。かつての木賃宿の夫婦の喜び方はひと通りではない。立派になって村に帰って来た息子を迎えに出た。ところが、息子は家に帰るや不意に死んでしまった。可愛い一人息子に急に死なれてしまった夫婦は、あまりの出来事にどうしても納得できない。いったいこのようなことがあって良いものであろうかと、殿さまのところに訴えて出た。訴えられても処置の仕様がない。そこで止むを得ず、殿様はかの国の者と交渉をするようにと指示された。相手は閻魔大王である。理由を申し立てて、ひとたび閻魔大王に掛合うことになった。夫婦は大切な一人息子があまりにも急に死んでしまった不満を訴えた。しかるに相手はどう

しても聴き入れない。重ねて不平を述べる夫婦に向って、閻魔大王は、それならばお前の家の厩の下を掘ってみろといった。

殿様が家来に命じて掘らせると、旅人の死体が出てきた。そこで閻魔大王は、あの息子は殺された商人の生まれ代りとしてお前たちに授けられたのだといった。

人を殺めると、その償いは自分の子供に返ってくる。

といった話である。任博士の説明によると韓国では比較的容易に耳にする話柄だということである。宿泊した旅人を殺して、その銭を奪い、これが動機で財を成したがその報いが子供にあらわれる。大筋からいえば、わが国での話に似た部分は認められるものの、積極的に比較するにはいまひとつ、たとえば「こんな晩」という具合に親を脅かすような決定的要因に不足がある。この種類の話柄は元来が話としては容易に惹起し得る内容だけに、何処にでも似通ったものがあると片付けてしまえば、それまでかも知れない。しかし、もしも韓国にもこの類いの話が求めて多く行われているのであれば、それはそれで、当然注目すべきひとつの状況であるとして、進んではやがてわが国の話群とも比較対照して論ずべきであろう。参考までに崔仁鶴氏の『韓国昔話の研究』に収められる「韓国昔話のタイプインデックス」をみるに、この種の話は「昔話」としては認定されていない。

さすれば冒頭に述べたごとく、現に認められる口承の文芸を神話・伝説・昔話に大別してかかった場合には、いま汎く行われる一連のこうした類いの話はそっくりそのまま置き去りにしてしまう(16)。そうした危惧が生じるのであった。日本民俗学では早くからこうした傾向の話を一括して「世間話」としてきた。しかるに具体的なその方法と処置については依然満足すべき状態ではない。「こんな晩」を材料に、あえてこれに関する話題を求めたいと思うのである。

註

（1）『上田敏全集』第六巻、所収。
（2）一九七六年五月二十九日から六月二日にかけて、韓国の関東大学が主催した。その際の内容は臼田甚五郎・崔仁鶴『東北アジア民族説話の比較研究』に収録された。
（3）『日本昔話集成』の「昔話の型」では一応「愚人譚」の「A　愚か者」に四八〇「こんな晩」として収められている。
（4）近時『鶴田の民話』に次の一話が載っている。題して「六部を殺した話」。北津軽郡胡桃館からの報告である。同一伝承圏内の資料である。

六部って知ってますか。かわいい子供死んだとがって、写真とが残したもの、箱の中さ入れで背負って念仏申して全国歩いてるんだもな。

昔ぁ宿屋ってねえ。民家に泊っていだんだもな。ある家さ泊って、〈なんでも六部というものは金コ持ってるもんだと、今夜酒飲ませで殺すべし〉って。

てどり（大きな鉄びん）さ湯わかして、口から煮立湯を注んで殺したと。全身真赤に焼けただれで死んだど。死んで金を取ったはいいが、その後今度、真赤な大入道がちょこちょこ出て、その家も現にほろんでしまって、空家になっている。

（5）後、『越後宮内昔話集』（「全国昔話資料集成」22）に収録。
（6）『かすむこまがた』正月二十一日の条。
（7）他に雑誌『季刊民話』第五号「外海府物語」そのⅠ、参照。

（8）佐渡ではその後、羽茂町や赤泊村下にも同種の話がこのような設定のもとに伝承されているいくつかを確認した。
（9）話を「絹屋殺し」に設定する例は、註の（11）にある。
（10）たとえば、この種の話は四国の西南端にもやや集中的に行われるものであった。桂井和雄氏は雑誌『季刊民話』第七号に「遍路や六部などの持ち金を盗んだ家筋の話」として、高知市周辺に伝えられる六部殺しの話が、実際に家筋を特定し、しかも現在なお、これに伴う弊害を抱えたままでいるのを報告されている。
（11）厳密な伝承資料とは言い難い。安藤操『千葉県の民話』に次の話がある。八日市場市である。

むかし、飯高村の小さな宿屋に甲斐の国の絹商人が泊った。

もう国から持って来た織物は、ほとんど売りつくしておったので、胴巻きにはずっしりと金が入っておった。

「明日は、国へもどるので早だちをしたい。すまないが一番鶏が鳴いたら起こしてくれ」

と宿の主に頼むと、すぐに眠りについた。

「お客様、お客様。もう一番鶏が鳴きましたよ」

宿のおかみの声がした。

絹商人は眠い目をこすりながら、

「寝たと思ったら、もう朝か」

などといいながら起きて顔を洗った。

まだ、真夜中のようであったが、早いにこしたことはない。宿賃を払って、星あかりをたよりに山道を歩いて行った。

昼でも暗い花輪峠にさしかかると、竹やぶの中で、ガサッと人の動く気配がした。そして、黒い影が切りかかって来た。

「な、なに者だ。七代たたってやるう」

と、叫んだのが最期であった。

「ふ、ふ、ふ……七代でも十代でも、たたれるものならたたってみろ」

黒い影は、胴巻きをさぐって、ずっしりとした財布をつかむと、スタスタと足早に峠を下って行った。

朝早く、この峠にさしかかった村人が、旅の絹商人の亡きがらを見つけて大さわぎになった。

役人の検死がすむと、道ばたの馬捨て場に絹商人の亡きがらはあつく葬られた。そして、村人たちは一本の梅の木を墓の上に植えて冥福を祈った。

それから十月（とつき）ほどたったある日、絹商人を泊めた宿屋に男の子が生まれた。

その子が、三つになったある晩のこと、いつものように母親が抱いて小便をさせていると、やっと使えるようになった言葉で、

「おっかあよ、今晩はまるで絹商人殺しがあった夜のようにまっ暗だなあ」

といった。

宿のおかみは、この言葉を聞くと、その場にへたりこんで長わずらいの末、とうとう亡くなってしまった。そのあとを追うように、宿屋の主も自分で命を絶った。

あくる年の春になると、絹商人の墓に植えた梅がいっぱい花をつけて、実をならせた。だが、梅の実はみんな種まで二つにわれてしまっておった。

村人たちは、絹商人ののろいが梅の実にこめられているにちがいないとおそれて、このあたりには近づかなくなったという。

（12）雑誌『國文學』臨時増刊「民話の手帖」の「民話の事典」及び、「研究ノート」（朝日新聞、昭和五十二〈一九七七〉年一月十四日）で指摘した。
（13）雑誌『新潮』昭和五十一（一九七六）年十月号。後、『小泉八雲―西洋脱出の夢―』所収。
（14）前文に次のようにある。
「一つの伝説はまた別の伝説を呼ぶものだ。今夜はいろいろ珍しい話を聞く。なかで、わたくしの同行者がふと思いだして話した話がいちばん図抜けていた。――これは出雲のはなし」。
（15）享保十一（一七二六）年刊、壹陽猷山『諸佛感應見好書』下に「殺座頭生子」の話がある。次の如くである。

勢州有凶男座頭宿凶男見持官金夜殺取金剝衣俄家富妻生男取上見之盲目也然好似殺座頭愛憐成長五歳十四歳悉費父財云吾父殺座頭吾官金雖遣尽未取命父聞怖不開口盲人或夜殺父報恨又吾自害誠因果難遁者也

(16) 水沢謙一『雪国の炉ばた語り』に次の三話が紹介された。追加資料である。

こんな晩

(1)

あったてんがない。

山の村に、ととかかがすんでいたてんがない。晩方、六部(巡礼)がきて、

「こんやひとばん、とめてくらっしゃい。」

と頼んだてや。

「何にもねぇども、なじょうもとまってくらっしゃい。」

というてとめた。六部は、もろてきたのかねのかんじょうをしていた。ととが、

「六部は、ずいぶん、かねを持っているな。」

と、その六部を殺して、かねをとったてや。その晩は、ごうぎ暗い夜さるだった。

それから、かかが男の子を生んだ。だんだん、大きくなっていくども、いっこうに、しゃべらん子だてや。

ある暗い夜さる、ととが、子どもを、しっこさせに、外へつれていった。ととが、

「おう、ごうぎ、暗い晩だな。」

というたれば、その子が、急に、

「ととが、六部を殺したように、暗い夜さるだのし。」

というた。あんまり、きび(気味)が悪いんだんが、ととは、その子を殺してしもたてや。

それからまた、かかが、二ばん目の男の子を生んだ。やっぱり、いっこうに、しゃべらん子だてや。年の暮れにな

って、ととが、トシトリガイモン（年取りの買いもの）にいって、トシトリザカナを買うてきた。ととが、まないたのえべ（上）にあげて、

「はて、このさかな、どうきろうかな。」

というたれは、その子が、急に、

「六部を殺したように、きれば、いいねかし（いいだろう）。」

というたてや。ととは、はた、その子を殺してしもたてや。

いっちごさっかえ、ドッペングランリン、鍋の下ガリガリ、狐の尻尾キツキツ。


――林ヤス（六四歳）、新山、昭和五〇（一九七五）年

（2）

あったてんがの。

村はずれの若夫婦の家に、晩方、旅の六部（巡礼）がきて、

「どうか、こんやひとばん、とめてくんなせ。」

と頼むんだんが、とめてやった。六部が、かねを持っていたんだが、夫婦は相談して、ととが、六部をきって殺し、そのかねをとった。暗い晩のことだった。

やがて、かかに男の子が生まれた。この子は、いっこう声を出さんかった。三つくらいになって、ととが、この子を外に小便しにつれていった。ととが、

「ごうぎ、暗い晩だな。」

というたれば、その子が、急に、

「六部を殺した晩と、同じだのし（同じだね）。」

というた。ととはあまりの気味悪さに、その子を殺してしもたてや。

いっちごさっかえ。


――片山ソミ（六〇歳）、本町六番、昭和五八（一九八三）年

（3）

昔あったと。

輪島の椀売りが、まいとし、福山の村へ売りにきいきいして、越山（こしやま）の一けんやに、いつもとまっていた。そこのうちは、子持たずの夫婦で、かかが、火のはたで、

「椀売りさん、ことしの売れ行きは、なじだだい（どうだね）。」

「よく売れて、いいかった。ずいぶん、金もうけさしてもろた。」

「それは、よかった。」

なんて話して、椀売りはねた。

かかが、悪気（わるぎ）起こして、

「とと、とと、あの椀売りを殺して、かねをとればいいねかい。」

というた。ととが、

「ばかいうな。そっけなことは、おら、いやだ。」

というども、かかがきかねぇんだんが、とともその気になった。ミンジョ（台所の流し）へいって、魚ぼうちょうをといできて、座敷にねていてた椀売りののどをさして、殺して、かねをとった。それが、トシトリの雪の降る晩だった。

それから、かかが身重になって、男っ子が生まれた。三つぐらいのときに、ととが、外へ、子どもを小便しにつれていった。トシトリの晩だった。ととが、

「おう、雪が降っているな。」

というたれば、その子が、

「輪島の椀売りを殺した、トシトリの晩と同じだのし。」

というたってや。

それからまた、六つくらいになって、トシトリがきて、トシトリサカナを、サカナ棒にぶらさげておいたれば、その子が、

「おう、輪島の椀売りなんか、ぶらさげて。」

というた。あんまり、気味が悪くて、その子を殺してしもたと。

いちごさけ申した。

——馬場マスノ（七六歳）、北魚沼郡守門村福山、昭和五七（一九八二）年
（『昔話伝承の研究』昭和六十一〈一九八五〉年三月）

「子育て幽霊」の来る夜——胎児分離習俗を巡って

一

昔話に「子育て幽霊」の名を与えられている話がある。処によっては「飴買い幽霊」あるいは「子づれ幽霊」などともいっている。臨月の女が急逝して、そのまま埋葬される。その後、墓中で出産したが子育てのために幽霊になって夜になると飴を買い求めに出る。不審の念を抱いた近所の飴屋の主人が女の跡を付けて事の顚末を知り、子供を救い出して育てる。これがおおよその筋である。

例を示せば、鳥取県東伯郡下では次のように伝えられていた。『鳥取県関金町の昔話』所収の一話である。語り手は、関金町安歩の進木しげのさん（明治二十五〈一八九二〉年七月十九日生）である。

あるところに、みもちになって、産み月になって、生みかけてよう生まずに、死んでしまって、それを埋（い）けてしまったところが、生ませずに埋けたところが、埋けてから子ができて、それがゆうれいになって、おせするもんがないので、それで木の葉を持ってゆうれいになってばけて、店屋に行って乳のかわりになるものを買うて、そがして、おせいしゅったちゅうことはあるけど、それが後から見たら、木の葉で、だれがこの木の葉をもってきゅっただらあかちゅうことで、夜くる人が毎晩くるけって、その人の金をとっといてみたら、そしたら木の葉で、それで、後で調べてみたら墓の中で子どもをおせしゅった。それがゆうれいだったちゅう話です。

身もちになったものを、死んでも生ませずに埋けるもんじゃないということを聞いとります。

ここでの話は「店屋に行って乳のかわりになるものを買うて」といっている。記憶に曖昧なところがあったのかも知れない。そういえば全体の結構に幾分弛緩が生じている。しかし、それだからといって特に難はない。昔話集に収められているからそういうのではなく、話それ自体はたしかに一見昔話風な趣きにある。しかるに、そこでの口調からも窺えるように、この語り手は、必ずしもこれを昔話としてきちんと遇しているわけではなかった。客観的には殊に結末の部分の添加、補綴とそこでのニュアンスからは話そのものに向けるしげの女の気分がそのまま伝わってくるようで興味深い。それというのも、やや立ち入っていえば、話者自身、おそらくはこの内容に対してはすでに単なる話とは律し切れぬ思いを秘めていたのであろう。そこで、いまとりあえず私はこれを「気分」といったが、あるいは「割り切れぬ心持ち」とか「思い」、もしくは「話への処遇の様」とでもした方がよかったかも知れない。それはともかくも、趣旨からいっても、そもそもこの種の例は、いずれの場合も子を慈む母の想いが溢れ出ている。話とはいえ、哀憐、痛苦の情惻惻として、ひとり聴くに忍びない。思えば、こうした産み月の妊婦の死といった非常の死は、過去に遡れば遡るほど当然その比率も高かったであろう。したがって、話自体にそくしていえば、お互いすでに身につまされる筈で、わけても不幸にも身寄の者に心当りのあった場合などは、感情移入もひとしおのことであったろうと察せられる。この話は現在、昔話の一話型にみとめられている。だが一方では、実際に惹起した出来事として伝えられる例もすくなくない。そうしたときには、これがしばしば菩提寺や主人公を特定し、高僧名士の異常出生譚、つまりは、いわゆる墓中誕生とか墓中育児譚として説かれている。具体的には頭白上人あるいは、通幻、如幻をいうのがそうである。いうなれば、この部分が別途独立して高僧伝の一端に繰り込まれてきたのである。したがって、この間に派生したいくつかの話の在りようはこの種の話柄がいかに人口に膾炙し、かつまた積極的に用いられてきたかを知る好個の材料になっている。

たとえば、大正二（一九一三）年四月、雑誌『郷土研究』第一巻第二号の「資料及報告」には吉原頼雄の「頭白上人縁起伝説」が掲載された。南方熊楠は次号の「南方随筆」に「郷土研究第一巻第二号を読む」として、早速これについての自己の見解を披瀝し、続いて同年九月の第一巻第七号の「南方随筆」には「頭白上人縁起」を記して補足した。更に大正五（一九一六）年六月の第四巻第三号には「橋の下の菖蒲」に並んで、再度「頭白上人縁起」を論じていた。同時にその頃、柳田國男翁の関心もまたここにあった。大正九（一九二〇）年二月の「赤子塚の話」一篇を見ても、この事情は一層明らかである。

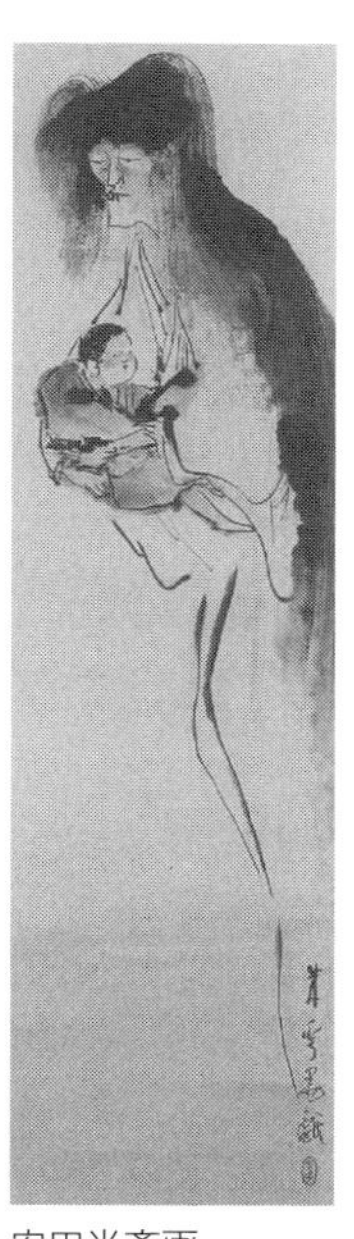
安田米斎画
「子育て幽霊図」

「子育て幽霊」の話に関して、そこまでの経緯、経過はおおよそこれでよしとしても、ところでその間、あるいはその後、各地から引続いて報告を見たこの種の話には、具体的にはすでに引用した進木しげのさんの例を含めて、実は別条いかにも看過し難い言辞、理由がまま添加されていた。それというのも、「子育て幽霊」の話は、土地によってはそもそもが死者からの胎児分離といった、思っても衝撃的で、あまりにも異風、異様な習俗の謂れを説く、いわばひとつの民俗発生の端緒を直接訴えるといった態のもとにしばしば伝えられていたからである――もっとも、そのように簡便に記したのでは、問題提起の前後関係にあるいは予期せぬ齟齬をきたす恐れが生ずるかも知れない。それがためにやや唐突の感は免れまいが、南方熊楠には昭和六（一九三一）年九月の『郷土研究』第五巻第四号、及び七（一九三二）年八月の第六巻第二号に「孕婦の屍より胎児を引離す事」の一文があって、前記「頭白上人縁起」以来、その後も間歇的に、しかしあくまでも継続してこれに向けての問題意識が薄れることなく存していた。そういった事実を付記しておきたい――そして、ひとたびはそれを断わった上で、次に胎児分離の由来を訴える「子育て幽霊」譚に限って、改めて記して行きたいと思う。

二

実際にひとつの話に機能して、土地での習いをそのまま述べようとする、その例を早くに提示したのは山口麻太郎であった。昭和十（一九三五）年六月刊『壹岐島昔話集』には「死んだ妊婦が子を産む話」の題で次の二話が収められていた。

〈その一　川に洗濯に出て来た女〉

昔、或武士がいつも通る川のほとりに毎晩子供の泣声がしますので、不思議に思つて、或夜そつとその側に行つてみますと、一人の女が子供を負つて洗濯をして居るのでありました。「子供を負つての洗濯はなかなかであらう。私がしばらく抱いて居てあげませう」と武士は云ひました。女は有難うござゐますと云つて其の子供を後向に差出しました。ほんとの人間ならば前向に差出すのですが、魔者に限つて後向に差出すものださうです。武士もそれを覚つて、煙草を吸はうと火打石を取出して火を打ちました。すると女はいきなり其子供を奪ひ取つて、逃げる様に山の方へ行きかけました。武士も後からつけて行きますと、或墓のところでかき消す様に見えなくなりました。「お前は生ある者か無き者か」と武士が云ひますと「あつて無い者。何をおかくし申しませう。墓の中でお産をして、汚れ物を洗ひに出たものでござります」と申しました。翌日其の墓をあばいて見ますと、死んだ母親の屍の側に、ほんとに生きた子供が居りました。妊娠した女の人が死んだのを、其のまま葬つたものであつたさうです。共の子供は武士が引取つて養育したといふ事であります。

〈その二　焼餅買ひに出て来る女〉

昔、或焼餅屋に、夜おそく焼餅を買ひに来る女がありました。いろいろ不思議な点が多いので或夜あとをつけて見ますと、或墓のところで急に見えなくなりました。後で墓を発掘して見ますと、中には女の屍と其側に生きた赤児が居り、あたりには焼餅の皮が沢山こぼれて居ました。よく調べて見ますと、或妊婦が亡くなつたのを其のまま葬つて居たのでありました。墓の中でお産をして、焼餅の餡を食はして居ります。居たのでありました。それで妊婦が死んだ時は、決してそのまま葬るものではないと云はれて育てて腹を断ち割つてでも子供を出し、後にはいで麦をつめ込んで結子縄で括つて置かねばならぬと云ひます。

右の二話には、それぞれ註が付されている。特に「その一」には断わって「妊婦が死んだ時は、腹を裂いてでも身体を二つにして葬らねばならぬ、と一般に信ぜられて居る」とある。内容を閲するに「その二」の方はともかくも、「その一」は通り掛った未知の男に女が自分の子供を抱いて貰う。事件の発端はそこに用意されていた。その点、各地に行われる「産女の怪」に共通の要素が存していた。しかしここでは男の側からの積極的な厚意によって筋が展開して行くところに、他の例とはやや異なった趣向がみえる。

ただしこの際注意すべきは、『壹岐島昔話集』所収の右の二話は、どちらも渡良村（郷ノ浦町、現・壱岐市）の米田安雄という一人の話者から聴き取ったということである。参考までに記すと、山口麻太郎はこの人について「米田安雄さん（三五）渡良村神田浦の人。農漁業を主とし、船乗、木挽等もやった人。ここに話されたものは主として時化や碇泊中の船の中で得られたもの」と紹介していた。それからして、話の管理者米田さんは、渡良村の出身とはいえ、その経歴から推してもかなり世間の広い人であったと思われる。内容を幾分異にしつつも、同じような傾向の結末を辿る話を二様知っていたのは、そのようなところに原因していたのかもしれない。それはさて措き、「その一」に付された註の内容。さらには「死んだ妊婦が子を産む話」とする標題設定の在りようからいっても、このとき壱岐の山口麻太郎には、すでに特別の意図の潜在していたであろうことは、まず間違ない。すなわち、これらはたとえそれが島における伝説や昔話といった伝承資料であったとしても、それはもはや伝承の核を成す民俗のひとつとして、かねてから南方熊楠が喚起し続けてきた問題に直接かかわり、やがては自ずから相呼応し得る性格を具備している。したがって、広い意味での民俗資料としては安易に見逃し難い位置にある。おそらくは、そのように判断していたかと察せられるからである。

しかし、翻っていうならば、かりにそれはそれ、話に付随する説明に過ぎないのではあるまいかと思い直してみても、実際そこに説かれる習俗はあまりに悽愴、苛酷であった。あろうことか、産み月に及んで死した女の腹を引き裂き、その上で胎児を取り出して別々に埋葬するというのである。わけても「その二」の結末に「腹を断ち割つてでも子供を出し、後にはいで麦をつめ込んで結手縄で括つて置かねばならぬ」とする一節は、どうみてもすでに話とは別様独立して、そこには緊縛された強い意志と異常な緊張感の漲っているのを見逃すわけにはいかない。とてもこれは「子育て幽霊」一篇の感興を一段と助長せんがための単なる説得材料とは受けとれぬ、それ程の迫力を有しているのであった。しかもその後、各地における伝承資料の調査が進捗するにつれて、かつて山口麻太郎の提示したこの資料を一層補塡、補強し得るような類似の材料が次第に報ぜられてきた。たとえば、比較的早い時期にそれを予測させたのは、桂井和雄の資料であった。桂井の『土佐昔話集』（『全国昔話資料集成』23）の「幽霊つぶ」は次の通りである。

昔、あるところにほっそい（ほそぼそとした）お菓子屋があった。ところが、夜おそうに雨戸をたたいてりょうせんつぶを買いにくる女がある、と。それが毎晩きまって一文ずつ買うていぬるがじゃ、と。それが六晩続いたきに七晩目の夜を待ちよったところが、外からはいりもせんと（しないで）、ただしくしく泣く声がする、と。店屋のお婆がなぜじゃろう思うて雨戸をあけてみると、女が立っちょって、「わたしゃあ臨月で死んだ女じゃけんど、身二つにしてくれんづくに（ないで）埋けられたもんじゃきに、墓の中で子ができてお乳のためにじこく（苦労）しよります、それで毎晩ごやっかいをかけましたけんど、こんばんはおつぶ（粒飴）買うちゃる銭がのうて」いうてまたしくしく泣く、と。棺の中にゃあ、三途の川の渡し賃じゃいうて六文しか入れちゃらんきに、死んだ女が幽霊になっておつぶを買いにきよったがよ。お婆があわれに思うて、あくる朝早うに墓場へ行て、いっぱいお供えをしちゃったら、その晩から来んようになった、と。それで女が臨月で死んだら、身二つにしていけるもんじゃ、と。

ここにいう「りょうせん」は「凝煎（ぎょうせん）」のこと。「つぶ」は固形の飴の柔らかいのを長くのばして、斜切りしたのをいう。この話では逝（な）くなった女自身が悄悄（しょうしょう）と訴える構成にひとしお哀切の情がきわまってくる。ところがその後、といっても近頃のことであるが、内容からして右の「幽霊つぶ」の話を凌駕して、なお一層注目に価する例が報告された。市原麟一郎編『昔まっこう猿まっこう』第一集所収「幽霊の育てた子」がそれである。語り手は、高知市の山川勝子さん（明治二十三〈一八九〇〉年十一月二十二日生）である。


とんとむかしのことですと。

高知に仲のよい若い夫婦が住んでおったそうですと。

ところで、この嫁さんはお腹が大きかったと。ほんで赤ちゃんが生まれるというので、主人も大喜びで嫁さんを大切にしよったそうですらあ。そうしたら、あと一か月もしたら子どもが生まれるという頃になって、嫁さんはふとした風邪で高い熱を出して、とうとう死んでしもうたと。今でいう肺炎ですらあね。

家の者は、たいそう悲しがって、泣く泣くおとむらいをして、小高坂山の墓地へ葬ったそうですと。

ところで、この小高坂山の麓に、こんまい駄菓子屋があって、お婆さんがひとりで一文あきないをしよりましたと。

ある晩のことですけんど、お婆さんが、もう店をしめようとしよりますと、
いうて入って来た者がありますと。見ると若いお嫁さんで、

「今晩は……。」

「おつぶ（粒飴）を一つ売ってつかさい。」

いうて、一文だしてきました。

「はい、はい。」

と、お婆さんがつぶを渡すと、嫁さんは嬉しそうにすうっと帰っていったそうですと。

ところが、あくる晩にも、また同じ時刻になると、「今晩は……。」というて、若い嫁さんが一文もって、
おつぶを買いにきますと。

そういうことが、四、五日もつづいたそうですらあ。

ある晩のこと、お婆さんは、なんの気なしに、お金をいれた箱をあけて、なかに入っているお金を勘定
しようとしましたと。

すると不思議なことに、銭にまじって、死んだ時にもたす、つけ木で作った一文銭が五つも出てきたそ
うですらあ。

そこで、これは毎晩、つぶを買いにくる嫁さんが持ってきたのにちがいあるまいと考えて、近所の人を
呼ぶと、このことを話しましたと。

すると、みんなは不思議がって、よし今晩きたら、ひとつあとをつけてみようじゃないかと相談して、

強そうな若者をえらんで隠れて待ちよりましたと。

やがて、いつものように夜がふけると、

「今晩は。おつぶを一つ下さい。」

と、若嫁さんがやってきて、一文だしてつぶを買うと、すうーっと出ていきました。

そこで「それっ。」とばかりに、待ちかまえておった若者たちが、あとをつけていったそうですと。

つけていくと、ずんずん小高坂山の方へ入って行って、やがて新墓のところまでくると、すうーっと消えてしもうたそうですらあ。

これはということで、早速このことを墓地の主に知らせて、墓を掘り棺のふたをあけてみると、おどろいたことに、棺のなかで、小さな赤ちゃんが、つぶをちゅうちゅう吸うておったそうですと。

そこであわてて棺のなかから赤ちゃんを取り出して育てることにしましたと。

こんなことがあってから、高知のあたりでは、妊娠した女の人が死ぬと、腹を切って子どもを取り出し、そのあとへ「おごけ」というて、麻をつむぐこんまいおけへご飯をいれ、腹へつめて縫い合せて葬いをするようになったそうですと。

むかしまっこう、さるまっこう、さるのつべはぎんがり。


話の結末は内容からして、かの壱岐島の「その二」の習いに充分重なってくると判断し得る。語り手が女性であるだけに一段と凄惨の気が迫ってくるように感じるのは、はたして私一人であろうか。さらにこの話では「銭にまじって、死んだ時にもたす、つけ木で作った一文銭が五つも出てきたそうですらあ」とする箇所に現実味がある。この地方では他に「そいで持って来るのは、お金じゃのうて樒（しきみ）の葉じゃそうな」*といった例があった。後刻具体的に触れるが、四国に行われる「子育て幽霊」譚はそれでなくても民俗に直結しているることで迫真力がある。そういえば、さきに掲げた進木しげのさんの場合は、当初受け取った銭がいつの間にか木の葉に変っているとあった。土地土地によって、わずかではあるものの、この辺りの語り口に特色が認められるようである。

四国ではこのほか『阿波池田の昔話と伝説』に見逃せない資料がある。池田町漆川の竹岡シゲノさん（大正二〈一九一三〉年三月十日生）の語る一話である。

池田のあるところの人が、子どもができるようになって、ほいて身持ちになって死んでしもうたんじゃって。そのとき子どもをとらずに、身持ちのまま上寺のとこへいけたんじゃって。

上寺のどこかへいけたところが、もう毎晩毎晩、餅やからなんじゃ菓子や毎晩毎晩買いにくるんじゃって。ほして買いに来るんで、もうその人が帰って明くる朝見たら、花しばがあるんじゃって。花しばがあるんで、もうこれは不思議なと思うて、もう毎晩毎晩あの人が買いにくるんじゃけに不思議なと思うて、一つあとをつけて見ないかんと思うて、ほしてあとをつけてみたら、上寺のお墓へ這入ったんじゃって。ほいてお墓へは入ったら、そのまあなんちゅうんか、魂魄（こんぱく）て言うんかなあ、まあそう言うのが、その子どもを養うとて、花しばをさげて、お菓子など買いに来て子どもを大きにしよったんじゃわな。

ほして、その子どもを掘り出して連れて帰ったて、その子どもは大きくなったちゅう話を聞いたけんどな。そういうのが池田に昔あったんじゃということをよく言うてくれたわな。これは実際にあったことじゃと、今名前は言わんけどな。

ほんで、「身持ちになって死んだ女の人は、子どもをとらんうちは必ずいけるもんじゃない。」

と言うことを言うわな。

シゲノさんの話には傍題がついている。「魂魄」とある。話の中にその言葉が用いられている。加えて、終り近くで「これは実際にあったことじゃと、今名前は言わんけどな」という具合にわざわざ断わっている。察するに直接間接それに該当する人、もしくはそれをいう家、あるいは家筋がこの土地に存在するのであろう。それからして昔話というよりは、むしろほとんど実話として伝えられてきた話である。そう見做して差し支えなかろう。

三

さて、話は前後するが、四国は高知市に伝えられる「幽霊つぶ」を報じた桂井和雄は、これとは別に昭和三十（一九五五）年八月刊『土佐山民俗誌』の「葬送習俗」の「特殊な死について」の中に次ぎのように記していた。

妊婦の死　難産などで産婦が死んだりすると、胎児をそのままにして埋葬するのを「荷を掛ける」といって忌み、医者によって身二つにして埋葬することにしている。……平生使用の鎌の柄にカシの木を用いるのを忌む風があるが、これは昔臨月の女が死んだりした時、その夫がカシの木の柄の鎌を作り、女の腹をたち割って胎子(はらご)を取り出し、二つの棺に納めて埋葬する風があったからであると伝えている。

と。赴くところ内容はすでに、前出南方熊楠の発言に重なってくる。そしてまた桂井自身にもそれにたいする認識は充分存していたかと察せられる。それというのも、この問題に関して桂井は昭和五十(一九七五)年十二月、雑誌『土佐民俗』三十号の巻頭に「鎌の柄に関する禁忌」を寄せていくつかの具体的な事例を示して、注意を集めたからにほかならない。そこには傍題に「胎児分離の古習ノート」とあるように、内容は「臨月近い女の遺体から、開腹によって胎児を取り出す処置のことをいい、この場合医師を招いて開腹するのは比較的新しい習俗であり、気丈夫な取り上げ婆や肉親のものが鎌で開腹するのを古習」とするといった、その地方での慣習の報告であった。

例えば土佐清水市の布では「昔臨月近い女が死歿したとき、鎌の柄を樫の木につくり替え、身二つにして埋葬する風があって、そのために今も正月のさいわい木は樫の木は避け椎の木にするといい、平生鎌の柄に樫の木を使うのを忌む」とか、安芸郡北川村の柏木では「妊婦が七、八ヵ月以降で死歿したとき、身二つにしてやるものと伝え、昔鎌の柄を樫の木にすげ替えて胎児をとり出す風があり、そのために平生鎌の柄に樫の木を使うのを忌む」とか、また室戸市佐喜浜町では「昔臨月近い女が死歿すると、胎児を取ってやらなければたたるといい、やはり樫の柄の鎌で身二つにしたという。このため平生樫の柄の鎌は使うものではないという」。安芸市の上尾川では「昔臨月近い女が死歿したとき、死者に荷をかけるものでないといって、樫の木の鎌で開腹し、埋葬したという。もし、身二つにしないで埋葬すると、死んだ母親が子育て幽霊になって出てくるという。ここでも樫の柄の禁忌があった」とする。

　すでに明らかのように、いったいにこの地方の「子育て幽霊」は、単に話として独立して存在するだけでなく、それは地域の民俗に結合して互いに機能し合っていたわけである。さきにひとたび「迫真力がある」と言い置いたのは、このことにほかならない。さらにまた香美郡香北町美良布や古井でも「樫の柄の鎌の禁忌があり、臨月近い女の死歿したとき、鎌で身二つにして別々に埋葬したり、いっしょに埋葬することがあったという。いっしょに埋葬するときには、着物・モリバンテン・スキ（子負い帯）・オシメなども納めてやらないと、魂魄がコギャーナキになって出てきたり、女の幽霊に出会ったりするという。コギャーナキというのは、夜間赤子の泣き声をしながら、往来のものにまとわりつく妖怪で、こんなものにつきまとわれたり出会ったりすると、怪我をするという」とある。池田町の竹岡シゲノさんの話に「魂魄」が出てきたが、この種の資料を補うとそこでの理解の手掛りになる。それはともかくも、この際、殊に注目すべきは次の事例であった。すなわちそれは「高岡郡檮原町松原の八十二歳の老婆の記憶というのは、きわめてめずらしい内容をもっていた。妊婦が七、八ヵ月以後で死歿したときは、樫の木の鎌で開腹したあと、たいた小豆飯を麻(お)桶(ごす)に詰め、女の腹に納めると、そのからだを九月に引いたツズラ（オオツズラフジ）のつるでぐるぐる巻き固めて納棺したという。このため樫の柄の鎌と九月ツズラは使うものではないという」ものであった。いうまでもなくこの例は、さきに掲げた高知市下の「幽霊の育てた子」にいう民俗や、さらには壱岐島「その二」の結末に直接通う風にある。山口麻太郎の報告は、かくしてここに追認、対照の好事例を得たとすべきであろう。

　さて、それはそれとして、集注して提示された桂井和雄の報告の要諦は、そもそもが常日頃鎌の柄に樫の木を用いるのが何故にひどく忌み厭われるのか、そういったごく身近にして些細な習いに着目し、意想外にもそこからまこと凄惨、苛烈な古習の実態を引き出してきたのであった。何気なく伝承されている話と土地の民俗とのかかわりを知る上での大きな収穫のひとつである。もっとも、ひとたび桂井が報じたこの鎌の習俗については、南方熊楠が早くに指摘しているように、井原西鶴の作品に同様の風の記載があった。『本朝二十不孝』巻三「娘盛の散桜」にみえる「かくある死人は、左鎌をうたせ、其身二つになさでは、浮む事なく、後の世覚束なし」の一節がそれである。この作品は大和国吉野の里を舞台にしている。あるいは土地の習いを伝えているかもしれない。しかし、左鎌ならびに逆手鎌の習俗についてはここではこれ以上触れない。

話を戻そう。「子育て幽霊」譚に機能して直接鎌の柄に関する民俗を探索して行くと、その範囲はなお拡がっているようである。有馬英子編『鹿児島昔話集』（『全国昔話資料集成』3）には次の例がある。

むかしゃ、妊婦（はらふと）が死んだときゃ、銭を七厘と、鎌んな、杉（すん）の柄ですげた鎌ば入れてやっちいう習慣でな、――そんた今でんすっかんしれんど、もとはそうゆう例やった。あたいどんがこめときはそん例やった――。そんいわれつが、妊婦女が死んだなぁな、七厘銭を入れっやったち。そいかあ、ちょうど、毎晩一厘ずつな、飴屋に飴を買（こ）け、奥さんがな、来（く）っこっやったち。そいかあ、そん飴屋が不思議思っ、そいかあ、七日目、ずっと後をつけっ行たみたや、新しい新墓（しんばか）せぇはいったつもんでや。そいかあ、こあ不思議やっちゅうとこいで、すぐ通知をしてないしたや、そい掘い出（で）っみたやな、子のぶんな、ちゃんと生まれてな、そん飴をひとっずっすわぶっちょったち。ほいで、今で言や、窒息せじおったちいうどん、やっぱい胎内にいっちょいようなふうあったらしふうでな、ほいかあ、七厘ずつ銭を入れてやったつようなふうで、妊婦女が死んだときにぁ。

語り手は鹿児島市出身の桜井清翁である。翁は明治三十五（一九〇二）年六月十五日、吉野町上之原に生まれた。農村部である。吉野といえば『吉野民俗』第三号「吉野の民話」に「土持どんの由来」と題する一話がある。次の如くである。

昔はお産前に母親が死んだ場合は、桑の木で鎌を作って、腹を切り、赤ん坊を出して、母親に抱してやったそうです。

しかし、この話の頃からは、皆そんな事はせずに、そのままの姿でやったそうです。その棺の中には、一文銭を七枚入れてやったのです。

ある日、お産前の母親が死んだので、そのままの姿で、一文銭を七枚入れて葬りました。ある晩から飴屋に女が一文銭を一枚持って飴を買って帰りました。毎晩〳〵とその様な状態が続きました。

一週間目になってその店の主人が不思議に思いそっと、その女の後をつけて行きました。すると、又不思議な事にその女は、墓場の方へ行きました。そして新しいたまやの中にすーっと入って行きました。

飴屋の主人は翌日、その墓主の家に行き今迄の事を話しました。その墓主は驚いてすぐ掘りあげてみました。

すると男の子が生れていました。

その話を殿様がお聞きになり、その男の子に土持の姓をさずけられました。

今も武士で土持という姓はその時の子孫だということです。

内容はまさしく、桜井翁の話を補う。そればかりではなく、この話は特定の家とその由緒、謂れを積極的に説くということで見逃し難い。四国は池田町の事例に触れた際に述べた推測が、ここにきてようやく証し得たかと思われる。ついで、これもまた推察になるが南薩に認められたこの種の慣習は、さらに及んで大隅の地にも行われていたのではなかったろうか。何故ならば、噌唹郡有明町の西山太吉翁の語るそれは、すなわち、

妊娠した人が死んで、墓に埋めてから子供が生まれた。そん子は生きちょってな、子を育つっ、死んだ母が心配したとじゃ。いつも飴屋に飴買いに行きよった。飴を一本ずつ買うていきよった。毎晩のごっ、来る。「こりゃ、不思議じゃ。よけいにも買わせんが」ちゅうてな、「どこさ行くとじゃろかい」ち、後を見ておった。そしたとこいが、墓に行ってな、子供の泣く声がする。子がおっちゅうことで、墓を掘っみたや、子供がおる。

そいで、妊娠した人は、子を生む月になっちょったら、子を生ませてから埋むるもんじゃ。

といっているからにほかならない。有明町の有力な語り手、西山翁のいう「子を生ませてから埋むる」古習については、大隅の地に今後なお追尋してみたい。

四

さて、当初、山陰は鳥取の例から発した「子育て幽霊」の話は、ひとたびそこでの特異な言い伝えに注目し、ついでその習俗となお具体的な事例を求めて、赴くに四国から南薩の地に及んだ。それらはいずれも鎌を手にして、すでに骸になった妊婦の腹を裂き、胎児を取り出して身二つにする。その上ではじめて埋葬すると説くのであった。話は思いも寄らぬ習いをいまに引き摺って、啾啾と訴えていたことになる。もっとも、そうだからといって、現に「子育て幽霊」譚の行われる土地すべてにこの種の古俗が存していたかとなると、それはいささか早計であり、かつ短絡化の誹りは免れまい。しかし、慣行は日々に改まり、ましてや一方で埋葬の儀礼が火葬に取って替わって行く土地が多くなれば、それにつれて旧い習わしはやがて記憶の隅に押しやられてしまう。それが常であろう。そうした中にあって、「子育て幽霊」の話がいつまでもこの部分を揺曳してきたのは、いつに臨月の女の死といった痛恨、痛哭の決定的事件がついつい身近かに存し、その痛みを抱えていた人がこれまた実際の語り手の中にいくたりも存したからに違いない。これを思えば、こうした不幸に際して、これを身二つにしたと訴える例は、実質鎌の民俗をいうよりも余程汎い範囲に亙るようである。

ここでの話は鳥取の例から始まった。そこでそれに準じて、まず近接の資料からその在りようを示してみよう。『大山北麓の昔話』に載る赤碕町大父の川上貞蔵氏（明治十九〈一八八六〉年六月六日生）の話では、次のように説かれている。

ある時になあ、嫁が子を生むかけて、何(なん)したところが、まんだ、赤子(あこ)よう生まずに、親が死んでしまったで、そっで墓へ持ってって捨ててしまってなあ、そうしたところが、墓ん中から、子が生まれて、それから養うことができんだけえ、墓に回って、六文銭を貰って、その銭で一文あて持ってっちゃあ、まんじゅう二文まんじゅうを一文で買あて来て、また二文まんじゅ一文こぎいて買あて来いして、六日までそがして買い行ったもんだけん、まんじゅう屋の親父が、どがなことだろうかいと思って後から、道をつけて行ってみたところが、墓に入(へぁ)ってしまたで。そっで、墓あ囲んでみりゃ、赤子(あこ)が吠える声がするだけん、そえから墓返してみたところが、赤子(あこ)が生まれとって、ほんであのなにするじゃけん、その赤子を引っ張り出して、なにして、そっで子を孕んでおる時にゃ、必らず子を生ましといて、そして埋(い)けるんじゃちゅうわいな。それ昔こっぽり。

また、そこに「類話」として掲げてある東伯町矢下の話も、同じようにこれをいう。すなわち、

ある村で、お爺さんとお婆さんとが飴を売って暮らしている。ある日の夜中時分、きれいな嫁さんが飴を一文買いに来る。次の晩も、またその次の晩も、同じ時分に買いに来る。お爺さんとお婆さんは、不審に思って、五日目の晩にそのわけを尋ねる。女は「子どもにやる乳がないので」と答える。六日目の晩、とうとうお爺さんは、その女の後をつけて行く。女はお寺の墓地へ入って消える。耳を澄ますと、地面の底の方から赤子(あこ)の泣き声が聞える。その泣き声をたどると、それは一週間前に死んだばかりの嫁さんの墓

であった。和尚さんを起こして訳を聞くと、その嫁さんは、「産み月の子をもったまま死んだ」という。身重な女が死んだ時は、腹の子をそのままにして埋けてはならないわけ。

ところで山陰は近畿の文化圏に隣接しているので、話や民俗にもお互いそれが反映しているのであろうか。京都府から報ぜられた資料には、同じようにこの習いが窺える。たとえば竹野郡『弥栄町昔話集』の一話は、いかにも世間話風ではあるがそれを次のようにいっている。話者は今西大京氏〈大正四〈一九一五〉年九月十八日生〉である。

父から聞かされましたのね、ここの事ではありませんが、有馬だったんですけど、有馬の方で、按摩の方がなくなられまして、そして、お腹に赤ちゃんがあったらしいです。そして、そのまま棺に収めましてお墓に埋葬しましたところが、毎晩、飴を買いにこられて、で、おかしいな思って、後をつけて見たら、そしたら、お腹に、子供を持ったままの埋めて墓へ入ったんで、前は、節の抜いた竹を埋めますね、墓に、隅にですね、それにこうあてて見ましたら音がした、声がした。ほんで、掘りおこして見たら子供が棺の中に生きておって、そして、その子供が、飴をしゃぶっておった。その子供が大きくなって、結局は、この土地におられなくなって上方の方に行ったと、父から聞かされましたけど。この間、その父が、先月か、今月の十日ですか、亡くなって、九十二で死にましたけどね、いつも、話を私たちによく聞かしてくれましたです。で、あの、お腹の大きな人は、一応赤ちゃんを、外に出して、それから、埋(い)けるものだということをね。

また『伝承文芸』第十号「丹波地方昔話集」の話も次のようにいう。これは船井郡日吉町の湯浅ナミさん〈明治三十〈一八九七〉年一月二十四日生〉から聴いた資料である。

あっとき、女子（おなご）をみごもったまゝでいなしたらな、お墓の中で子供が生まれて、幽霊が毎日毎日な、一文銭持って饅頭屋へお餅買いに来んのやて。そしたら、あの女子はいつ見ても足がないし、来るけんど、きっとお餅をちびっと買うてくのや。どっから来るのやろ、見たろ思うてな、後（あと）つけて行かはったらな、お墓へ帰ったんやて。そんでお墓まで去（い）んだらスッと見えんようになったんやて。そんで、そこを掘り返しはったらな、大きな丈夫な子が死人（しびと）の膝の上にな、こないして生まれとったて。そんで育てはったて。そやから、みごもったまゝ埋めるもんやないて。

さらに岐阜県下では鈴木棠三・及川清次編『しゃみしゃっきり』の話がこれをいっている。吉城郡上宝村での資料である。

ある所に、飴屋があった。毎晩、飴を二文ずつ買いに来る女があった。来る時刻も同じなので、飴屋があやしんで後をつけて行って見ると、墓の中にはいって行き、その飴を赤子になめさせた。そして、その赤子はもう大きくなっていた。飴屋は、それを拾って帰って育てたという。

それで、お産をしかけて死んだ者は、親子必ず二つにして、いけるものだという。

このようにして同系列の話を追って行くと、妊婦の死に際してこれを身二つにしてから葬るという、その習いを伝えるのは伝承地域からしても決して狭いわけではない。もちろん、ここでの場合は、というよりは、方法と手段はあくまでも「子育て幽霊」の話にまつわって伝えられる事例に限って述べている。そのために扱う資料には相応に大きな制約がある。枠がある。したがって、ここでの発言はすべてその枠内での例に留まるのだが、それにつけても、もしもいったんこの枠を外して民俗そのもの、すなわち、かつての慣行習俗それ自体を対象にして行けば、そこでの事例と実行地域の拡大はそのまま、予想し得るのであった。それというのも充分これを裏書きする材料として、話の末端に同じくこの習いを説く例は、すでに北九州からも報ぜられているのである。たとえば、『さがの民話』では、野田トシさん（大正二〈一九一三〉年十二月十七日生）の話が次のようにいっている。

むかし、むかし。

ある所に、毎晩、おそくなると、必らず飴がたを買いに女の人が来ていた。その店の人は、この女の人が夜になってからばかり買いに来るので、おかしいなぁ、何か深い理由があるのかもわからないと思っていた。

そこで、その女の人が飴がたを買いに来たある晩、その女の後を、わからないようにつけていくと、その女は淋しい墓地の方に行き、一つの墓の中に入っていった。

店の人は、不思議に思って、じっと見ていると、その女は、何かお金をかぞえているようであり、また、子供にその飴がたを食べさせているようであった。

これは、何か理由（わけ）があることだろうと思って翌日、村の人と一緒に、その墓を掘ってみることにした。すると、その墓の中には、毎晩、飴がたを買いにくる女が、妊娠したまま埋葬されていたのであった。そして、その子供だけは死なずに生まれていたと。

昔、埋葬する時は、必らず一枚銭（いちまやあぜん）といってお金を入れていたが、その金で、飴がたを買い求めて、その子供に食べさせていたのであったと。

だから、妊娠した女を埋葬する時は、そのまま埋葬してはいけない。必らず胎内の子供を出してから埋葬しないと、子供だけは生きていたり、また、その子供が死んでからでもお母さんが幽霊になって、子供に食べさせようと思って、このように飴がたを買いに行くということだと。

そいばあっきゃ。

また、同じ佐賀県下にあっては、佐賀郡『川副の口承文芸』所収の一話が次のように説いている。

あの夜ですね、店が開いとったらその、お母さんらしいのが、飴かなんかば買いに来よったそうですもんね。毎晩その買いに来るそうですね。時刻同じに。そいぎ、

おかしかね。どういうなんじゃろかち思って、店の人が後をずうっと、つけて行ってみたそうですね。そしたらそのお墓の下に入（はい）ったち。そいからあの、そのお墓をあけてみたらその、赤ちゃんが生れとった、ち言う話ば聞きよりました。そいで、子供を妊娠中の人から出さんばて。

かくして、ここに用いてきた資料は傾いて昔話集に多く、またそれを補う材料もその類いに始終した。しかし、ひとたび「子育て幽霊」の話を追尋、追及するならば、話の背景や基盤にはすでに潜んで各地に共通する旧い習わしと、一方になおそれを言い伝えようとする風の存することが充分窺えた。わが国に行われる話の特性のひとつとして認識し得る筈である。

註

＊『東讃岐昔話集』（「全国昔話資料集成」32）所収「子づれ幽霊」。

（『昔話伝承の研究』昭和五十九〈一九八四〉年七月）

「百物語」の位置――話の場とその設定

息を吹きかける幽霊

終章を迎えるに至った。ここには本書一冊の受け皿といった趣のもとに〝話の場〟に関する話題を設けた。それというのも、いったいにわが国の昔話は時日を定めて、というのは多くの場合、ハレの日に、それも家々の囲炉裏端を中心に村内の〝語り爺さ〟とか〝語り婆さ〟と呼ばれるような古老、あるいは近辺に知られた〝語り上手〟によって、殊更丹念篤実に語り継がれてきた。これに対応するに聴き手の側には、常にきちんと相槌を打つ仕儀が求められた。話の進行役である。これが昔話伝承の場の実態であり、かつ場面の生成と成立であった。それがために、そこでの場と場の設定は久しく村々の習俗、慣行の中に保持され、やがては固有の習慣のひとつとして定着するに及んだと理解してよい。

しかしそうはいうものの、それだけが決してすべてであったわけではない。事実、同じように村内にあって、一方では同輩や気心の知れた仲間が意図して寄り集まり、その上で近頃流行（はやり）の〝噺〟を互いに披瀝、交換し合うといった営みもしばしば行われていたからである。一種の〝寄合ばなし〟である。それと共に、今日いうところの〝情報交換〟の場でもあった。もっとも、習いとすれば、これはもちろんよほど新しい頃からの風である。ただし、ひとたび話の中身を閲（けみ）するに、そこには相変わらず古い時代の心意が流れていて、その在りようのすべてを時勢に乗じた新規の風潮とばかりにきめつけるわけにはいかなかった。それがあって、今回はその手の材料を集めて、従来あまり顧みられることのなかった領域に言及してみたいと思う。具体的な例から始めたい。

或寺の小僧が友達を集めて百物語を始めやうと蠟燭百灯を点して本堂に立て列べた。別室で怪談を一話終ると話し手が本堂へ行つて一燭を吹消して帰る。臆病の者から先にやり段々剛の者に廻るのである。最後に小僧と荘屋の息子とが残つた。灯は二本となり一本となり遂に最後の灯も消えた。先にすんだ人々は終わり次第家へ帰つたがやり残つた人々は今やつとすんだ所。夜は大層ふけた様子。小僧のすゝめで二人は寺に泊つた。そろ〳〵眠りついたが独り眼がさへてゐるのは荘屋の息子である。其中に物のけはいがするので夜着の袖から細目に見てゐると幽霊がうらめしさうに小僧の夜着を持上げふうと吹いて去つた。暫すると又来て刀屋の息子をふうと吹いて去つた。そこで二人の名を呼ぶに返事がない。もう死んでゐる。今度は自分の番かと心配してゐると雞の一番どきがしたので安心して家へ帰つた。二度と再びあんな物に来られぬやうにと氏神に祈りに行つた。所が帰りがけにいつも同じ女に会ふ、願がきれた頃には何となく心安くなり遂に其女と夫婦になつた。或晩妻が勝手へ行つてはるか来ないから窺いてみると先年寺でみた幽霊其まゝの顔で火を吹いてゐた。夫は急に胸を躍らせた。百物語は去年の今夜。わつと叫んで引きさが

つた。妻は急に走りより夫を一股ぎにふうと吹く。其一息に夫は絶命した。（里老）

小山真夫編『小県郡民譚集』（一九三三〈昭和八〉年四月、後『日本民俗誌大系』第六巻、中部Ⅱ、一九七五〈昭和五十〉年三月）所収「百物語」である。知る限り、昔話集に載った例としてはこれが最も古い。話には荘屋の息子、すなわち話の主人公が「夜着の袖から細目に」窺っていると、そこにやって来た幽霊、つまりはモノの類いが寝ている一人一人の男に「ふう」と息を吹き掛けて、いずれもその生命を奪ってしまうとする場面である。秋田県平鹿郡山内村では先年、これとまったく同じ趣向の「百物語」を採集した。ちなみに、それについては常光徹に「『隅のば様』と現代民話」と題する一文がある（説話伝承学会編『説話の始原・変容』おうふう、一九八八〈昭和六十三〉年四月、所収）。また、話の後段、殊に結末の部分はラフカディオ・ハーン『怪談』に収められる「雪おんな」のそれにそのまま通じる結構にあった。ただし、いまはただそれらを指摘するに留めておく。

鷗外の『百物語』

ひとつの伝承知識として、あるいは独立した言葉としての「百物語」ならば、現在もこれを口にする人は少なくない。否、それのみならず妖怪変化ばやりの時世を受けて、昨今、これへの試みや関心はむしろ一段と若年層に瀰漫しているかのようである。そこで心掛けて、この風を追ってみると、なるほどたしかに都鄙をわかたず、土地によってはつい近頃まで常住坐臥、「百物語」は相変わらず私どもの近辺に余喘を保っていたのが明らかになってきた。そして、たとえば、それは東京――というよりは、この場合などはほとんど江戸と言った方がよいのであろうが、ともかくも明治末年の東京の下町では、次の新しい時代がすぐそこまできていたにも拘わらず、大抵は銷夏(しょうか)、納涼を口実に習いはなおその一部に頻りに行われていたもののようである。周知の如く、森鷗外には『百物語』の一篇があって、そこには冒頭近く、次のような叙述があった。

勿論生れて始ての事であつたが、これから後も先づそんな事は無ささうだから、生涯に只一度の出来事に出くはしたのだと云つて好からう。それは僕が百物語(ひやくものがたり)の催しに行つた事である。

小説に説明をしてはならないのださうだが、自惚(うぬぼれ)は誰にもあるもので、此話でも万一ヨオロツパのどの国かの語(ことば)に翻訳せられて、世界の文学の仲間入をするやうな事があつた時、余所(よそ)の国の読者に分からないだらうかと、作者は途方もない考を出して、いきなり説明を以て此小説を書きはじめる。百物語とは多勢の人が集まつて、蠟燭を百本立てて置いて、一人が一つ宛化物(ばけもの)の話をして、一本宛蠟燭を消して行くのださうだ。さうすると百本目の蠟燭が消された時、真の化物が出ると云ふことである。事によつたら例のフアキイルと云ふ奴がアルラア・アルラアを唱へて、頭を掉(ふ)つてゐるうちに、覿面(てきめん)に神を見るやうに、神経を加へて行つて、一時幻視幻聴を起すに至るのではあるまいか。

作品の成立は明治四十四年である。柳橋の船宿から発って、向島での催しに参じた筋になっている。文中に鬚の白い依田学海が紺絣の銘仙の着流しに薄羽織を引っ掛けて出てくる。後段の解釈は措くとして、その場の描写は克明で、観察力はいかにも行き届いている。右の文に鷗外の言うように、もしも「小説に説明をしてはならない」というのであったならば、いま、この種の論述の材料に小説の一端を引くのは、あるいはそれ以上に「してはならない」ことのひとつなのかも知れない。しかし、翻って思うに鷗外はあえて小説作法のタヴーを犯してまで「小説に説明を」加えているところをみると、引用の部分はどうやらもともと「小説」ではなかったことの反証になりそうである。それからして、察するに鷗外にはかつての日、実際に百物語、あるいはそれに類する催しの場に臨んだ経験があった。そしてそれにもとづいて、ここでの叙述がなされている。そのように見做してもあながち無理ではないように思われる。

しかしそうだからといって、折角「生れて始ての」しかも「生涯に只一度の出来事」であったはずのその日の催しは、はたして鷗外が期待した通りのものであり、かつまたここに記すだけの中身が伴っていたのだろうか。そうなると、これは必ずしも保証の限りではない。何故ならば、当日の催しはいずれ「百物語」を云々していたのであろうが、そうかといって実際にその言葉通りに、あるいは額面通りにこれが従来からの仕来りを守って行われたか、どうかとなると、これはこれでまた、いささか首を傾げたくなるような言辞がそこに弄されていたからにほかならない。何を根拠に今になってこうした臆測を述べるかというに、そもそもかの文章には、すでに充分それを匂わせる条が存したからである。すなわち、異風の趣をもって、「いきなり説明を以て此小説を書きはじめる」と言い置いた通り、作者はこれについて「百物語とは多勢の人が集まつて、蠟燭を百本立てて置いて、一人が一つ宛化物（ばけもの）の話をして、一本宛蠟燭を消して行くのださうだ。さうすると百本目の蠟燭が消された時、真の化物が出ると云ふことである」と記した。なるほど、小説の常識からすればこの一条は鷗外ならずとも、いささか唐突、意外の説明言辞である。しかし考えようによっては、この程度の破調、もしくは冒険は、およそ端正、謹直な作風を旨としていた鷗外にとっては、むしろ好ましい試みのひとつとして評価すべきではなかっただろうか。しかしそれはそれとして、別途この部分に殊更私が拘泥するのは、改めて指摘するまでもなく、実はそこでの鷗外の「説明」は、「行くのださうだ」とか「出ると云ふことである」といった調子であって、はっきりいってこれでは少しも「説明」の態をなしていない、いわばそういった事情にあったからである。いうなれば、ここのところの「説明」は、ほとんど及び腰であって事の実態は伝聞の域を一歩も出ていない。これは明らかに脇からの知識を援用、導入しているに過ぎず、実地に体験した者の報告にはまずもって遠い。そのように理解されるからであった。

したがって右の一文に関する限り、百物語の催しに参じたはずの鷗外の筆致は、少なくとも「百物語」そのものについてはまったく不安定で頼り無い。そこで再度言うようになるが、その日に持たれた百物語の集いは、鷗外がわざわざ参加したにも拘わらず、いざ蓋を開けてみれば「百物語」本来の仕来りはついぞ行われず、内容はそれに名を借りての単なる風流、好尚の夕べに過ぎなかった。つまりは、江戸の情緒、雰囲気を回顧、追想する清遊の席に終始したということであったに違いない。しからば「生涯に只一度の出来事」であり、唯一の機会であったにも拘わらず、鷗外には実見及びその追体験は遂に叶えられなかった。もしもこれを前提とするならば、ひとたび「百物語」の内容を紹介するに先立って、鷗外はいったい何にもとづいてさきの「説明」に及んだのであろうか。もちろん、それに関するいくつかの風聞は知識としてすでに有していたとしても、改めてこれを援用、記述するに当たってはやはり然るべき資料を欠かすわけにはいくまいと思われるからである。

ひとり臆測に臆測を重ねるのは好ましいわざではない。しかし、鷗外の引用紹介が何にあったのかは相応に興味を惹くところである。後にいずれその事例を提示するが、文献のみならず民俗資料にあっても、「百物語」の習い、もしくはそれへの仕来りに言及した材料は決して少なくなかった。逆にいえば事程左様にこの風は汎（ひろ）くに浸透し、また持て囃されていた証左にもなろう。その中でわけても著名なのは、直接それを表題にした『百物語』である。そこでは「序」の一節に次のようにあった。

> まことなるや、いにしへ人の語り伝しハ、何にても百物語をすれば、かならずこハき物あらハれ出るとうけ給ハりし。今宵ハ雨もそぼふり、物すごき夜なれば、しめやかに百物語して、こハきもの出るか心みて、後の世のためしにせむといひければ、をの〱然るへしとて、はや物語をはじめける。

『噺本大系』第一巻に拠った。右の例はモノガタリ伝承の場の条件と併せて、場面設定の状況を映し留めていた。資料として見過ごせない記事である。しかしすでに引いた鷗外の「説明」内容を鑑みれば、この程度の叙述ではいっこうに満足できない。だいいち、ここからは「百物語」の場における仕儀、仕様、いわばそこでの実体はほとんど窺い知るのが叶えられないからである。それからすれば、ひとたびは「百物語」に触れて、しかもそこでの在りようをきわめて具体的に説いたのは、『伽婢子（おとぎぼうこ）』「怪を話（かた）らば怪至」の一節であった。巻十三の結末である。

> 昔より人の云伝へし怖ろしき事、怪しき事を集めて百話（ものがたり）すれば、必ずおそろしき事、怪しき事ありと云へり、百物語には法式あり、月暗き夜行灯の火を点じ、其行灯は青き紙にて張り立、百筋の灯心を点じ、一つの物語に、灯心一筋づゝ引取ぬれば、座中漸々暗くなり、青き紙の色うつろひて、何となく物凄くな

り行くなり、それに語り続くれば、必ず怪しき事現はる、とかや、

と、するものである。この記事ならば、ひとたび訴えた不満も大方解消するのではなかろうか。ここではごく直截に「百物語」には「法式あり」としている。そしてただちにこれに従えば、夜分ひとところに人が寄って行灯に火をともし、一つを語るたびごとに灯芯を一節ずつ引き抜く。これによってその場は漸次暗さを増し、怪しき気分は徐々に醸し出されていくというわけである。もっとも、鷗外の筆には「蠟燭を百本立てて置いて、一人が一つ宛化物の話をして、一本宛蠟燭を消して行く」とあった。その場合は裸蠟燭を言っているのであろう。どちらが先行する姿であり、どちらがそれに習ったのか、にわかの判断はできない。しかしいずれにしても、鷗外はこの種の「法式」を承知していた。それに間違いはない。ただし、そこでの叙述はいつに何を典拠にしていたのか、依然決定的な証左は得難いが、いずれこのあたりの資料を参照していたのではなかったろうか。ちなみに時代は下るが『教訓百物語』には、

むかしから百物（ひやくもの）がたりをすると、化物（ばけもの）が出るといふ事を言ひ伝へますが、是れははなはだありがたい教（をしへ）なれど、是れを実（まこと）にしる人がない。其百物がたりの仕（し）やうはといへば、先づ大かはらけに油を一ばいさして、とうしんを百すじ入れ、灯し置き、さてそれからこわひ噺しを一つにしては一筋けし、又一つしては一筋けし、段々次第にけして真（ま）くらがりになると、それから化ものが出るといふ。

と、説いている。

闇の中のモノへ聞かせる「話」

それにつけても、「百物語」の催しには、さきにいう「法式」は欠かせない条件であった。他の類例から推測するならば、およそこうした仕来りがあってこそそこにはじめて「百物語」の名を冠し得た。そのように見受けられる節が少なくなかったからである。そしてここでの「法式」とは、すでにその席に参加の、あるいは、場面構築への手続きと順序であり、また積極的な意思そのものであった。当然、「儀礼」に類した行為であって、常に遵奉、順守されるべき性質にあったかと思われる。ここで余計な一言を添えるようだが、さきに示した『百物語』は一六五九（万治二）年、そして『伽婢子』は一六六六（寛文六）年の成立と認められる。そのまま受け取れば、両書の差はわずか七年に過ぎない。前者がこれへの知識をまったく欠いたとは、ちょっと考え難い。その意味で当時の「百物語」の在るべき様子をきちんと留めていた浅井了意（りょうい）の記述は格別ありがたいものであった。

さて、ひとたびその席に参じた者たちが、この「法式」に則って、怪異をひとつ語り、またひとつ語りしては順次灯芯を一筋ずつ引き抜いていく。あるいは、眼前の蠟燭に直接息を吹き掛けて一本ずつ消していく。このようにして、場の雰囲気はいよいよ高調、高揚し、併せて夜の漆黒は刻一刻と深まるというのは、そもそもがいったい何を意味し、また意図したのであろうか。思うに結局これは、そこに加わった者たちがつぎつぎに開陳、披瀝する世にも不思議な物語、すなわちモノを語ることによって、ここに改めてその存在を追認、紹介されたさまざまのモノたちは、今まで閉じていた生命をおもむろに回復させる。ついで彼らは次第に活性化し、やがて辺り一面に瀰漫、充足し始める。加えて一方ではあたかもその働きを助長、昂進させるかのようにして周辺の闇は漸増し、不安定な気分はようやく高調、増大していくのであった。かくして、その場は異様な緊張に包まれ、人々の感情は極度に緊迫して、ただならぬ雰囲気を漂わせるようになってくる。このとき、場面はすでにモノの跳梁跋扈する世界に変容、変貌しており、それは更に増進して遂にモノの支配する世界に転じていた、というような、いわばこうした情況、あるいは仕掛けを予定していたのではなかったのだろうか。いうなれば、怪を語ること、つまりはいったんモノを語るといった仕儀によって、そこには紛れもなくモノが現出し、あまつさえ彼らが蠢動することによって、モノの世界が生成されるようになる。これによって人々は尋常ならざる相手、すなわちモノとの交流、交感を得るといった局面を迎えるに至る。「怪を話らば怪至」とは、さきに示した了意の言葉にほかならぬが、私は今この場面ならびに状況と機能について、このように考えているのである。

ただ、以上はほとんどひとり勝手な感想の域を出ない。順序と手続きをきちんと終えないままにむやみに先走って結論めいた言辞を弄した。具合が悪いのは、まずもっていかにも主観的な展べ方をしてきたところにある。その点を自省しつつ、いま少し述べてみたい。

ここでの話は、当初昔話の「百物語」にはじまった。繰り返すようになるが、その「百物語」とはいっとき人が寄って「法式」を守りながら怪談をし、挙句は怪異の現出を期するものであった。結果の招来はともかく、試みとしては、その催しというか、もしくは場、はたまた座の形成といったらよいのであろうか。いずれにしても、当面の目的とそこでの仕業ははなはだ尋常ならざる内容にあった。そしてそれは汎くに行われてきた。事実人口に膾炙して一時はよほどの盛行をみたもののようである。それならば、客観的にいってこの様態をいかに位置づけ、また評価して認識すべきか。慣行習俗、あるいは時代思潮の上からもすこぶる興味深い事例かと思われる。しかるに、これへの具体的な提案や発問は必ずしも多くはない。ただ、その中にあって、精霊、つまりはモノ。怪異譚。そして、実際にそれを語る場とそこでの目的をトギとトギバナシといった観点から立体的かつ機能的に捉えようとしたものに先学折口信夫の発言がある。たとえば「お伽及び咄」(『折口信夫全集』第十巻)の一節に折口は次のようにいう。

実際に御伽をする場合には、咄をし物語をしてゐるので、つまり宿直の者が、いろ〳〵の話をすることである。そしてその内容が、大抵身の毛のよだつ様な咄である。民間には恐ろしい咄が沢山あるが、其滑稽を帯びた一つに、ふるやもりといふ型が伝つてゐる。この咄の内容が暗示するところのものは、暗い夜、屋外に化物がゐて、近づかうとしてゐるといふことである。武家の家などでは、これに対して、宿直してゐたのであらう。さういふ時には、むやみにこはい化物咄などをして、外から近寄る奴を威嚇してゐたものであらう。こゝにはもつと、こんな恐い物に会つた経験があるのだ。或は、もつと怖いものが居るぞ、と言ふ示威運動なのである。こゝから怪談が発達して行つた。百物語の起つたのも、此為である。これが、御伽の内容の最中心になるのであらうと思うてゐる。御伽の時の必須条件として、妖怪談をすると決つてゐたら、「おとぎ」なる語の内容も、自ら制限することが出来る筈である。

と。折口は更にこのようにもいう。

古屋守りの話がある。「盗賊か猛獣かゞ、家の外に立つて窺うてゐる。自分より恐いものがないと考へてゐる。家の中でぢいさん・ばあさんの声がして、何がこはいと言うて、古やもり（又、古屋のもり）ほどこはいものはない、と貧乏をかこち話にしてゐる。其を聞いた表の異客は、自分のかつて聞かぬ物の名に恐れをなして、逃げて行く」と言ふ物で、長話としては、此に前後がくつゝいてゐるのもある。私は、昔話にはかうした恐しい話をする事が、外部から来り臨まうとしてゐる魔物・妖怪に聞かせぶりにする意味のあることを考へる。もつとこはいものが、こゝには居るぞ、予め珍客の夜襲に備へておくと言ふ方面である。お伽話を怪談によせて説くことは、小池元男文学士の発意であるが、私は亦、此意義において其を信じる。だから、寝につかぬ子を脅かす方便を持つてゐたものとは思はれぬ。だから、怪談は、昔咄であり、お伽話であった。

（『全集』第十巻）

続いてこの考え方は、もう一度「日本文学発想法の一面」の中に次のように述べられている。

「話す」といふ言葉の意義は訣らぬが、ともかく「話す」と「語る」とは別のことである。話すといふことが始つてからも、言葉の意義は幾変遷してゐるのである。又「おとぎ」といふ言葉の意義も訣らない。だが少くともこれに「伽」といふ字を当てる理由だけは推測出来る。「ぎや」といふ声は咒文の短いもので、之を唱へることに依つて、闇黒を打払ふことが出来ると考へた。夜中に武家の主人の傍に居て、「伽（ギヤ）」の声を発して、暗闇を払ひ却けた。その習慣から、此字を当てたのだ。従つて、此悉曇音の持つ用途と、「とぎ」といふ言葉の意義は一致、或は並行してゐたに違ひない。「おとぎ」の意義は訣らぬが、お伽の衆の

為事は、漠然と摑むことが出来ると思ふ。（『全集』第七巻）

隠者のある者が、御伽衆（オトギシュ）としてするお伽の話は、恐い話であつた。併、実は御伽衆と混同して考へられてゐるものに、御咄衆――又御放衆と言ふのがあつて、話は此方が、はじまりだつたのである。恐い話をするといふことは、此処には、貴様よりももつと畏い奴が居るぞといふ示威運動に当るのであつた。夜中に、爺と婆がふるやのもりが恐いと話し合つてゐた所、立ち聴きの狼が驚いて逃出した話がある。爺婆の考へでは、古い家の屋根の洩るのが畏いといふ意味であつたのである。人間と異類との間に、意志の疎通が無く、自分より畏い奴が其処に居ると感違ひして逃出したのである。さういふ話が出来たのも、元を尋ぬれば、四五百年位の事には止らぬが、お伽話といふもの丶意義をよく示してゐると思ふ。御伽衆は、御咄衆の間で発達した話術を利用して、恐るべき武辺高名の異類対治物語を、主人にと言ふよりも、外に居る化物に聞かせる役目を持つてゐたのである。（同右）

こうしてみると、右の文に関する限り、折口信夫は「おとぎ」という言葉の意義は「段々と訣つて来た」とはいいながら、最終的にはやはりそれはわからない。よくわからないとしている。そしてまた「おとぎ」そのものの意義についてもわからないと言い置いている。しかるにそれでいて、実際にはそれらの言葉の向かう方向、つまりは働き掛ける直接の対象、いわばその場における直接機能といった面については「漠然と摑むことが出来る」としている。要するにそれは元来が漆黒の闇の中で、しかもそれをよい事にして私どもの身近に迫ってくるモノ、すなわち、精霊ならびにその類いに対して敢然と働き掛ける力を擁していたのだと説くわけである。それからして、ここに用意された折口の見通しはもはや充分明確であって、「漠然」としていたなどとはとても考え難い。ただし、折に触れて指摘されるように、折口信夫の論の展開、論述の仕様はしばしば奔放、自在である。すべてにわたって必ずしも具体的な資料や事例を提示することなく、それでいて時には性急に結論を訴える例も少なくない。そしてそれは、あるいはこの場合にも言えることなのかも知れない。客観的にはそこでの説明を読んでいて、すこぶる魅了されると同時に併せていくつかの疑義も当然派生してくる。たとえば、折口はいま、昔話「ふるやもり」を引いて頻りにそこでの機能を説いている。なるほど機能自体は相応に納得できる。話の扱い方、資料処理の道としてそれはもちろんひとつの方法であり、かつ、手段であろう。しかし、昔話「古屋の漏り」は、ここにそれの働きを積極的に説くとすれば、はたしてそれはいつの頃からこの国に馴染んできた話であったのだろうか。いうまでもなくこの一話は古くインドの『パンチャタントラ』に類話のあることで知られる。また『オルドス口碑集』(平凡社東洋文庫59、一九六六〈昭和四十一〉年一月)にも「鍋が漏る」として載っている。さらに韓国では「虎より怖い串柹」として知られていた。思うにわが国に行われる話は、いずれ彼の地の例にもとづいた上での受容、享受であったものと予測される。したがって、これは当然、彼我の比較、対照の充分に叶えられる話柄のひとつとして注意を要する存在であった。ところで一方、この話の消息は『袋草紙』巻三に認められる記述が、わが国では文献としての初見であった。そしてそれはそこでの状況から察するにこれはおそらく説教の場での材料のひとつとして披露されていたに違いない。それからして、これが次にいつ頃から汎くに用いられるようになり、かつまた具体的にはそれに付帯して折口の説くような機能が期待されるに至ったものか。この間の推移、消息に関しては、正直いって資料に不足して追跡がほとんど叶えられない。

加えてなお、折口はまた、これをたまたまこの一話、つまり「古屋の漏り」に限って言うのか、それとも類を他に及ぼして、すなわちその「聞かせぶり」を言い得るのか。そうなると具体的な事例への指摘はまったくなされていない。客観的にはその点にいかにも不安が残る。ついで、前二者ではやがて「百物語」に言及して、実質そこでの効用を説いていた。しかるに後の場合には何故か少しも触れていない。その間、ひとつの経過として「百物語」そのものに対する認識や考え方に基本的な変化や懸隔が生じるに至ったのか、それともたまたまこれを省いたのか、実をいってこの点も相変わらず不明である。

しかし、翻ってこの際、いたずらにこの種の素材や材料にこだわっていると、ついつい瑣末にかかずらわって大局を逸するの弊を招きかねない。それでいて現実、折口信夫の所論は、いつにトギそのものの在りようをさながら活魚料理のように捌(さば)いて、まことに見事である。魅惑的である。そして折口はそれをいうように、ひとたびは「百物語」に及んだ。繰り返すようになるが、後の意見では触れていない。しかし、かつて頻りに行われた「百物語」の実体を考慮するにつけても、ここにみえる折口の見解はすこぶる刺戟的であり、かつ、向後もいっそう有用、有効であろうかと判断し得る。そこで以下、積極的にそれを補うためにも、また文献のみならず、各地に行われてきた「百物語」の伝承や、そこでの民俗慣行といった面にも目を向けて、それへの位置づけを試みたいと思う。

弔われぬ霊への供養のための催し

おそらくは近辺の慣行習俗の中からたち上がってきた俚諺(りげん)であろう。新潟県長岡市では「ヒャクモンガタりは、せなこうじが踊り出す」という。「せなこうじ」は、荷物を負うときの背中当てである。土地では昔話を百話語る所為に向けての禁忌であった。この地方では、もっと直截に「昔話の百物語りをすると化物が出るから語るな」といった。水沢謙一は『昔あったてんがな――宮内昔話集――』（一九五六〈昭和三十一〉年十一月）の「語彙」の項に、それを次のように説いていた。

ヒャクモンガタリ　百物語。「昔話を百、語ると化物が出てくるから語るな」と禁忌となっているが、これも、もともと昔話を百語る、ある特定の日があって、フダンやたらに語るべきでないという事を語っている。

と。傾聴すべき説明である。また、かつての日、山形の佐藤義則は「最上地方民俗会報」第六号（一九六七〈昭和四十二〉年十月）に次のように記した。すなわち、「一晩に百のムガス語っと、ムガスって云うヨモノ出て来て呑まれんぜ」といって、多く語るのをいましめる。

同じ山形は赤湯の武田正には、次の一節がある。孔版『とーびんと　六兵衛翁昔話』四の「あとがきに代えて」の中の文章である。

若衆の、またはそれ以上の年令の者たちは、正月の二日とか十六日、またはその頃に、よく集まって「百物語」をしたこともあったそうである。年取りの晩に「九・五・一」という年令構成になると、その家族は不幸があるなどといって誰かが別の家に泊りに行ったりしたというが、そんなことで「百物語」が語られたものなのだろうか。灯芯を百本点けて、二、三十人が集まって、一つずつ順に語り、一つ語り終えると灯を一つ消して行ったという。最後には五、六本残り、そっちこっちの顔が鬼に見えたり、幽霊に見えたりしたものだったという。そこで語られるものは主に化物話だったようだが、決った話はなく、終りの方になるとつまらない話も多かったのではないかという。またエロ話などもあったと言うが、具体的に聞いたことはなかったようだ。

また、百物語が終ってから、墓場に行ってクイを打ちつけて来るなどという、胆だめしもあったという。兵隊に行くちょっと前の年頃から、年寄りは入らないが、壮年の人も入り、がってもない話ではなかったかと思われる。

ここには土地の風が率直に伝えられて面白い。武田の報ずる内容からは、百物語とハレの日のかかわりが知られて興味深い。殊に年取りの晩とか正月、さらには小正月前後といった具合に一年の中で最も重要な日が指摘されていて、注目に値する。その点、さきに引いた水沢の説明を補完する資料としても有力である。ただし、ここに述べられる百物語の日は、いずれも冬期間の、しかも積雪時に重なる。そこになんとなくそぐわない感じを抱かないでもない。もっともそれは私ひとりのごく気儘な印象に過ぎず、印象というよりはむしろ気分の問題かも知れない。したがって、これといった決定的な疑義の根拠は別にない。ただし、文中にあるように「百物語が終ってから、墓場に行ってクイを打ちつけて来るなどという、胆だめしもあった」とする一条を見合せると、この話などはどうも夏分（なつぶん）のような気がしてならない。何故ならば話の行き先はいずれ、臆病な男が杭と一緒に自分の着物の裾を打ちつけて、幽霊に引っ張られたと勘違いして動顛する筋書につながるはずだからである。これからすれば雰囲気からいっても雪のある頃ではちょっと不似合である。もっとも、怪異談即、夏の夜話。あるいは百物語すなわち納涼、銷夏の興趣といった思い込みそれ自体がそもそも後世の感覚であって、それに災いされるのはすでに百物語を云々する資格に欠けるのかも知れない。考えてみれば、吹雪に閉じ籠められた夜の百物語こそ、いつに悽愴、壮絶の気が張っていたことであろう。

　このようにしていったん俚俗の風に目を遣るならば、ひとたびは百物語を標榜しつつ、土地土地ではいかなるものをそれとしていたのであろうか。先般私が直接採集した例は次の如くである。新潟県古志郡山古志村梶金で聴いた。

　大人でも子供でも同じ(おんな)ことになるが、大勢集ばって、そしていわば、昔話、物語するわけだってね。それ百語れば化物(もん)が出ると。だんだんが百は語らんねと。百物語、百語れば化物が出てくると。だから百語っちゃいけんねと。

右の伝承は五十嵐兼吉翁（一八八九〈明治二十二〉年一月二十五日生）に拠る。この地域には百物語はいまでも息づいている。かつての日、この地を代表する語り手の一人、長島ツル媼（一八六八〈明治元〉年七月五日生）は、独立した内容のある話として、それを次のように語っていた。水沢謙一の編む『とんと昔があったげど』第一集（一九五七〈昭和三十二〉年）から引いてみる。

　とんと昔があったげど。

ある晩に村の若い衆が、葬礼場に集まって、昔話の百物語りをすることになったてや。百物語てや、葬礼場で語るもんでねというこった。若い衆頭が、

「昔話の百物語りをすれば、化物が出てくるというこんだが、こんにゃ、おらたちで、百物語りをしようねか。ろうそくのあかしを百灯つけて、一つ語ったら、一つけやしていぐがんだ」

と言うたれば、若い衆どもは、

「そうだ、なじょうも、百物語りをしよう」

と、大ぜいが、仲間になったと。

若い衆どもは、夜さる(夜)、葬礼場へ出かけて行った。ほうして、輪になってあぐらをかいて、百灯をともして、順番に昔話を語り出し、一つ語ると、あかしを消し消ししていたてや。だんだんに語り進んで、あかしが、あと、もう一本というどこまできた。その時、若い衆頭が言ったと。

「おう、お前方、百物語りも、もう一つで百になるどこだ。いいかな、お前方、どんげな化物が出て来ても、おたがいに逃げっこなしにしようねか、どうだい」

「ああ、いいとも、なに、逃げようば」

と、若い衆どもも約束したてや。

百番目の昔話が終った時に、若い衆頭が、

「さて、お前方、これで百物語りがおしまいになったが、どんげな化物が出ても、逃げっこなしてがんだな。実はな、さっきから、おらのきんたまを、何もんだかわからんが、しゃっこい手で、しっかりおさいているど」

と言うたら、

「そら、化物が出た、出た」

と、若い衆どもは、若い衆頭を残して、みんな逃げてしもたてや。

　若い衆頭は、じっとしていて、化物に言うたてや。

「お前は何もんだ。正体をあらわせ」

　ほうしると、いとしげな女の幽霊があらわれて、

「おらは、村の庄屋のおんなご（下女）であったが、ふとした病気がもとで死んでしもうた。お経もよんでもらわんし、石塔も立ててもらわんすけ、行ぐどこへ行がんないで、困っていたどこだ。ところが、こんにゃ、お前方が、百物語をしてくれたおかげで、出てこられて、ほんとにありがたかった。ほかの若い衆は、みな逃げてしもうたが、お前はごうぎで、おらはよかった。どうか、おらを助けてもらいたい」

「助けてくれと言うても、どうせばいいがんだ」

「それは、お寺へ行って、せがき（お経）の一巻も読んでもらいばいいがんだ。どうか、たのむ」

と言うて、姿が消えた。

　そこで、若い衆頭は、女の幽霊の言う通りにしてやったてや。

　これで、いちごさけた。どっぺん。


　さすがに見事である。ツル媼の言葉には格調がある。冒頭近く「昔話の百物語りをすれば、化物が出てくるというこんだが」と言い置いたくだりは、そのまま文献資料に対応し、なかんずく「百灯をともして、順

番に昔話を語り出し、一つ語ると、あかしを消し消ししていたてや」といった条は、かの「法式」に準拠する。村の若い衆が葬礼場に寄って「輪になってあぐらをかいた」と説く場面は、村の百物語の有様を述べていて余すところがない。しかもその結果、紛れもなく、モノの現出をみたのである。のみならず「いとしげな女の幽霊」は懇切にそこでの礼を述べ、最後までその場に居残った剛胆な男の力によって、無事成仏が叶えられるといった結末になっていた。「幽霊」の言葉に「お前方が、百物語をしてくれたおかげで、出てこられて、ほんとにありがたかった」とする一節のあるのが印象に残る。

こうしてみると、土地の人々の中にはこの種の物語を催すことによって、このような弔らわれぬ霊、たとえば非業の死を遂げた者への積極的な慰藉（いしゃ）、鎮撫、いわば供養を目的とする想いが深く存していたのかも知れない。もしもそうだとすれば、折口信夫の説いたトギ、トギバナシの場とそこでの機能も、ここにまた新たな展開が予想し得よう。たとえば、さきに私は「百物語」が「年取りの晩とか正月」といった時期にこれの行われる習いへの疑義を云々した。しかし、右に記したような目的と併せてそこでの所為、機能を勘案するならば、この催しが盆と大歳の夜、つまりはそれぞれが年を二分するもっとも重要な日という意味で、その両様に行われるのはまったく不都合ではなかったと理解されるのであった。そこで、続けてもうひとつ、そうした雰囲気を伝える話を示そう。水沢謙一『雪国の夜語り』（一九六八〈昭和四十三〉年四月）所収の例である。

昔、あったてんがな。
ある村で、トシヤのばんに、若いしょが、お宮さまにいって、トシゴモリをしていたって。ほうして、昔ばなしの百物語りをしながら、トシヤマチをしていたてが。ほうして、あれこれと、つぎつぎに昔ばなしを語って、へえ、百近くなってから、ひとらの男が、

「おら、しょんべんしにいってくら」

と、外へいったてが、ほうして、しょんべんをこいていたれば、なにもんだかわからんが、ばか、しゃっこい手で、男のきんたまを、しっかりおさえた。

「おや、まあ、こら、なんだろう」

と、おもたが、そのまんま、また、お宮のなかにはいって、知らんかおして、ねまって(すわって)いたって。ほうして、その男が、

「ムカシが百にならんうちは、ンな(みんな)が、けっして、このばを立たねようにしようで」

と、いうたれば、ンなも、

「あ、それや。よかろ」

と、いうていた。

ほうしているうちに、ムカシが、九十八、九十九になったてが。ほうしたれば、お宮さまの、てんじょうばりのとこで、ドツンと、ごうぎな(ひどい)音がしたって。キャッというて、ンな、にげだした。しょんべんしにいった男だけは、

「どげんことがあっても、こら、ひとつ見とどけてやろう」

と、おちついて、

「おいおい、そんげににげることもねえねか。ンな、ここにいれや」

というども、ンな、おっかながって、にげていってしもた。じぶんだけ、そこにいた。ほうしると、フワフワと、ゆうれいが出てきて、

「おれは、たのみたいことがあって、人をためしてみるども、ンな、おくびょうもんばっかで、にげられてしもうた。きょうというきょうは、おまえを見こんで、たのみがあるすけ、どうか、きいてくれ」

「あい、なんだい」

「ほかでもねえ。おれが、若いどき、ひとらもんで、どうかして、かねもちになろうと、いっしょうけんめいはたらいて、かねをためて、村の橋のたもとのヤナギの木の下に、かめにいれてうめておいた。そのかながめをさずけてやろうとおもうどもに、ンな、おれが出ていぐと、おっかんがって(おそろしがって)にげていってしまう。そのかながめを、おまえにさずけてやるすけ、どうか、かながめをほり出してくれ。お経の一かんくらいも、おれにあげてくれ。そのあまりは、ンな、おまえにやる。もし、まだ、もろうかねが、いっぺだとおもたら、おれに、はかの一つもたってくれ」そういうて、すがたがけえたって。

ほうして、夜があけてから、村の橋のたもとにいってみたら、なるほど、雪のなかに、ヤナギの木が一本あったって。ほうして、春になって雪のけえるのをまって、そのヤナギの木の根っこをほってみたれば、おっきなかながめが出てきて、そのなかに、大ばん小ばんが、いっぺ、あったって。

ほうしるんだんが、そのかねのなかから、お経をあげたり、おはかもたってやったりして、のこりのかねをもらったって、そのかねで、いっしょうあんらくにくらしたてが。

いきがポーンとさけた。

長岡市新町の上村タカさんの語る一話である。一篇の構成や趣向としては前出、長島ツル媼の例に大きく変わるところはない。実際、地域的にいっても山古志村と長岡とは峠を隔てて相接している。共に昔話の宝庫と称された所である。ただし、タカさんの話の導入部はちょっと見過ごせない。採集者の水沢もこのことに関しては格別に注意を向けて、彼は次のように記していた。

百物語の昔話をお宮で語ったという「百物語り」の昔話を、いくつか採集した。このお宮でというところが、一つの着眼点である。かつて昔話を語るに一定の場所があったことを示しているように、端的にいうならば、お宮で語ったのが古い姿であろう。家々のカタリゴトになる以前に、村のカタリバサやカタリジサの家に、子どもたちがききにいったというのは、あとあとの変化であろう。
また、百物語りをすると、たいていは、化物が出てくるという趣向になっているが、この「百物語り」の昔話の一つに、ある村で、トシヤに、若しゅたちが、お宮にトシゴモリをして、トシマチをして、百物語りをしていたら、化物が出てきて、逃げなかった男に、さちをもたらすという話しもあって、きわめて暗示的である。

『雪国の夜語り』所収「昔話の社会的機能——昔話の信仰的機能——」の「ミヤゴモリ」の一節である。文章は前出、上村タカさんの事例にもとづいている。後段をいって水沢は「きわめて暗示的である」と括っている。しかるに何がそうなのか、正直言って私にはよくわからない。そこで別途、タカさんの話のその後段の部分について少々補っておきたい。

幸福をもたらす、意外な結末

幽霊からの頼み事を聴き入れて「橋のたもとのヤナギの木の下に」埋めてあった「金の甕(かめ)」を掘り出すといった条は、これはおそらくは傍からの借用モチーフであろう。事実、新潟県下から報告されている「百物語」には他にもこうした事情を訴える例があった。

「――おらはもう死んだ人間だが、墓場のどこに、金がめをうめておいて死んだが、実は行ぎどこへ行がんないで困っている。その金がめには、金がいっぱいこと入っている。どうかそれを掘り出して、おらにお経を一巻あげてくれ、お寺様にお経の金をやっても、後にまだ、どうろ金があまるが、それは全部お前にやる」

と言うて姿が消えてしもた。

その男は、幽霊の言う通りね、墓場を掘ったれば金がめが出て来たんだんが、お経をあげてやり、残った金をもろうて、馬鹿気ね金持ちになって、楽々と暮した。

これでいきがポーンとさけた。

右は水沢の『昔あったてんがな』所収の話である。ところで、意図してこの部分を取沙汰するには、理由は二つある。繰り返すようになるが、その一つは、これはおそらく越後から東北地方一帯に集中的に認められる「金甕の声」からの援用、もしくは借用に違いない。参考までにいえば、この種の話の初出は文野白駒こと、岩倉市郎の『加無波良夜譚』（一九三二〈昭和七〉年一月）の「六〇番」がそうである。ここでは夜毎発せられる「危い〳〵」という声に導かれて行くと「川の縁に金甕が倒れてゐて今にも水の中に落ちさうげになつてゐ」た。貧しい爺さんがそれを家に持って帰ったところ、たいそう富貴になったとする筋であった。これの類話は所によっては「あぶね、あぶね」「傾がる、傾がる」「流れる、流れる」、あるいは「カゲデン、カゲデン」といった具合に、それぞれがいかにも特別な声を発して、老夫婦を財宝獲得に誘導するといった内容であった。ただし、これの大要は前出『昔話伝承の研究』所収「水神少童の来る日」に記した。重複は避ける。しかし、ここでの二つ目の理由に向けては、この際積極的に話題に供さなければならないと思う。というのは、このようにして越後の地を中心に依然「息づいている」「百物語」は、右に認められる如く、それはしばしば話の顚末を一種の致富譚、仮にいまこれを水沢謙一の言葉を借りるなら、最後の最後までその場から「逃げなかった男に」格段の「さちをもたらす」といった具合に、一件落着の筋書としてはまことに意外な結果を招来していたからにほかならない。

「百物語」は幸福を招く

それにつけても、このような結末は、結末自体がいったい何を意味しているのであろうか。思ってもみよう。だいいち、ここに「百物語」を催したというのは、そもそもが「化物の出てくるこんだが」と言い置いていたのからも知られるように、それはお互いがすでに充分承知の上での予測事態であった。しかるに、それにも拘わらず、あえてこれを試みたところ、仮にこれが人一倍胆がすわっていたとはいえ、それが故に突然過分の財物を授かったとするのはいかにも意外な展開である。予想外の出来事としか言いようがない。ただし、気をつけてみると、こうした伸展をみせる話は何もこの一話が例外的に存するのではなくして、同じような話はほかにも重ねて行われているのであった。たとえば、新発田市の有力な語り手、波多野ヨスミ女（一九一〇〈明治四十三〉年八月二十七日生）はこれを次のように語っていた。彼女の話を続けて提示する。


　とんとんむがしがあったでん、のう。

ある山の村では、毎年毎年、年夜の晩げになると、お宮様へ集まってのう。そうして年徳神様（としとくじんさま）を待ってるったでがのう。そうして、一人一人、順番ねむがし語るんたったどさ。

「こんた、お前（め）さんの番だ」

「こんた、俺が番だ」

でで、語るんたったでがのう。その年も、待ってだがのう。そうして、順番ねむがし、語っていったでがのう。そうして、こんだ、八十番、九十番、九十九番までいったでがのう。

「誰か、百番語る者ねえが、百番の衆ねえが」

誰（だつ）てもはあ、むがし語るな、のう、種がのうなって、語らんのなったでがの。そうして、一人（ふとり）帰り二人帰りして、みんな帰って行ったでがのう。たった一人の人、百番のむがし考えでで、行がねがったでがのう。

したでば、天井の方がらミシッというで、なんかドサァッと、落ってきたでがのう。あの、櫃であったでがのう。蓋はいで見だでば、黄粉餅（きなごもち）たっしり入ってであったど。それ、あの、夜食に食うよね、神様が

授けでくったでがのう。そうして、みんながを、

「お前さん方もございます」

「はよ戻ってございす」

ででいうで、みんな御馳走ねなってあったでがのう。その日も百は語らねで、九十九までで終ったでがのう。


いっつがむがしがつっさげだ。長門の長渕、ブランとさがった。

とんとんむがしがあったでん、のう、
ある山の村ではのう。年夜の晩げになるでっと、村中の衆が一軒に一人ずっ出て、そうしてお宮様へ集まって、百物語りでで、昔語るったったてがのう。そうして年徳神様を待づがってあったどさ。

その年も大勢集まっての、

「こんた、俺、語る番だ」

「こんた、お前さん語る番だ」

でで、そうして、そんま、どんどとむがし語っていったでがのう。そうして、九十九まで語って、

「誰か百は語る者はねえが、もう、一づで百話だが」

で、いうども、誰ても百番の話、語る衆がねえがったでがのう。そして、一人帰り二人帰りして、だんだん減ってってったでがのう。

たった一人の男は、俺、百番のがな語ろわどおもで、一所懸命考えだでがのう。したでば、上の方がら

ドシーンと、なんか落ってきたでがのう。

おやおや、なんだろうどおもで見だでば、金瓶であったでがのう。蓋はいだでば、小判がたっつり入ってあったでがのう。

「ああ、お前さん方、福の神がきたさが、早よございす。早よございす」で、呼び止めでのう。そうして、みんなゾロゾロど帰ってきたでがのう。そうして村中の衆、みんな集まった衆が、小判を分けあったどさ。

それがらは、お宮へ集まるど、福授かる、福さずかるでで、みんなが集まるようねなったでがのう。したども、百話ねはならねがったどさ。いつでも九十九で止まってあったでがのう。しても、みんなが百物語り聞ぎね出がげで行ぎ行ぎしたど、福授がるさがのう。

いっつがむがしがつっさげた。長門の長渕、ブランとさがった。

『波多野ヨスミ女昔話集』（一九八八〈昭和六十三〉年二月）に拠った。同女は六百十九話を管理する力倆を擁していた。同種の話を語り分けているのは、ここに至るまでのそれぞれの伝承経路の違いにある。このうち、前者の例、つまり天井から櫃が下りてきて、その中に「黄粉餅たっしり入って」いたというのは、ほかにこれが「ぼた餅」であったり、「団子」や「饅頭」、さては子ども用に「菓子」であったりした。知る限り報告例も古くは稲田浩二編『富山県明治期口承文芸資料集成』（同朋舎出版、一九八〇〈昭和五十五〉年九月）所収「重箱ノ話」「落ちた長持」をはじめとし、また地域的には北は青森県八戸の「奥南新報」に載った「昨日の饅頭代」に見出し得る。比較的早くから汎くに語られていたようである。ちなみにヨスミ女の話に「黄粉餅」

とあるのは、蒲原の地における正月の祝い餅の風を伝えている。したがってこの場合は「年夜の晩げ」を経てすでに元朝を迎えた状況を示していた。それを「夜食に食うよね、神様が授けでくったでがのう」と説いているのは、後の余計な賢しらに過ぎないと私は判断する。それはともかくも、右の事例に即していえば、同じ「年夜の晩げ」でも「村中の衆が一軒に一人ずっ出で、そうしてお宮様へ集まって、百物語り」をしながら「年徳神様を待づ」と説き、その挙句に「小判がたっつり入ってあった」「金瓶」を授かったとする語り口の方が話の在りようとしては全体的に旧い姿を残しているのではないかと思われる。ただ、念のために言い添えるが、話の素材として「餅」よりも「金瓶」が古いなどといっているのではない。「餅」の場合はこれがやがて「ぼた餅」や「団子」から「饅頭」や「菓子」に変わる。その挙句は妙に進展して、翌日再び重箱が下りてきた。競ってその蓋を開けたところ、今度は前日分の請求書が入っていたなどと、こちらは一足さきに笑話化の傾斜が早かったからである。

このようにして、在地の伝承資料を繰り延べてみると、この種の話の行く先は軌を一にして、はからずも財物や福分に遭遇するという、まったく意想外な展開、要はそれまでの不気味、不安定な情況から急遽一転してこの上なく幸せでめでたい結果を招来するといった展開を示していた。ハッピー・エンドの物語になっていたのである。それからして、ここでのそれぞれの話の在りようは、決して場あたりの思いつきや、また咄嗟の趣向にあったのではなく、少なくともこれにはこれで拠ってきたるべき相応の事由、いうなれば「百物語」には「百物語」としての確固たる「法式」があったようである。何故ならば今、「まったく意外」なこの「展開」をもって、そこでの結末が「急遽一転してこの上なく幸せでめでたい」仕様を示す材料は、すでに早くから定着していたと認められるからであった。たとえばさきに示した昔話にそのまま通底すると認められるのは、次の『諸国百物語』（一六七七〈延宝五〉年）の最後の一話「百物がたりをして富貴になりたる事」である。

京五条ほり川の辺に米屋（こめや）八郎兵衛と云ふものあり。そうりやう十六をかしらとして子ども十人もち、久しくやもめにてゐられけるが、あるとき子どもに留守をさせ、大津へ米をかいにゆかれけるが、子どもに、「よく〳〵留守をせよ、めうにちかへるべし」と、いひをかれける。その夜あたりの子ども七八人よりあひあそびて百物がたりをはじめけるが、はやはなしの四五十ほどにもなれば、ひとりづゝかへりてのちには二三人になり、咄（はなし）八九十になりければ、おそれてみな〳〵かへり、米屋のそうりやうばかりになりけり。惣領（そうりよう）おもひけるは、ばけ物のしやうれつ見んための百物がたりなるに、むけうなる事也。さればわれ一人にて、百のかずをあわせんとて以上百物かたりして、せどへ小べんしにゆきければ、庭にて毛のはへたる手にて、しかと足をにぎる。そうりやうおどろき、「なにものなるぞ、かたちをあらはせ」といひければ、そのとき十七八なる女となりていふやう、「われはそのさきの此家（いへ）ぬしなり。産（さん）のうへにてあひはて候ふが、あとをとぶらふものなきによりうかみがたく候ふ也。千部の経をよみて給はれ」と云ふ。そのときかのそうりやう、「わが親はまづしき人なれば千ぶをよむ事なるまじきぞ。ねんぶつにてうかみ候へ」と云ふ。かの女、「しからば此せどの柿の木に金子（きんす）をうづめをき候ふあいだ、これにてよみて給はれ」とて、かきけすやうにうせにけり。夜あけて親八郎兵衛かへりけるに、よいの事どもかたりきかせければ、さらばとて柿の木の下をほりてみれば、小判百両あり。やがてとりいだしねんごろにあとをとぶらひける。それより米屋しだいにしあわせよくなり、下京一ばんの米屋となりけるとなり。

言葉を添える余地はほとんどあるまい。さらに同様の向きは『御伽百物語』（一七〇六〈宝永三〉年）のこれまた終結部に、

と書きて又もとの如く机も硯もふところにおしいれける時、身うちより光明をはなち数千人の小坊主となりて、大ごゑをあげ手をたゝきて笑ひ、各つぼの内おりけるよぞと見えし掻きけすやうに失せてけり。是れを見て心をゆるし逃げかくれつる者ども皆々ひとつ所にあつまり、とり〴〵の評判はてしなく、我のみ賢顔にかたりあへどひとりとして証（しよう）もなき事なりしをつく〴〵と聞きつゞけ、舌耕（ぜつこう）も主人もくつ〳〵と笑ひ、「みな何れものはなしは昔ものがたりのやうに付けそゆる私事多くて一つも実にならず。我此ばけもの、書きたる詩を思ふに、定めてこれは幸の端なるべし。彼の詩は黄金を題にふまへたる物なるぞや。此かたへ行きて掘りて見よ」とありければ、舌耕よにうれしくおもひ主君と共に先達し、人あまたに鋤鍬をもたせ先づ庭におりけるに、不思議や此家の縁さきより黄なる鳥一羽飛びあがり、巳午（みむま）の方をさしてかけり行く〳〵を見て、「いよ〳〵此鳥を目がけて行けや者ども」と、主人のおしへにまかせひたすら鳥の行くかたへあゆみけるに、稲荷山のおくにいたりて此鳥大きなる杉の木あるに羽をやすめけるまゝに、急ぎ掘りて見たりけるに、纔（わづ）か三尺ばかりの底にあたりて大きなる石の櫃を掘り得たり。そのうへに銘ありていはく、

　金子三万両天帝これをあたふ

とあり、おの〳〵悦び此ふたを開きけるに、はたして書付けのごとく三万両のこがねありしかば両人して

世重（よにおもんず）　双南（そうなんの）価（あたひ）　天然（ねん）百練精（れんくはし）

配分し、心々のはたらきにより次第に家とみ国さかへ、今に繁昌の花ざかりとぞ聞えける。誠に信あれば徳あり。今年は何によらずとおもひつる念によりてかゝる幸にもあひしと也。

とある。そしてなおこれは『太平百物語』（一七三二〈享保十七〉年）にあってもまったく変わることはない。そこではこれまた最後の一話は「百物語をして立身せし事」で、次のように収めていたのである。

御意有り難く、御前(おんまへ)に罷(まか)り出で、いろ〳〵のばけもの咄(ばなし)、或ひはゆうれひろくろ首、天狗のふるまひ、狐狸のしわざ、猫また狼が悪行、おそろしく事哀れなる事、かなしきむくひ、武辺なる手柄ばなし、臆したる笑ひ草など、手をかへ品を分かち、御咄を申し上げければ、若君限りなき御機嫌にて、それより毎日〳〵、「与次〳〵」と召されけるが、此若君御成長の後、国主となり給ひければ、彼の与次を召し出だされ、「汝我がいはけなかりし比ほひ、さま〴〵の物語をして、心を慰めしが、稚心(おさなごころ)に剛臆の差別(しゃべつ)を知り、恥と誉の是非好悪を弁へし程に、今以て益ある事おほし。然れば其まゝ下臈にして、遣ふべきにあらず」とて、忝(かたじけな)くも新知三百石下され、大小姓格になされけるぞ有り難き、是れ偏に百物語よ数々よく覚へ居たりし奇特なりとぞ、羨まぬ人はなかりけり。目出度かりけるためしなり。

予祝儀礼としての「百物語」

話はいかにも長くなった。ただ、心掛けてこうした資料を追ってくると、そこには今日ここに至るまでのこの種の物語本来の出自というか、あるいはその原質とも見做し得るものが仄かに見えてきたかに思われるのであった。そしてもしも、右に示した材料にもとづいて別途いうならば、従来の「百物語」理解の上で、最も大きな誤解と蹉跌を来たしていたのは、要約この類いの書物があたかも口を揃えるかのようにして囃し立てていた、かの一条にあったものと私は判断している。たとえば、確認するに森鷗外はこれをして端的に「百本目の蠟燭が消された時、真の化物が出る」とした。原拠はおそらく「百物がたりをすると、化物が出る」「必ずばけもの出るといふ」とする辺りにあったのだろう。そしてそれはまた「おそろしき事有りといふ」とか、「かならずこハき物あらハれ出る」「怪異あり」、もしくは「かならずその座に不思議なる事あり」「必ず怪しき事現はるゝ」といった例を踏襲してのことであったに違いない。つまり「怪を話らば怪至」とばかりに、直截に受け取った一連の「百物語」群にあったはずである。

しかし、これはほとんど事を短絡化し、あまつさえ事のすべてを「怪異」即、「化物」風情とのみ理解した点に原因があったのではなかろうか。事実、なるほどそこでは「その座に不思議なる事あり」とし、「こハき物あらハれ出る」「怪しき事現はるゝ」とした。「怪至」といった。それに違いはない。ただし、その場に居合わせた人々にとっての「こハき物」は、これはまさしく「怪しき事」の「現はるゝ」事態であって、そこでの状況はいうまでもなく尋常ならざる怪異の現出、恐懼、畏怖すべき情況の出来をいっていたはずである。いうなれば通常とは異なった場面の展開である。不断（普段）、つまり日常の俗なるケの時間帯から非日常の聖なるハレへの移行、あるいはそれへの転換といった状況認識にならなければならなかった。要するにここでの「おそろしき事」「こハき物」、はたまた「怪しき事」とは、そもそもが何も決して「俗なるケの時間帯」に領有される「化物」の類いではなくして、それはかつて、越後の水沢謙一が示した如くに「村中の衆が一軒に一人ずつ出て」「年夜の晩げ」に「お宮様」に集まってきて「モノガタリ」をした、いわば、歳神様来臨の場における夜籠りでの語りの状況、神聖な夜語りの場面を訴える内容であった。それであったればこそ、いよいよ押し詰まっての最後の場に至って突如現出したそこでの「おそろしき」「こハき」「怪しき」事の実態は、はからずも福徳や過分の財物を村人に賜るといった仕儀と展開になったと理解し得るのである。さすれば「百物語」の催しは、意外にも古くは村内における敬虔なる予祝儀礼、あるいはそこでの祝儀性の強い行事の一端であったと考えられよう。

(『昔話の森　桃太郎から百物語まで』平成十一〈一九九八〉年四月)

もうひとりの「ザシキワラシ」

一

佐々木喜善の『奥州のザシキワラシの話』は、「炉辺叢書」（玄文社）の一冊として刊行された。大正九（一九二〇）年二月二十日付である。そこにはこれにかかわる類例が百話収載されている。冒頭に喜善は「子供の時の記憶」として、次のように記していた。

私たちは幼少の時分、よく祖父母から炉傍話に、ザシキワラシの事を聞かせられたものである。其(その)ザシキワラシとはどんなものかと言へば、赤顔垂髪の、凡(およそ)五六歳位の子供で、土地の豪家や由緒ある旧家の、奥座敷などに居るものだと云ふことであつた。其物が居るうちは家の富貴繁昌が続き、若(もし)居らなくなると家運の傾く前兆だとも言はれて居たと云ふ。

喜善はさらに、右の「記憶」を一層補うかのようにして「遠野町付近に於て、ザシキワラシに対する故老の概念は凡左の如くである」と前置きしたうえで、次の一文を紹介していた。

一　ザシキワラシは体軀小く、顔の色が赤い。
二　富裕な旧家を住処とする。成上りの家には決して居らぬ。
三　若ザシキワラシが退散の事があれば、其家の衰へる前兆である。
四　時として出て其家の人と嬉戯することがあるが、家人以外の目には見えぬと謂ふ。

末尾には「伊能嘉矩先生書状大意。二月一日付」とする断わりがある。これによってここに記す「遠野町」の「故老」とは、町内に在住の人類学者、伊能嘉矩であったのが判る。ただし、その際ちょっと気になるのは喜善の「子供の時の記憶」にも、また町の「故老」伊能嘉矩の「書状」にも、共にこれを男童とするのか、それとも女童とするのか、それについての説明のまったくなかった点にあった。もっとも、考えようによっては、この種の識別は最初から不問に付してかかるのが、本来であったのかもしれない。しかし、後刻具体的に示すように、案外これを「雪んこ」、すなわち「雪女」と同列、もしくはそれの系譜に連なると見なしていた節もないわけではない。

ただいずれにしても、当時「奥州」各地に行われる「ザシキワラシ」の実態は、喜善のここでの蒐集、整理によって、ようやくその情況が捕捉し得るようになった。それと共に「ザシキワラシ」そのものの存在も、一方でまたこれによって汎く世間に知られるに至ったとしても過言ではない。

そこで改めて右の一冊を瞥見するに、ここにひとつ、当の喜善自身のさきの「記憶」からも、また遠野の町の「故老」こと、伊能嘉矩のそこでの「概念」からもいささか逸脱し、しかもそれでいて、土地の人々の間にはなおかつきちんと認識され、それのみならず格別大きく取沙汰されたといった態の、いわば通常の「ザシキワラシ」たちとは、かなり異風の例を見出すに及んだ。ひょっとすると別種の「ザシキワラシ」かもしれない。面白い話だと思う。具体的にはたとえば次の事例がそうである。どうであろうか。同書「近頃耳で聞いた話」の中、「実話として伝ふるもの」の（二三）に拠る。

　土淵村字本宿に在る村の尋常高等小学校に、一時ザシキワラシが出ると云ふ評判があつた。諸方からわざ〳〵見に来たものである。児童が運動場で遊んでをると、見知らぬ一人の子供が交（まじは）つて遊んでゐたり、また体操の時など、どうしても一つ余計な番号の声がしたと云ふ。それを見た者は、常に尋常一年の小（ちいさ）い子供らの組で、其等（それら）が其所（そこ）にをる此所にをるなどゝ云つても、他には見えなかつたのである。遠野町の小学校からも見に来たが、見た者はやつぱり一年生の子供等ばかりだつたさうである。毎日のやうに出たといふことである。明治四十五年頃の話である。同校教員高室といふ人に此頃（この）たゞすと、知らぬと言つたがどうした事であらうか。此人は其当時から本校にをつた人であるのに。

確認するに、ここでの「ザシキワラシ」は「土地の豪家や由緒ある旧家の、奥座敷などに」蟄居（ちっきょ）しているわけではない。したがって「町」の「富裕な旧家を住処とする。成上りの家には決して居らぬ」という説明にはまったく該当しない。これからして「其物が居るうちは家の富貴繁昌が続き、若（もし）居らなくなると家運の傾く前兆」だとか「若ザシキワラシが退散の事があれば、其家の衰へる前兆である」といった風の、いわばそこでの属性の類いとは元来が無縁の存在であった。つまりはそれまでに知られる「ザシキワラシ」一般の「概念」とは著しく掛け離れた在りようを示していると見なし得る。

だいいち、現出の仕方、ならびにその舞台というか場面設定からしても、これの場合はいささか異なっていた。思ってもみよう。そもそもが右の事態はいったい何事であろうか。すなわち、そこでは白昼、事もあろうに尋常高等小学校の運動場に、しかも多くの児童たちの中に突然まぎれ込んだようにして登場するというのであった。もちろん、たとえ昼日中の出来事とはいえ、これがしんと静まり返った町の一隅や、うら寂しい村の佇(たたず)まいを背景に、そっと出現するのならば話は別である。ところが、ここでは選(よ)りに選(よ)って、村内ではいっとき最も喧騒を極める場所に忽然と現われる。その上で情況としては「見知らぬ一人の子供が交つて遊んでゐる」という、きわめて奇妙な事態を惹起(じやつき)させるのであった。したがってこの部分は「時として出て其家の人と嬉戯することがあるが、家人以外の目には見えぬ」と記した、かの嘉矩の一文に何処か通底するところがあったといえよう。

しかし事は、それだけで収まるのではない。何故ならば、その「子供」はいったい何を目的とし、また何を意図してか「体操の時など、どうしても一つ余計な番号の声がした」という。ずいぶんと厄介な話である。子供らは面白がったかもしれぬが、対処した教員の側からすればこれほど手に負えぬ事態はあるまい。そのときの彼は、村の尋常高等小学校の「運動場」での授業時に、あろうことか当座の児童数の確認が取れぬ、きちんとした員数の掌握がかなえられぬとする、まったくもってやりきれぬ状況に追い込められたからである。幼い者たちを相手に、屋外での員数が合わぬというのは、教員にとってはもはや戦慄すべき局面である。

事は容易でない。錯覚とか錯誤などとは言っていられない。察するに点呼を取っていた者はこのとき、一瞬息を詰まらせ、頭の中が真っ白になったのではなかろうか。

それにつけても、右の事例はこの近辺、就中（なかんずく）遠野の郷中にあってはよほど話題を呼んだ出来事であったとみえる。それが証拠に、話は昨今なお語り草になっていた。遠野出身の菊池照雄は、これについて次のように記している。

土淵村の中心は本宿（もとじゆく）で、かつてここには土淵小学校があったが、この小学校にザシキワラシが出るという情報が一帯に広まったことがある。噂を聞きつけて、遠方から大勢の見物人が押し寄せたという。世間話に特別の好奇心を示す遠野人の気質をうかがわれる逸話である。

児童が運動場で遊んでいると、見知らぬ子供が混ざって遊んでいたり、また体操のときなどは、どうしても余計な番号の声がしたという。しかし、その子供が見えるのは、決まって一年生の小さな子供たちのクラスで、この子供たちが「ほら、知らない子がそこにいるよ、あそこに立っているよ」と騒いでも、上級生の子供たちの目には映らなかったというから不思議だ。

遠野小学校から物見高い小学生の一団が続々と見物にやってきたが、やはり見ることができたのは一年生の子供たちばかりであったという。明治四十五（一九一二）年当時の話である。

『「遠野物語」を歩く』（講談社カルチャーブックス、平成四〈一九九二〉年）の「ザシキワラシの漂泊」に拠った。

かくして、右の在りようからみても、ここにいう「土淵村字本宿」の「尋常高等小学校」に出現する「ザシキワラシ」は、従前の、もしくは他に多く類例の求められる仲間たちとは、明らかに一線を画する、ほとんど異質の存在であったのが判ってきた。要するにこの場合の「凡五六歳位の子供」は、多くの児童が遊び戯れる中で、なんとはなしにふと気が付くと、いつの間にかそこにはまったく「見知らぬ一人の子供が交つて」いたとするところに話題の焦点があった。そしてこれを積極的に裏付ける証しとしては「体操の時など、どうしても一つ余計な番号の声がした」というのである。加えて、さらにもひとつ注意を誘うのは「それを見た者は、常に尋常一年の小い子供らの組」であると説く一条にあった。これからすれば「見知らぬ一人の子供」は、元来が「小い子供ら」とはすこぶる親昵の情を分かち合う。それがために彼等に限っては充分に交感し得る存在、いわばその仲間内であったのを訴えていたからである。この子はどうやら「小い子供らの組」内であったと見なすべきなのであろう。

二

以上「ザシキワラシ」の話題に添いつつも、ここに至って私共はようやく新たな命題に直面するようになった。次なる課題を抱えることになったといわざるを得ない。そして、もしもこれを要約するならば、問題はいうまでもなく、場面を限定したうえでの「小い子供らの組」内における「見知らぬ一人の子供」の現出、もしくは「見知らぬ」遊び仲間の不意の登場という、いかにも不思議な事態の将来であった。そこで、これをいま少し手近な表現をもってすれば、現実、実際の遊び仲間にまぎれて、そこには突然「見知らぬ一人」が加わっていた。したがって、ひとたび客観的にとらえるならば、当然それは「誰か一人多い」という仕儀に相成った。結果としては何故か〝員数が合わぬ〟というわけである。途中経過としてはすでに「一つ余計な番号の声がした」というのも、なるほど無理からぬ話であった。しかも、これまでの流れというか、そこでの文脈からしても、この〝員数外〟の存在は、すべて「ザシキワラシ」そのものに比定されていた。これはいったい何を意味するのであろうか。

そこで次にはこれらを具体的な手懸り、もしくは目安のひとつとして、なお一層類似、さらには同工の材料を求めてみたいと思っている。先駆けてまず、左の場合ははたしてどうであろうか。


「大道（だいどう）めぐり、大道めぐり。」

一生けん命、かう叫びながら、ちゃうど十人の子供らが、両手をつないで円くなり、ぐるぐるぐるぐる座敷のなかをまはって居ました。どの子もみんな、そのうちのお振舞によばれて来たのです。

ぐるぐるぐるぐる、まはってあそんで居りました。

そしたらいつか、十一人になりました。

ひとりも知らない顔がなく、ひとりもおんなじ顔がなく、それでもやっぱり、どう数へても十一人だけ居りました。その増えた一人がざしきぼっこなのだぞと、大人が出て来て言ひました。

けれどもたれが増えたのか、とにかくみんな、自分だけは、どうしてもざしきぼっこでないと、一生けん命眼を張って、きちんと座って居りました。

こんなのがざしきぼっこです。

宮沢賢治の作品から引いた。「ざしき童子のはなし」（『宮沢賢治全集』第九巻、筑摩書房、昭和三十一〈一九五六〉年）である。論文に用いる資料としては、必ずしも適切でないかもしれない。それを承知であえて登庸した。理由としてこの一篇はおそらく、近辺の慣行習俗をそのまま再現していると見なしたからに他ならない。もしも大きく予想が外れたときは、責任はすべて私にある。

右の材料でことさら目につくのは、当の場の情況設定として「子供らが、両手をつないで円くなり、ぐるぐるぐるぐる座敷のなかをまはって居」たとするところにある。「十人の子供らが、両手をつないで円くなり」、そのうえで「ぐるぐるぐるぐる、まはってあそんで居」ると、「いつか、十一人にな」ったというのであった。賢治はなおこれを説いて「ひとりも知らない顔がなく、ひとりもおんなじ顔がなく、それでもやっぱり、どう数へても十一人だけ居りました」としている。「その増えた一人がざしきぼっこなのだぞ」とは言わずもがな、まぎれもなく「〝見知らぬ一人の子供〟の現出、もしくは〝見知らぬ〟遊び仲間の不意の登場という、いかにも不思議な事態の将来」であった。しかもこの場合、それに先駆けて「子供らが、両手をつないで円くなり、ぐるぐるぐるぐる、まはってあそぶ」といった動作、もしくは場面の設定があったのである。それからして、ひとたびこの間の事情を忖度（そんたく）するならば、ここはもはや簡単には見過ごせまい。もちろん安易な推察は厳に慎むにしても、まずは先行するそこでの子供たちの所作、あるいはその場での情況設定と、やがて将来される摩訶不思議な事態との間には、相互にどうやら有機的な関連があると思わざるを得ないからである。したがって、いま仮りにこれをひとつ目途にするならば、かの「土淵村字本宿」の「尋常高等小学校」での場合も、運動場で遊んでいた村の児童たちは、はからずも賢治の記す「大道めぐり」を試みていたのではないか、ということになろうか。

続いて、近時の報告資料として次の例を示したい。話者は遠野市飯豊の菊地喜恵治である。

昔、今淵という家があったが、その家の子供たちが友達と五人で家の中でかくれんぼして遊んでいたところが、見たこともない女の子が一人いつの間にか来て遊んでいる。話をする訳ではなく、遊びが終るといつの間にかいなくなっている。という風に、子供が遊んでいると必ず出てきて遊んでいたそうだ。現在その家はない。

助十どんの家にも座敷に、ザシキワラシがいた。冬のワラ仕事をしていると、糸車を回す音が聞こえ、歩く音も聞こえた。歩く音は炉のある部屋の戸口あたりまできた音をさせ、昼でも夜でもその音はしていたそうだ。

『東北民俗資料集』㈣（萬葉堂書店、昭和五十〈一九七五〉年）所収、平井恵美子「ザシキワラシの分布」から引いた。一瞥するに全体的にやや淡白の感は否めない。しかし、「その家の子供たちが友達と五人で家の中でかくれんぼして遊んでいたところが、見たこともない女の子が一人いつの間にか来て遊んでいる」とする一節は、行き掛かり上、いかにも見逃し難い。またこれの性差特定に向けては、早くに一言しておいた。その際「〝雪んこ〟、すなわち〝雪女〟と同列、もしくはそれの系譜に連なる」云々と記した。さて、「見知らぬ一人の子供」の問題に関しては、次の資料が参考になろうかと思われる。

月夜の夜にね、影踏み遊びしたもんであんすおね。数えれば、だれか一人多いと、しかし、よく見るとみんな知った顔ばかりだと。今、ここさ遊びに来たはずの人間でねえのが一人まじってて、それが「雪んこ」ね。

それと、もう一つは、子どもだぢ集(あづ)まって遊んでるすべ。そうすると、「雪んこ」が出てきて、みんなに歌っこうたわせたりなんかして遊んで帰(け)っていくつうんだおね。知らないうちに、子どもたぢは歌っこうたってるわげす。

「あんまりおそぐまでいると、雪んこにさらわれるんだから」とか、

「雪んこ来るから、早く来い」って言(ゆ)われだもんだったどす。

平成四（一九九二）年八月に上梓された『遠野郷宮守(みやもり)村の昔ばなし』（遠野市）所収、「雪んこ」である。同書は傍題に「佐々木健の語りによる」とある。ちなみに同氏は昭和十二（一九三七）年生。岩手県上閉伊(かみへい)郡宮守村下宮村の出身。話はすべて祖母さと女（明治十五〈一八八二〉年生）から聴いている。『昔ばなし』集所載の一篇とはいうものの、むしろ村の民俗資料として扱うべき内容である。「数えれば、だれか一人多い」「しかし、よく見るとみんな知った顔ばかり」というのが凄い。しかもその舞台設定が「月夜」の「影踏み遊び」だとするところがはなはだ印象的であった。そして遡るに、これはおそらく『遠野物語』の次の一話、すなわち、

〔一〇三〕小正月の夜、又は小正月ならずとも冬の満月の夜は、雪女が出でて遊ぶとも云ふ。童子をあまた引連れて来ると云へり。里の子ども冬は近辺の丘に行き、橇(そり)遊びをして面白さのあまり夜になることあり。

十五日の夜に限り、雪女が出るから早く帰れと戒めらるゝは常のことなり。されど雪女を見たりと云ふ者は少なし。

というのと、必ずやどこかで通底すると考えられるのだが、いまはそれを説く暇はない。先に進む。

次はきわめて新しい、しかも身近なところから寄せられた情報である。それというのも、教室で『遠野物語』所収の話に触れた際、文学科二年生、岡田奈穂君から実感の籠った報告を受けた。同君の了承を得て紹介しておく。

私は千葉県の出身であるが、幼い時に母からザシキワラシの話を聞いたことがある。ザシキワラシは七、八歳の男のカミ様で、決して人間に害など加えたりしない。いいカミ様なんだよ、と。そして、ザシキワラシはいい人の家につき、その家を大金持ちにしてくれるんだよ、と。子供が好きで、いつも子供のそばにいて、ふとした時に遊んでいる友達の数を数えると、不思議なことに一人多い。しかし何度見ても皆知った顔だ。そういう時はザシキワラシが寂しくなって、一緒に遊んでいる時なんだよ、などなど。この話が頭に残っていて、幼い頃、私はよく友達の数を数えたものだった。

右の一文、最後の一条が実によく効いている。母の故郷の遠い日の記憶と、そこでの習いがそのまま都会に持ち越されて、そのうえでなおも幼い心を不安に駈り立てる。しかもこの種の習俗にはまったく無縁の周囲の友達には気づかれぬようにして、一人そっとその「数を数えた」と打ち明けるのも、今の岡田君にとってはまこと懐かしい思い出になっているからであろう。

さて、こうした経緯はともあれ、かくしてここにいくつかの材料を提示するのはすでにかなえられた。すなわち、たとえそれが「両手をつないで円くなり、ぐるぐるぐるぐる」と回った挙句での、予期しなかった出来事であろうとも、また「今淵という家」の中での「かくれんぼ」の際の意外な出来事であろうとも、さらにはまた「月夜」の「影踏み遊び」に余念のないときの不意の出来事であろうとも、それらはどれもこれも、その場に「見知らぬ一人の子供」が忽然と現出したとする、異常な事態であったのである。したがって、そこでの結果としては何故か知らぬが「数えれば、だれか一人多い」「しかし、よく見るとみんな知った顔ばかり」といった風の、いわば「みな知った顔ばかり」であるにもかかわらず、それでいて絶対数は不思議にも必ず「一人多い」、要は〝員数が合わぬ〟といった、いかにも不可解な在りように遭遇するというのであった。それからして改めてこれをひとつの決定的な〝不可思議な現象〟、しかもそれを囲繞(いにょう)する一連の民俗事象、つまりは不思議な習俗慣行という具合に見立てるならば、これについては今少し注意を留めておく必要があるように思われるのであった。

三

さて、その際思い当るにいかにも見過ごし難いのは次の事例であった。題して「隅(スマ)のばゝ様といふ事」、『童子百物かたり』所収の一篇である。『米沢地方説話集』(「伝承文学資料集」第九輯、三弥井書店、昭和五十一〈一九七六〉年)に収められている。全文を示す。

夜中、静なる寺え行て、四人して、座敷の四隅にかゞまり居て、燈を消し、四隅より各坐敷の真中え這出て、一人、面々の天窓を捜(サグ)り、一ト隅のば様、二すまのば様、三すまのば様、四隅のば様と、あたまを撫(ナデ)てミれハ、我天窓共ニ五ツ也。幾たび撫ても、五ツ有り。又元のことく四隅に居直りて、別人か、以前の如く、ば様〳〵と、一トあたまツ、撫てミれハ、自分かあたま共に五ツ有り。是むかしより、若イ衆打寄の戯れ遊びたる事也。予も十三四の頃、友立に打連(ツレ)て常慶院え行て、此業して遊ひしに、幾度も出直し〳〵て、天窓をなで廻しけるに、四ツの天窓ありて、自分のあたま共ニハ五ツ也。牌寺と云、常々近所なれハ、遊ひ行たる寺なれとも、何となく小淋うなりて、心迷ふ物なり。怪異の事共、有れハ有物なり。若イ殿原達、隅のは様して遊ふへし。

ここに引いた話によると、部屋の四隅にそれぞれが屈(かが)まったうえ、暗闇の中で順次そこでの員数を確認すると、こはいかに、奇態にも頭数は一つ増えているというのである。実際にそのようなことがあるのだろうか。しかるにそれをいって、ここではたしかに「幾たび撫ても、五ツ有り」、それがために「幾度も出直し〳〵て、天窓をなで廻しけるに、四ツの天窓ありて、自分のあたま共ニハ五ツ也」という具合に訴えていた。これぞまさしく「ひとりも知らない顔がなく、ひとりもおんなじ顔がなく、それでもやっぱり、どう数へても」とか「数えれば、だれか一人多いと、しかし、よく見るとみんな知った顔ばかり」でなくして、はたして何であっただろうか。事態はまさしく「誰か一人多い」のである。称していわく「怪異の事共、有れハ有物なり」という仕様である。まこと不可思議な話である。

ただ、話とはいえ、いつに何を選んで、また何を求めて、あろうことかここではわざわざ「夜中、静なる寺」に寄るようなことをしたのであろうか。もっとも、文中にはすでにこれをいって「是むかしより、若イ衆打寄の戯れ遊びたる事也」の一節がみえる。しかし、いかに「むかしより」の「戯れ遊びたる事」とはいえ、よい年恰好の「若イ衆」「若イ殿原達」が見境もなく集っては、そうそう無闇矢鱈に怪異の「戯れ遊び」でもあるまい。だいいち「若イ衆打寄の戯れ遊び」が当初からの目的であったならば、ときどきの「戯れ遊び事」は、当時といえども他にまだまだいくらもあった筈である。これだけが唯一無二のそれであったとは、とても受け取れない。それからして、詮索するに選りに選って、ここにあえて「隅のは様して遊ふ」には、やはりそれ相当の意味合いと格段の理由があったとしか考えられない。たとえば、彼等はそこでの従来の習いとか旧慣に則って、この頃ではもはや不可思議とも、また不可解とも思えるようなこの種の「遊び」を催していたのではなかったのか。ひとたびはそのように推測するのである。それというのは、ほかでもない。これに似た事例は土地と処を違えて他にも行われていたからである。例を挙げれば、南方熊楠は早く次のように報じていた。

　田辺辺の俗伝に四畳半の座敷の四隅に各一人居り、燈無しに室の真中に這行くと、真中に必ず別に一人立ち居るを触れ覚る、乃ち一人増して五人成ると。

雑誌『郷土研究』第一巻第八号所収「紀州俗伝（五）」の記事である。熊楠は『童子百物かたり』を知っていたか、どうか。それはともあれこれも明らかに「数えれば、だれか一人多い」事態であった。残念なのは、彼はこの営みの呼称に直接言及していなかった点にある。ただし、南紀にも同じ風のあったのはすでに間違いなかろう。

ところで「隅のばゝ様」といった怪異、あるいはこれに伴う所為と、やがてはそこにもたらされる異常な現象に関しては、その後しばらくはほとんど消息不明であった。その間、わずかに大島建彦氏が触れたにすぎない。氏は「スマタラこい」（朝日新聞「研究ノート」昭和四十八〈一九七三〉年九月一日）に、南会津は田島町下にこの種の遊びのあるのを指摘して注意を喚起された。翌年、石川純一郎『会津舘岩村民俗誌』（舘岩村教育委員会、昭和五十一〈一九七六〉年）に「四隅探し」の項が載った。

> 夜真暗な部屋で、四隅に一人ずつ坐って目隠しし、中央に向かって静かに這って行き、頭を撫でると、自分以外に三つしかないはずなのに四つある。不思議な遊びであるが、これを面白がる。ただし、邪念があるとだめであるという。

間違いなく新資料の追加である。妖異は依然この地に余端を保っていたとすべきであろう。参考までに他に例をいえば、千葉幹夫「県別妖怪案内」（別冊太陽『日本の妖怪』）「岩手県」の項に「スマボウズ　隅坊主。家のすみにいるという。北上市」の記事が認められる。その程度である。これからして推察するに大勢として、この「隅のばゝ様」は正体不明の怪異として、そのまま失踪し、今日ではほとんど追跡不能の忘れられた存在になってしまったのだろうか。ところが豈図らんや、これがまたごく最近まで、所もあろうに都会の子供たちの間に生きていたのである。

私が小学生の頃、こんな遊びがはやっていた。体育館など広い室内を真っ暗にして、部屋の四隅にそれぞれ一人ずつが立つ。Aが走って行ってBの肩を叩き、Bはその後Cの所まで走ってCの肩を叩き、Cも同じようにしてDの肩を叩く。DはもとAがいた場所へ走って行くのだが、誰もいないはずのAがいた地点には「誰か」がいて、Dはその「誰か」の肩を叩くことができ、なおかつAも「誰か」から肩を叩かれるので、四人は延々室内を廻わり続ける、というものである。

無論、深いいわれなど知らなかった当時の私達は、まるきり遊び半分で、実際に室内をぐるぐる廻わり続ける「成功例」はなかった。しかしこの遊びはただのオカルト的なものではなく、子供と子供以外の異なるものとの、お互い承知の上での共存を示すものだったのであろう。

右、報告の提供者は、これも文学科二年生、立野千晶君である。ちなみに同君は都内西葛西の出身である。ここにいう小学生の頃とは江戸川区立西葛西小学校である。

それどころではない。これをなお一層補い得ると思われる類似資料が報告されていた。次の六点がそうである。

〈事例一〉ある女の子六人が放課後、教室でおしゃべりをしていました。すると一人が霊を呼ぼうと言い出しました。方法は、（下図参照）走っていってかたをたたくのです。二人の子は、恐いからと外に出ていきました。二人の子が待っていて

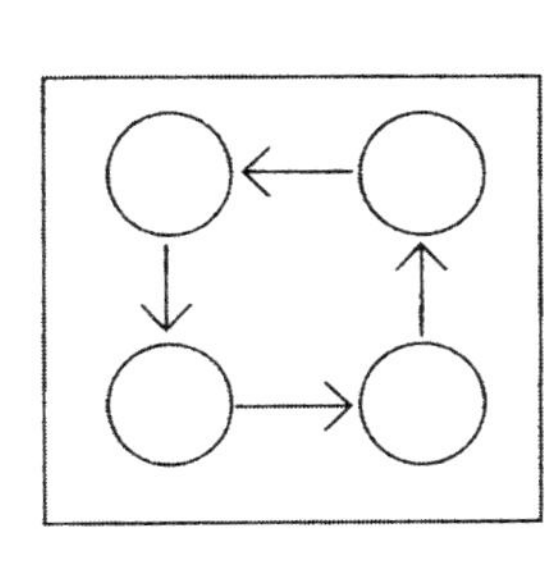

も中からは誰も出てきません。心配になり入ってみると、誰もいません。そこは窓から外に出ることはできない高さです。扉からも出て来なかったのに。二人は恐くなり逃げ出しました。次の日も四人は学校に来ませんでした。二人が家に行ってみると、青白い顔で寝ていました。家の人の話によれば、気がついたら家にいて、意識がないそうです。四人は一週間後、元気に通学したそうです。（実話）（金丸・女）

〔事例二〕ある山おくで、男の人が四人道に迷っていました。すると山小屋が一けんありました。四人の男の人は、山小屋にとまることにしました。でも、その中はとても寒く、まっ暗でした。四人の人は、ねてしまうとこごえ死んでしまうと考え、部屋の四つ角に一人ずつすわってねないようにしました。でも、ねそうなので一人ずつ角から角へ行って、次の人のかたをたたいてねないようにしました。次の朝、四人の人は無事にすごすことができました。けれど一人の人が、後で気づきました。四つ角の部屋で四人の人が次の人のかたをたたいていくと、どこか一つの角にだれもいなくなり、かたをたたけないはずなのに、なぜたたけたのか。小学校の理科室で、先生に聞きました。（松本恵美子）

〔事例三〕私が小学校の頃、友達から聞いた話です。ある男の人たちのグループ五人がキャンプに行ったが、山でそうなんして、一人が死んだ。残りの四人は夜があけるまで、凍死しないようにお互いおこしあおうと話した。四人が部屋の四すみにそれぞれすわり、死んだ一人をまん中においた。AがBをおこし、AはもとBのいた場所にすわる。そしてBがCをおこしに行き、BはCのもとにいた場所にすわる。それをくりかえして、凍死しないようにするという考えだ。そしてそれは成功し、四人は無事だった。しかし、よく考えてみると、これは四人ではできないことなのだ。図をかいてよく考えてみればわかると思う。Dがおこすべき人は、いないのだ。だってBの位置にすわっているからだ。四人は考えた。きっと死んだ男の

おかげだと。（長井春乃）

〈事例四〉冬の雪山で四人そうなんして、小屋があったので、そこに入った。ねちゃうと死んじゃうから、ねないようにするために、へやのかどに一人ずつ立って、一人目が二人目のとこへ行ってかたをたたき、二人目が三人目のとこへ行ってかたをたたく。……とつづけると、四人目が一人目のとこへ行くと、だれもいないはずなのにかたをたたくことができた。（中学生のときに友だちに聞いた話）（佐藤淳子）

〈事例五〉ある日四人の男の人が山でそうなんしてしまいました。四人が歩いていくと一けんの小屋がありました。ねむってしまうと死んでしまうので、その家の四つ角に立って、一人ずつ次の人のかたに、タッチをして一日をすごしました。無事に帰った四人のうち、一人の人が、四つ角だと、回らないというのに気がついた。（先生から聞く）（矢野里加子）

〈事例六〉四つ角の話――ある日、山おくで四人山でまよった人がいました。その四人は、ちかくの山小屋で泊まることにしました。とても寒かったので、ねてしまうと、こごえ死にそうです。四人は考えて、あるいいことを思いつきました。それは一人一人部屋のすみにたって、ある人から走り出し、タッチしながら、ずうっと夜あけまでそうしてようとするのです。そのようにやっていたら、無事四人ともねないで夜あけをむかえました。後から気づいた四人はぞっとしました。それは……。（高久眞由美）

「不思議な世界を考える会」会報第十八、二十二、二十三、二十五、二十八号収載の資料に拠った。常光徹、米屋陽一、岩倉千春氏の提示である。

四

以上はてさて、思えばかくしてというべきだろうか。それとも、なお跡切れ跡切れのままにとすべきであろうか。いずれにしても実際にはごく限られた材料にもとづいての発言にすぎない。しかし、それでもこの種の伝承の案外に根強く、かつ広くにわたって存在するのを知った。しかもこの間、この習いの延長が近頃は都会の学校の中にまで持ち越され、一部にはその試みられているとする事情まで伝えられた。「隅のばゝ様」の末裔は、依然「余端を保っていた」どころではない。舞台は「村の尋常高等小学校」の「運動場」から転じて近代的な「体育館など広い室内」に設けられて「此業して遊ひ」、たとえ「〝成功例〟はなかった」にしても、放課後の教室では女の子が突然「霊を呼ぼうと言い出し」て、積極的にこれを試みた、というのであった。わざわざ〈実話〉としているのだから間違いない。近時の「若ィ殿原達」はいちおう「怪異の事共、有れハ有物なり」といった風の心境に浸っていたのである。客観的には正直いって、この経過を知っただけでも、予想外の収穫だとしなければなるまい。ただし、そうだからといって、このようにいったん言挙げしたにもかかわらず、このまま筆を擱くのはあまりに腑甲斐ない。無定見でもあろう。そこでこの際、いくばくかの紙幅を借りて、今後なおこれにかかわるひとつの見通しめいたものを付記しておきたい。

事実、如上の経緯からして東北の地に従前の「概念」にもとづく「ザシキワラシ」の他に、ここにひとつ別様の「ザシキワラシ」の逼塞していたのはもはや贅言を要すまい。だいいち、彼等の栖息、消長のありさまはかなり明らかになってきたはずである。ただしそうかといって、これをそのまま「ザシキワラシ」の一類、つまりは〝もうひとりのザシキワラシ〟として認めるか、どうかとなると問題はそう簡単ではない。本来が出自、素姓を異にする、まったく異種の「ワラシ」とするのが妥当か、どうかということである。しかして、この点に関しては、いま少し慎重な手続きと、何よりもさらに一層の補足資料が必要かと思われる。

いずれにしても、ここにみた材料だけではいかにも心もとない。もちろん、いずれ予測されるのは慣行習俗からの報告であろう。ただし、次の狙い目は案外伝承童戯の世界に定められるかもしれない。何故ならば、たとえば「かくれんぼ」や、「月夜」の「影踏み遊び」はもとより、一連のこの手の材料を瞥見（べっけん）するに、これらはなべて幼い者たちの間における〝遊び〟と付かず離れず、またあるときにはこれに相呼応するかのようにして現出、登場していたからである。さきにいったん記して「相互にどうやら有機的な関連があると思わざるを得ない」としたのはこれがためであった。具体的にはすなわち「小い子供らの組」内とみられる「誰か一人多い」、この「見知らぬ一人の子供」の現出を期待するには、まずはひとつ処を「ぐるぐるぐるぐる」と回りに回る動作を継続したり、あるいは「Aが走って行ってBの肩を叩き、Bはその後Cの所まで走ってCの肩を叩き、Cも同じようにしてDの肩を叩く。DはもとAがいた場所へ走って行く」といった行為を際限もなく繰り返す。これが常道の手段、あるいは潜在するそこでの仕掛けとか装置であったかと考えられるからである。したがって、これを思えば宮沢賢治が記した「大道めぐり、大道めぐり」は、実は「堂々めぐり」の訛伝、訛語ではなかったのかという予想も成り立とう。これからして、そのことはやがてかの「隅のばゝ様」に認められるそれぞれの奇妙な所作とも、左程（さほど）大きな懸隔はなかったものと推察するのであった。

かくしてこれの要諦はあくまでも、このような場と場面の設定、さらにはそこでの声を掛け合いながらの間断なき積極的な〝巡る〟行為こそが、次にはその情況の中に「ザシキワラシ」こと、いわば「見知らぬ一人の子供」たる不思議な「ワラシ」の現出を促し、かつ諾う仕掛けと仕様にあったということを指摘し得ると思うのである。

（『日本の世間話』平成七〈一九九五〉年二月）

【解説】

「怪異伝承論」の周辺

大島廣志

一

〝怪異〟とは何か。字の如く解せば、怪しく異なるものの状態、不思議な現象となる。この怪異の正体はというと、精霊・もののけ・天狗・鬼・化け物・幽霊・狐狸などなど、多種多様である。

これらの怪異を語る話は、伝承されてきた、つまり口から耳へと伝えられてきた昔話・伝説・世間話・都市伝説の各ジャンルに及ぶ。二〇〇七年に七十二歳で亡くなった野村純一の怪異伝承に関する論文をまとめた本書の中にはしばしばこの用語が出てくるので、まず各々の特色を民俗学者・柳田國男の定義をベースにして簡略にまとめておく。

一　昔話。①「もの」が残っていない。②信じられていない。③語り始めの「むかし、むかし」や語り納めの「市が栄えた」という語る形式がある。④「桃太郎」「花咲爺」など。

二　伝説。①「もの」が残っている。②信じられている。③語る形式がない。④「弘法伝説」「義経伝説」など。

三　世間話。①「もの」が残っていない。②信じられている。③語る形式がない。④「ザシキワラシ」「狐に化かされた話」など。

四　都市伝説。長い間伝承されてきた話ではなく、現代になって生まれた話。一九八八年に翻訳・刊行されたアメリカのジャン・ハロルド・ブルンヴァンの『消えるヒッチハイカー』（大月隆寛・菅谷裕子・重信幸彦訳、新宿書房）以後、都市伝説の語が頻繁に用いられるようになった。現代伝説とも現代民話とも言うことがある。「消えた乗客」「口裂け女」「ミミズバーガー」など。

こうした各ジャンルで語られている怪異の研究にはそれぞれの専門家がいるのだが、全分野にわたる怪異伝承論を展開している研究者は数少い。その一人が野村なのである。まず野村の研究実績を紹介しておこう。

一九三五年に東京市下谷区に生まれ、國學院大學で口承文芸を学んだ野村の研究の中心をなした対象は昔話であった。最初に注目を集めたのは、『吹谷松兵衛昔話集』（新潟県栃尾市＝現長岡市、一九六七）、『萩野才兵衛昔話集』（共編、山形県新庄市、一九七〇）、『関澤幸右衛門昔話集』（山形県最上郡真室川町、一九七二）の昔話集三部作であった。

村名の下に置かれた〝松兵衛〟〝才兵衛〟〝幸右衛門〟とは、語り手の家が村内で呼ばれている屋号である。昔話集の書名に屋号を冠したのは「一軒の炉辺に焦点を据えて、昔話伝承の要諦を話の継承状況から掌握してみたい」（『吹谷』解説）という意図からである。従来の郡や町という地域重視の昔話集ではなく、炉端が昔話の伝承に深く関与していることを見据えたもので、なぜ、どのようにして伝わってきたかをそれぞれ解説の中で論証している。

具体的には、語り手と語り手に昔話を伝えた祖父母・父母を含む家系図を掲げ、だれからだれに伝わったかを追究した。この野村の三部作以後、伝承経路を明示することが一人の語り手の昔話集を編むときの必須条件となっていったことを考えれば、野村の提起した伝承経路論がいかに重要であったかが分かる。

このように語りの場を重視し、語り手と昔話の関係を明確にする研究の集大成が第七回角川源義賞の『昔話伝承の研究』（同朋舎出版、一九八四）である。ここには一九六七年から一九八四年の間に発表した諸論文が収められている。第一部「非日常の言語伝承―ハレの日の昔話―」では、語りの場が昔話伝承に重要な役割を担ってきたことを論じ、家督の継承が語りの継承につながることや主婦権の譲渡に伴って語りの管理・伝承権も移譲されてきたと指摘した。「『子育て幽霊』の来る日」はここに掲載されている。第二部「日常の言語伝承―ケの日の昔話―」では、厳粛なハレの日の「カタリ」の対極として、ケ、つまり日常の中に解放されている「ハナシ」を置き、自由なもの言いの「ハナシ」が変容する諸相を豊富な事例を基に明らかにした。「世間話と『こんな晩』」はここに掲載されている。

語り手より昔話を取材（右端・野村純一。山形、昭和40年頃

いうまでもなく、口承文芸研究の端緒は柳田國男によって拓かれ、後、関敬吾により世界的視野からの昔話研究が推し進められた。この両巨峰の業績の上に今日の昔話研究があるのだが、この二人より野村が秀れて

いる点は、数多くの語り手から直接に昔語りを聞いた実感を基に実証していることである。そこから「語り手論」が生まれた。

一編の昔話の拠って立つところは語り手にあり、その語り手の生活史を繙かねば一編の昔話を理解できない。語り手はだれから昔話を聞いたのか、どのような人生を過ごしてきたのか、そこから語り手の語る昔話を解明しようという野村の提唱した「語り手論」は、世界にも通用する普遍的な方法論といえる。

野村は昔話論だけでなく、伝説・世間話・都市伝説についても数多くの研究論文を発表している。昔話・伝説・世間話・都市伝説はあくまでも研究のための分類であって、語り手に分類意識は薄く、すべてが「話」なのである。それぞれがそれぞれと交換・交錯しあっているのが現実の「話の世界」だから、現場を大切にする野村の探求心は口承文芸全般に及ぶ。つまりはオールマイティなのである。野村が研究者として異彩を放つのは、何にでも対応できる思考の柔軟性にあるだろう。

二

野村が都市伝説の収集・研究を手がけていたことはすでに述べた。本書「怪異伝承と都市伝説」の部は、野村の都市伝説論である。都市伝説と呼ばれる話の中には、怖がらせるのを目的とした怪異譚がいくつもある。

赤ん坊を捨てた女

東京の人で、いかにも「遊んでる」という女がいた。その女は「遊んでる」うちにお腹に子どもができてしまった。そのことをだれにも言わず、一人住まいをしていたアパートのお風呂場で赤ん坊を産みおとした。

女は自分でその赤ん坊を育てる自信がなくて、赤ん坊を東京駅のコインロッカーに入れ、鍵をかけ、捨ててしまった。

女はそれ以来、東京駅には近寄らなかった。

その後、女は、一人ではいたたまれず、親元へ戻った。赤ん坊のことは、親には言わなかった。

それから一、二年後、女は親のコネで大手企業に就職できた。

ある日上司の命令で、至急東京駅近くの取引会社に書類を届けることになった。女はためらいながらも上司の命令では仕方がないと思い、その会社まで電車で行くことになった。

取引会社まで、駅の改札口をぬけ、必然的にあのコインロッカーの前を通らねばならなかった。すると、そのコインロッカーの前に小さい男の子が泣きながらうずくまっていた。その前を通る人はなぜか男の子には目もくれず歩いて行く。

女は、この駅で自分のしたことを思い出して、その子に声をかけた。

「どうしたの？」

と女が聞いたが、返答がない。

「お父さんは？」

と聞くと、男の子は、

「わかんない」

と答え、下を向いたまま、まだ泣いている。

女は困ったと思いながらも、やさしくなだめながら、

「お母さんは？」

と言うと、男の子は、パッと顔を上げ、

「お前だ！」

と言い、消えてしまった。その出来事に女は悲鳴をあげ、失神してしまった。

女は書類を届けられず、会社をクビになってしまった。

（大島廣志編「若者たちのこわい話（4）」民話と文学の会「かいほう」五〇号、一九八七）


またこんな話もある。

母と子

美男美女の若い夫婦がいました。本当にお似合いのカップルで、みんながうらやましがりました。その夫婦に子どもが生まれましたが、その子はとてもみにくい顔をしていたので、プライドの高い妻はその子を一歩も家から出さずに、まわりの人には流産したと言っていました。

三年後、子どもを遊園地につれて行きました。遊んでいるうちに子どもが、

「トイレに行きたい」

と言ったので、母さんは崖のふちにつれて行き、そこでさせました。そのとき、後ろから押して、子ども

を崖に落として殺してしまいました。

それから何年か後、また子どもが生まれました。それはかわいい子どもで、とてもかわいがりました。

三年後、子どもをつれて遊園地に行きました。そして、子どもが、

「トイレに行きたい」

と言ったので、崖につれて行き、そこでさせました。

すると、子どもがふりかえり、殺した子どもの顔になり、

「お母さん、こんどはつき落とさないでね」

と言いました。


（大島廣志編「若者たちのこわい話（2）」民話と文学の会「かいほう」四八号、一九八七）

前者は都市伝説「お前だ」シリーズの一話。後者は野村が研究していた世間話「こんな晩」と同様に、後から生まれた子が小便をするときに親の子殺しを暴露する話。ともに最後の一句により聞き手を怖がらせる怪異譚特有の構成である。

こうした都市伝説の怪異譚を対象にするとき、野村の研究態度は一貫していた。それはあくまでも口承文芸研究の歴史と現在を踏まえたもので、野村ならではの研究法であった。

例えば、「『一寸怪』の素姓」では、元の姿を明らかにするために、柳田國男・泉鏡花・南方熊楠・杉浦日向子と多彩な顔ぶれの

民話と文学の会「かいほう」No.50（1987年7月）

文章を引用している。さらに、大学生の報告や各地の民俗を網羅し、「四隅の婆さま」は「屋移り」の民俗慣行が成立の背景にあり、そこから生じた話の世界であると結論づけている。「未来を予言する『件』」においても、内田百閒・豊島与志雄・中国古典・鎌倉期の『吾妻鏡』と、古典から近代の文章、現代の伝承まで幅広く資料を提示し、話の歴史性を明示している。つまり、文献と伝承の双方から都市伝説を取り上げ論述しているところに、他の研究者の及ばない野村学というべき独自性を看取できる。

全文を掲げる緻密な資料操作は、「都市型妖怪『口裂け女』」や「ニャンバーガーは猫の肉」「東京発『狸の偽列車』」でも発揮されていて、都市伝説のさまざまな変容の姿を一つ一つ解明している。

三

「怪異を語る昔話」の冒頭は「一眼一脚神の消息」。「山姥と桶屋」は「さとり」とか「思いの化物」とも呼ばれている昔話。この昔話の成立には、各地で語られている一眼一本足の化け物話が背景にあると述べ、「『山姥と桶屋』に登場する得体の知れぬ『怪物』は、たとえそのどの奴原（やつばら）を俎上にのぼせようとも、それらはいずれ遡れば遠く山の神、つまりはかの〝一眼一本脚〟に還元、帰納して行くであろう」と、伝説から昔話へという視点で論じている。

「山姥と桶屋」という山の怪異譚に対して、町の怪異譚として「女房の首」を取り上げている。江戸期の『噺物語』を発端にして、首が浮遊する怪異は笑話に近いと述べ、山形・岩手・秋田・鹿児島、遠くはインドネシアの類話を掲げる。そして、「女房の首」は、村から町へ、町から村へと世間を渡り歩いた話柄と結ぶ。この落ち穂拾いのような資料収集により、「女房の首」は昔話の一話型と認知されるようになったのである。

さらに島の怪異譚を論じたのが「隠岐の化猫譚」であり、島根県隠岐島では化猫譚が非常に多いと指摘している。

怪異といって誰しもすぐに思い浮かべるのは鬼であろう。「昔話と鬼」では、鬼の最初の記録『日本書紀』から説き起こし、昔話に登場する鬼は「揃いも揃ってまんまと人間にしてやられてしまう。逃散、敗北、負の系譜を踏む存在であった」とし、「鬼は外」「鬼と賭け」「瘤取爺」をその例にあげている。

野村の言うごとく、昔話に出てくる鬼は人間の知恵によりまんまと足をすくわれて敗北する。怖い鬼が敗北するが故に、怪異よりも笑いが生じる。笑うことによって優越を保とうとする人間の本性があるのかもしれない。敗北する鬼は昔話に限らない。伝説の鬼の例を示そう。富山県中新川郡上市町稗田に伝わっていた話。

魔物の刀鍛冶

昔、鍛冶屋がいて、いまでも鍛冶屋跡を掘ると金クソが出てくるそうだ。この鍛冶屋は一人娘が年ごろになったので、一晩のうちに槍千本打った者を聟にしようと立札を立てた。何人もの若者が聟になりたさに槍を打ったのだが、一晩のうちに千本はとうていむりなことであった。

あるとき、みたこともない若者がどうぞ私に槍を千本作らせてくださいと、鍛冶屋にいった。その晩、若者は鍛冶場にはいったが、不思議なことにふいごの音も金床をたたく音もしない。鍛冶屋はそっとのぞいてみてびっくりしてしまった。その若者は口から炎をはいては飴をのばすように槍を作っていたのである。そして、かたわらにはすでにたくさんの槍が出きあがっていた。

鍛冶屋はこれは魔物だ、こんな者に娘はやれんと、土間の鳥屋で眠っている鶏の止まり竹に熱湯を流した。鶏は足元からぬくくなってきたので、もう夜が明けたかとばかりに「コケコッコー」と一声鳴いた。

あと一本のところで夜が明けたと思った魔物は、作り上げた槍をあわてて小脇にかかえ、屋根をぶち破って空に逃げていった。

（大島廣志他編『富山の伝説』角川書店　一九七七）

青森・新潟・石川の「鬼の刀鍛冶」と同内容なので、富山の魔物は「鬼」であったと見做せる。短時間でたくさんの刀や槍を作る鬼は、あと少しのところで鍛冶屋の知恵に敗れてしまう。これは主人公が常に鍛冶屋というところから、鍛冶という職業集団の中で生まれ、鍛冶屋そのものが全国に伝播していった伝説といえる。

四

野村の膨大な口承文芸研究論文から、怪異に関わると目される十四編を選び出した。最後は「怪異伝承と民俗」と題して五編を置いた。「七不思議とは何か」では、越後七不思議、本所七不思議、麻布七不思議を具体的に紹介した後、「『不思議』の数は何に原因してあまねく『七』に拘泥するのか」と本題に入り、各地の「七塚」「七人塚」を検証し、「現象的には『七』こそが怨霊怨恨の情を積極的に鎮圧・慰撫する機能を有していた」と述べ、こうした民俗事象が「七不思議」の基調にあるとまとめている。

古代西洋の七不思議はピラミッドなどの巨大な構築物が数えあげられた。日本で最も古い七不思議は「諏訪上社七不思議」（一二三八年）だが、ここでは不思議な現象が中心であった。時代が下る中で七不思議に怪異を伴う話が挿入されてくる。その根幹に怨霊怨恨の鎮圧・慰撫があったと野村論を解せる。

これは都市伝説の「学校の七不思議」の生成にも通うことだろう。

一、鳴り出すピアノ
二、あかずの便所

昔話を聴く野村純一（「季刊民話」1976年春号）

三、十三階段
四、見たなぁー
五、骸骨が動く
六、校長の胸像が動く
七、二宮金次郎の銅像が歩く
八、亡くなった生徒が校庭を走る
九、モナリザの目が動く
十、ベートーベンの彫像が夜中に歌い出す

まだまだあるが、とりあえず、古典的なものから新しいものまでを挙げてみた。死者の霊と関わる話が多い。発生においては霊の慰撫の意味もあったろう。ではなぜ「学校の七不思議」が全国各地で語られるようになったのか。青森師範での体験を北彰介が書いている。一九四一年のことである。

師範学校は全寮制度であった。小雨の降る夜、上級生の室長が、ローソク一本を灯もして、じわじわとこの学校の怪談を聞かせてくれる。

そして、その後暗い学校のどこかへ行ってこなければならないのである。「試胆会」といわれた。まっ暗な廊下を、さっき聞いた怪談が思うまいとすればするほど妙に思い浮び、おっかなびっくり渡ったことが、今も鮮やかである。

（北彰介編『青森県の怪談』青森県児童文学研究会　一九七二）

青森師範に限らず、全寮制の寄宿舎のある学校では新入生歓迎のための「試胆会」なるものが行なわれていた。校内の七不思議巡りである。特に師範学校を卒業した学生は小学校の教員になる。赴任した学校で「試胆会」もどきをしたであろうことは容易に想像できる。これも全国各地に同じような「学校の七不思議」が存在する一つの理由なのではないだろうか。怪異伝承と民俗の補足である。

「世間話と『こんな晩』」は圧巻だ。ある男が旅の六部を殺して金を奪い、金持ちになったあと子が生まれ、その子が父親の過去の大罪を暴露するという凄惨な内容。全国の例を逐一全文紹介し、漱石や八雲の作品を読み解き、事実と話の相関関係を一話一話ていねいに繙いている。手持ちの資料を余すことなく論文に使用するのは「『子育て幽霊』の来る夜」や「『百物語』の位置」にも共通していることで、結果、怪異伝承の成立に関わる民俗慣行を浮かび上がらせることになったといえる。

最後に置いた「もうひとりの『ザシキワラシ』」は、冒頭の「『一寸怪』の素姓」と通うものであり、怪異譚の背景としての民俗を探った論考といえる。

野村が日本各地の語り手から話を聞き始めた一九五〇年代にはまだ多くの秀れた語り手がいた。生き生きと語りが行なわれていた時代に、生き生きと語り手と向き合ったことが、野村の怪異伝承論や昔話伝承論において一話一話を見極める原点になっているのだろう。この一話一話を見極める姿勢は私たちが学ぶべきことでもある。

野村純一 略年譜

（「自刊」は野村純一による私家版）

昭和十年（一九三五） 〇歳

三月十日、東京市下谷区（現台東区）に生まれる。本籍は中央区日本橋。

昭和二十八年（一九五三） 十八歳

三月、日本大学第一高等学校卒業。四月、國學院大學文学部日本文学科入学。在学中は説話研究会に所属、臼田甚五郎の指導を受ける。

昭和三十二年（一九五七） 二十二歳

三月、國學院大學文学部日本文学科卒業。四月から東京都台東区の私立岩倉高等学校に勤務。一九六六年三月まで在職。教え子大内尚樹さんの実家が栃尾市吹谷の松兵衛家。

昭和三十八年（一九六三） 二十八歳

五月、近岡敬子と結婚。近岡敬子は山形県最上郡真室川町出身。説話研究会の後輩。

昭和四十年（一九六五） 三十歳

三月、長男典彦誕生。

昭和四十一年（一九六六） 三十一歳

四月、國學院大學文学部専任講師。説話研究会・民俗文学研究会の顧問として、毎年両研究会の昔話採訪活動を指導。

昭和四十二年（一九六七） 三十二歳

七月、『吹谷松兵衛昔話集』（新潟）自刊。

昭和四十三年（一九六八） 三十三歳

一月、『笛吹き聟―最上の昔話―』（山形）東出版。

昭和四十四年（一九六九） 三十四歳

四月、國學院大學文学部助教授。

昭和四十五年（一九七〇） 三十五歳

二月、『萩野才兵衛昔話集』（山形）自刊 野村敬子と共編。

昭和四十六年（一九七一） 三十六歳

十月、『五分次郎―最上・鮭川の昔話―』（山形）桜楓社、野村敬子と共編。

昭和四十七年（一九七二） 三十七歳

十二月、『関澤幸右衛門昔話集』（山形）自刊。

昭和五十一年（一九七六） 四十一歳

九月、『雀の仇討―萩野才兵衛昔話集―』（山形）東北出版企画、野村敬子と共編（一九七〇年版を増補したもの）。

昭和五十三年（一九七六） 四十三歳

二月、関敬吾『日本昔話大成』全12巻（～一九八〇）角川書店の1～10巻に編集協力として参加。10・11巻を編集する。

昭和五十六年（一九八一） 四十六歳

四月、國學院大學文学部教授。

昭和五十九年（一九八四） 四十九歳

七月、『昔話伝承の研究』同朋舎出版。

昭和六十年（一九八五） 五十歳

三月、國學院大學より文学博士号授与。学位論文は『昔話伝承の研究』。

昭和六十一年（一九八六） 五十一歳

八月、中国山西省民間文芸研究会の招聘により中国訪問（八・一～三十）。

昭和六十三年（一九八八） 五十三歳

四月、中国・インド長期派遣研究。一九八九年三月まで。

平成五年（一九九三） 五十八歳

八月、国際交流基金より派遣され、十月までインド・ネルー大学客員教授。

平成七年（一九九五） 六十歳

二月、『日本の世間話』東京書籍。四月、日本口承文芸学会会長（一九九九年三月まで）。

平成十年（一九九八） 六十三歳

四月、『昔話の森―桃太郎から百物語まで―』大修館書店。

平成十二年（二〇〇〇） 六十五歳

二月、『新・桃太郎の誕生―日本の桃ノ子太郎たち―』吉川弘文館。紫綬褒章受章。

平成十四年（二〇〇二） 六十七歳

二月、編著『柳田國男未採択昔話聚稿』瑞木書房。

平成十七年（二〇〇五） 七十歳

二月、『江戸東京の噂話―「こんな晩」から「口裂け女」

まで―』大修館書店。三月、國學院大學を定年退職。
四月から名誉教授。

平成十九年（二〇〇七）　七十二歳

二月、『〈定本〉関澤幸右衛門昔話集―「イエ」を巡る日本の昔話記録―』瑞木書房。初期三部作を一冊にまとめたもの。六月二十日、東京女子医科大学附属病院で永眠。瑞宝中綬章受章、正五位に叙せられる。

平成二十年（二〇〇八）

二月、『昔話の旅　語りの旅』アーツアンドクラフツ。

平成二十年（二〇〇八）

六月、一周忌にあたり、教え子による追悼文集『口承文芸学への夢』。

平成二十二年（二〇一〇）

十月、『野村純一著作集』全9巻刊行開始。清文堂出版。
二〇一三年四月完結。

（大島廣志・作成）

〔編集部付記〕
・本書は、『【やまかわうみ別冊】野村純一　怪異伝承を読み解く』（アーツアンドクラフツ刊　二〇一六）の中から〈野村純一［論考・エッセイ］〉に、東京発「狸の偽列車」、隠岐の化猫譚、もうひとりの「ザシキワラシ」、を加えて構成しました。［解説］も同書解説に一部手を加えたものです。
・本書収録の論考は、『野村純一著作集　第七巻』（清文堂出版）と『昔話の森』『江戸東京の噂話』（大修館書店）をテキストとし、本文表記はそのままとしました。ただし、あきらかな誤植は直しました。
・各論考の出典は、各論考末尾に記載しました。また、単行本出典も併記しました。
・著作収録に際して、野村敬子氏より快諾をいただきました。
御礼申し上げます。

野村純一（のむら・じゅんいち）
1935年、東京生まれ。國學院大學文学部卒業。同大学専任講師、助教授を経て、1981年に教授。2000年4月に口承文芸学研究の業績により、紫綬褒章受章。2007年6月20日逝去。正五位 瑞宝中綬章受章。著書に『野村純一著作集』全9巻（清文堂出版）、『昔話伝承の研究』（同朋舎出版、第7回角川源義賞）、『日本の世間話』（東京書籍）、『江戸東京の噂話』（大修館書店）など。編著に『柳田國男未採択昔話聚稿』（瑞木書房）など。共編に『日本伝説体系』全17巻（みずうみ書房、第44回毎日出版文化賞特別賞）など。

大島廣志（おおしま・ひろし）
1948年、東京生まれ。國學院大學で野村純一の指導を受け、口承文芸学を学び、全国各地の昔話を記録する。昔話、伝説、小泉八雲、近代における外国昔話の受容と展開、現代伝説の分析等についての論文がある。著書『民話―伝承の現実』（三弥井書店）、編著に『野村純一　怪異伝承を読み解く』『怪異伝承譚』『日本災い伝承譚』（アーツアンドクラフツ）など。現在、昔話勉強会「大島塾」、「四季語りの会」主宰。NPO法人「語り手たちの会」理事。

野村純一 怪異伝承の世界
2024年11月10日　第1版第1刷発行

著　者◆野村純一
編　者◆大島廣志
発行人◆小島　雄
発行所◆有限会社アーツアンドクラフツ
東京都千代田区神田神保町2-7-17
〒101-0051
TEL. 03-6272-5207　FAX. 03-6272-5208
http://www.webarts.co.jp/
印刷　シナノ書籍印刷株式会社

落丁・乱丁本はお取り替えいたします。
ISBN978-4-911356-01-2　C0039